法治在中国：
制度、话语与实践
艾德华教授荣休纪念文集

法律文化研究文丛 09

梁治平 主编

（修订版）

法治在中国：
制度、话语与实践

艾德华教授荣休纪念文集

梁治平 编

FAZHI ZAI ZHONGGUO:
ZHIDU HUAYU YU SHIJIAN
AIDEHUA JIAOSHOU RONGXIU JINIAN WENJI

中国政法大学出版社

2015·北京

主编者言

《法律文化研究中心文丛》自 1996 年问世以来，已经出版著作多种，其中有专著、文集、译著等，内容涉及法律理论、法律史、比较法、法律社会学、法律人类学等。原"编者说明"述其宗旨为"将私人交谈转变为公共话语，通过平等的交谈和论辩取得最低限度的共识，并在此基础上建构自主的学术空间和建立学术共同体，……通过开展严肃认真的学术讨论和学术批评，逐步建立新的评判标准和评判机制，探求法学研究规范化与本土化的途径，寻找理论创新的可能"。《法律文化研究文丛》将更新旧版，赓续其事，继续坚持批评和反思的学术立场，提倡跨学科之法律研究，深入探究和理解中国的社会现实和法律现实，改善中国的法学研究，推进中国的法治事业。

梁治平　谨识

代 序*

过去二十年里与美中法学教育交流项目有直接、间接关系的学者、官员、学生和其他人士，很少有人没有听说过艾德华(R. Randle Edwards)教授的名字。中国方面的参加者私下提到艾德华教授时，习惯称他"老艾"，这部分是因为Randy为人随和，容易亲近，部分也是因为，除了在中国法研究方面是一个资深的学者之外，他在美中法学教育交流方面更是一个富有才能的组织者和计划实施者。他不但很早就涉足这一领域，有开拓之功，而且持之以恒、乐此不疲，把自己最具创造性的岁月都贡献给了这一事业。

最初，Randy求学于哈佛，1956年毕业。数年后再入哈佛法学院，1964年毕业，获J. D. 学位。越三年，又获得哲学硕士学位。就在Randy从法学院毕业那一年，年轻而有才华的Jerome Cohen去到哈佛法学院，在那里着手创立以中国法为主要内容的"东亚法律研究中心"(East Asian Legal Studies)，这也是美国历史上第一所专门研究中国法和亚洲法的学术与教育机构。在此以

---

* 本文所依据的有关"中国法研究中心"和CLEEC项目资助中国学者的材料，部分由哥大法学院的李本教授提供，特此致谢。

前，Randy 对中国历史文化的兴趣已经萌生，因此，一俟学业结束，他便正式加入了 Cohen 教授领导的中国法研究群体，研习中国法尤其是中国传统法律，并先后担任"东亚法律研究中心"代理主任和副主任，直到 1973 年他被聘去哥伦比亚大学法学院任教。

Randy 的到来不但为哥大法学院增加了有关中国法的课程，更在哈佛之外开辟了中国法研究的另一片园地。就在他转来哥大十年之后，"中国法研究中心"（The Center for Chinese Legal Studies）在法学院正式成立。此后，坐落在纽约曼哈顿西区 116 街的哥大法学院便成为不仅中国法律界人士而且全世界的中国法研究者熟悉和时常往还的地方。过去二十年间，"中国法研究中心"每年资助和接纳约二十名中国学者、学生以及法学院里不下五十名对中国法有兴趣的美国学生，这个数字令该中心成为亚洲以外中国法研习者最为集中的机构之一。具有不同背景的学生和学者一道在哥大法学院学习，参加"中心"组织的学术交流活动，其效果远远超出单纯的法律教育所能提供者。对此，1980 年代以来因为开放政策而始走出国门的中国学人应当感受最深。

1983 年，就在哥大的"中国法研究中心"成立的同一年，主要由美国福特基金会资助的美中法学教育交流项目（简称 CLEEC 项目）也正式启动。至 1995 年该项目结束时，共有 219 名中国学人受其资助到美国的法学院学习和访问，这些人中的大多数现在都在国内服务，其中不乏在高位者。福特基金会资助完成的这一项目被认为取得了相当的成功，对 1980 年代实行开放以来的中国法学教育和研究有不容忽视的影响。在这一项目中，Randy 本人和他领导下的"中国法研究中心"均扮演了重要角色:"中心"先后接受CLEEC项目的中国访学者约三十名，Randy本人更担任首届CLEEC美方主席，组织、安排和协调各项交流计划，长达八年之久。1988年我第一次到哥大访问，正是通过CLEEC的项目。

那些年里，Randy经常往来于美国和中国之间，通过各种项目、会议、访问、交谈等，他接触和认识了很多中国人，从资深的学者、官员，到普通的学生，他们中间的许多人曾经得到过Randy的帮助，有些帮助甚至是私人性的，而且不必是基于某种特殊的私人关系，这一点是让我们这些对人际间"关系"颇为敏感的中国人感到讶异的。Randy为人古道热肠，且富有幽默感。他善谈，反应敏捷，喜欢开玩笑，与他初次接触的人也不会感到拘束。第一次到访哥大不数日，我便在他主持的讨论课上发表异见，大约我认为，中国传统文化里并无（个人主义意义上的）"个人"，他则不以为然。事隔多年他还记得那次的争论，而且并不在意向其他人提到我们当初的争论。在那次访问几年之后，我在一篇讨论相关理论问题的文章里还提到他的观点，以为一种被我指为不恰当的立场的例证。他事后看到那篇文章，不以为忤，却告诉我也认识的一位朋友说我写了一篇好文章。现在回想起来，我们当初讨论的问题其实很复杂，三言两语说不清楚。可惜的是，我们后来虽然不乏见面机会，却没有再就相关问题作更深入的讨论。原因之一是他实在太忙。

过去若干年，Randy能够用在个人学术研究上的时间很少。每次我们见面他都会提出一些关于中国法律与社会方面的新见解，只是我们不大有时间作深入的讨论，之后他也不大可能有余力把他那些颇有见地的想法铺衍成章。不过，对于研习、讲授和思考了三四十年的那些问题和题目，他总是念兹在兹，耿耿于怀。他告诉我，退休后打算移居华盛顿，届时不再有繁琐的教务和行政事务，正可以重拾旧业。这些，他已经做到了。

知道 Randy 将于今年正式退休的消息之后，便起意编一本小书，纪念他数十年来在中国法研究、教学尤其是美中法学教育交流方面所作的重要贡献，也借此表达我们这些从他和他致力于推动的事业中获益的人对他的敬意。本书的作者都曾在哥大法学院访问和学习，且多数是"中国法研究中心"项目的参加者，也因此与 Randy 相熟。当然，这并不是他们成为本书作者的惟一原因。事实上，合乎上面条件的人很多，而我只是在我恰好认识的很小一群人中约稿。即便如此，对我的建议积极响应者也不止读者现在看到的几位。遗憾的是，因为种种技术性原因，最后收入本书的只有这八篇文章。

我相信，如果是谈论与 Randy 有关的旧闻轶事，本书其他几位作者讲的故事可能比我上面讲的更有趣，不过，我觉得，以另一种方式来写这本书可能更恰当。因此，我请求本书的作者们写一篇"学术文章"，一篇"与中国问题有关"的文章。在此两点之外，题目、内容和篇幅全凭作者决定。如此宽泛的要求，等于对题材没有限定。结果是，在最后确切知道各位作者讨论的问题之前，我并不了解我决定要编的这本书的实际内容，也无法确定本书的标题。应该说这是一次冒险。幸运的是，我最后得到的仍然是一本书，而不是一个大杂烩。因为所有的文章都与一个时代的主题相关，那就是：法治。

这些年来，"法治"是国内法学界最热衷于谈论的话题之一。专门讨论"法治"的会议已经开了多次，以"法治"为题目的论文集和专书也出版了不少。本书并不以"法治"为主题来组织和撰写，书中的大多数文章也没有直接去讨论"法治"，然而这确实是一本关于并且切合"法治"主题的书。

江平先生提出了"社会权力"的概念，并围绕这一概念讨论了公法与私法、公权与私权、国家与社会等诸多问题。这些问题涉及法治的社会理论，而把它们置于当下的中国语境中加以思考，其意义尤为突显。

於兴中的文章着力于探讨中国语境中人权观念所包含的文化意义，这种尝试无可避免地暗含了价值普遍主义和相对主义的紧张，不过，於文没有陷入理论上的抽象论争，而是从一系列国际人权公约业已在中国获得广泛认可和批准这一事实入手，讨论法律移植过程中产生的文化问题。这种现实的（也许可以说是实用主义的）立场缓和了他的文明类型论，使得他区分的两种原则（权利与关系）、文化（心性与智性）和秩序（道德和法律）有可能融合。另一方面，通过去除其先验性，於文将权利/人权观念放回到经验的生活世界，从而在揭示出权利/法律内在局限性的同时，也指出了两种文明秩序的互补之道。

法治论者也遇到同样的问题。法治的概念具有普遍性，还是像人权/权利的观念一样具有特定的文化含义？或者，换一种提问方式，在众多法治理论当中，哪一种更具有普遍性，以及，为了达到这种普遍性，它需要满足哪些条件？循此思路，人们可以根据其强调的重点和抽象程度把现有的法治理论区分为程序性的和实质性的两类。本书两篇讨论法治问题的文章都从这种区分入手，而且都选择了程序性的法治论作为其分析工具。

裴文睿把"中国关于法治概念的争论"归入四个不同的类

型，即国家社会主义、新权威主义、社群主义和自由民主派，并从制度、实践、规则、结果等方面对这四种类型的法治主张逐一加以描述。值得注意的是，上述分类是裴文睿根据中国的实际情况提出的"理想类型"，而非对现实的简单描述。因此，他向我们展示的其实是一幅经过理论重构的图景，富有新意。对于裴文提出的分类的妥当性，人们或许有不同意见，但我们必须承认，裴文揭示出法治理论的多义性和社会现实的复杂性，从而有助于人们去除教条甚至意识形态化的法治观念，在理论问题上保持一种现实的和反思的立场。

梁治平将中国目下的法治运动视为一个具有开放性的制度建构过程，并力图从他所谓的内在视角去理解和认识这整个过程。为此，梁文一方面强调历史理解的重要性，另一方面则指出现代法治建立过程中国家中心主义倾向的不足。在他看来，民众的参与和社会的重构是在中国实现法治的重要环节。这里，采取程序性的法治概念并没有导致某种法律形式主义的主张，相反，它在使法治概念更具有包容性与开放性的同时，又揭示出现代社会中法治的有限含义，并促使人们去了解作为一种制度的法治与其他政治、经济与社会制度之间的复杂关系。

把法治视为一系列制度，自然要注意司法的状况。事实上，司法制度的建设与改造是过去十年里面法律改革的重点，也是国内外法治论者特别关注的所在。范思深的文章讨论了最高人民法院行使司法解释权的方式，指出了存在于其中的四个方面的问题，并针对这些问题提出了相应的政策建议。如果说，范文讨论的问题基本上局限于法律的内部，那么，接下来由强世功所撰写的有关"宪法司法化"问题的文章则把我们引入一个充满变化与矛盾的生活世界之中。

尽管中国今天还没有宪法诉讼，也没有完整意义上的司法审查制度，对这些问题的关注和讨论不但久已存在，更因为近年发生的几起讼案的刺激而格外地引人注意和激动人心。不过，强文并未直接参与对相关案件的讨论，而是对围绕这些案件而产生的讨论本身作了一个话语分析。通过对"违宪审查"和"司法判断"、"法律政策学"和"法律解释学"等范畴加以区分，强文层层深入地揭示出"宪法司法化"讨论中所包含的内在矛盾，并试图在转型时期的社会特征中寻找产生上述矛盾的根源。有趣的是，强世功对"宪法的缺场"这一现象的批评，正好强化了前面裴、梁两位所主张的程序性法治观，从另一方面表明中国语境中这种主张的相关性。

本书的最后一篇文章以公司法为主题。

中国的公司制度为什么不能够成功？这个问题早在一百年以前就已经被人提出，现在仍然被人追问。方文就从这样一个问题开始，通过追溯中国公司制度百年来的发展，尤其是 1980 年代以来和《公司法》制定前后围绕国有企业改造所进行的各种尝试，试图对这一"迷局"提出令人信服的解答。方文的结论是，公司法与国有企业是两种全不相同的制度，二者遵循不同的逻辑，试图借公司法改造国有企业，通过制定一部《公司法》"打造现代企业制度"，这种尝试注定不能够成功。方文还指出，公司源自民间社会自生秩序，而非出于立法者设计，公司法不过是公司历史的总结，"因此，任何行之有效的公司法都不能无视民间社会的自治传统"。这种看法与前面江平和梁治平二人的文章中对"社会"的强调正相呼应。

其实，本书各篇文章之间相互补充、呼应的地方远不止上面提到的这些。这些文章涉及"法治"主题的不同方面，内容及于历史与理论、观念与制度、立法与司法、公法与私法等诸多领域，其视角既有历时性的，也有共时性的，有制度分析的，也有话语分析的，有比较的，也有描述的。自然，这不是那种面面俱到和力求系统的著作，因为，本书的主题并不是被设计出来的，但正是这种出于偶然的组合（包括它们之间的不相衔接和空缺）很好地揭示出中国语境中"法治"问题多层而且复杂的性质，这一点可以算是意外的收获，也是本书，一本以法治为主题的文集，与其他同类著作不同的一点吧。

最后要说的是，Randy 和他的许多同道数十年来为之努力和希望看到的，正是法治在中国的成长，因此，以这样一本题为"法治在中国"的著作来纪念他的荣休，应当是再合适不过的了。

梁治平
2002 年 10 月 17 日
北京万寿寺寓所
2015 年 1 月 26 日修改于
西山忘言庐

目 录

主编者言 …………………………………………… I

代　　序 …………………………………… 梁治平 / II

社会权力与和谐社会 ………………………… 江　平 / 1

清代民法概论 ……………………………… 张晋藩 / 22

在中国实施人权公约的文化意义 …………… 於兴中 / 36

百家争鸣，百花齐放：中国关于法治概念的
　　争论 ………………………………… 裴文睿 / 55

法治：社会转型时期的制度建构
　　——对中国法律现代化运动的一个内在
　　观察 ………………………………… 梁治平 / 107

关于最高人民法院发布司法解释的权力的四个
　　问题的简析和建议 ………………… 范思深 / 176

宪法司法化的"误区"？
　　——从"宪法司法化"的话语悖论看国家
　　转型的宪政悖论 …………………… 强世功 / 193

试解薛福成和柯比的中国公司之迷
　　——解读1946年和1993年公司法的国企
　　情结 …………………………………… 方流芳 / 243

再版后记 ………………………………………… / 281
作者简介 ………………………………………… / 282

社会权力与和谐社会[*]

江 平

我今天演讲的题目是《社会权力与和谐社会》，后半段有赶时髦之嫌。但是由于最近我们碰到一些关涉法律的事情，涉及如何看待社会权力的问题，所以接下来我希望从五个角度和同学们共同探讨社会权力及其有关问题。

一、国家权力和社会权力

国家权力和社会权力是两种不同的权力。我国自改革开放以来，一个很重要的目标就是逐渐缩小国家权力，更多地扩大社会的权力；甚至我们改革开放的一个很大的目标就是"大社会，小政府"。我记得在七届人大会上讨论海南建省问题的时候，当时给海南一个重要的意见就是海南必须要建立一个大社会，小政府。但是今天看来，我们离这个目标还有一段距离。中国现状仍

---

[*] 本文根据江平教授 2005 年 3 月 8 日在中国人民大学所作的同名学术报告的录音整理而成。文稿整理：景朝阳、王娟，审校：李富成。原稿经江平教授审定，并提供给本书编者。收入本书时，编者对原稿有少量删节。——编者

然是社会权力比较小，国家权力比较庞大且比较少制约。在这种环境下，我们如何考察或者看待民法的民事权利（私权）？对于这个问题，在1995年8月1日~4日召开的"国际法社会学第三十一届年会"上，我很荣幸地作了一个基调发言，讲的就是国家与社会关系的转变；分析了自改革开放以来，我们国家与社会之间的关系发生了什么样的变化。

在讲这个问题的时候，首先要看一看我们传统概念中国家和社会之间是一个什么样的关系。按照马克思主义基本的国家学说，国家是在社会发生激烈的矛盾冲突、且矛盾不可调和的时候出现的；国家从社会当中分化出来，而又凌驾于社会之上。从这个角度来看，国家是凌驾于社会之上的一种力量，是一种暴力机构。这种暴力机构，从传统概念来说，只是暴力专政的工具。所以在这个意义上，当时有人提出：对于资本主义国家，能不能使之和平地从资本主义转化到社会主义？能不能对其进行和平演变？当时认为，像法国、德国这种大陆法系国家，国家机器非常庞大，因而和平演变的可能性较小；而对英美法系国家而言，国家机器相对较小，所以完全有可能使之和平转变。

到斯大林时期，斯大林给国家加了一个很重要的作用，即国家本身不仅具有暴力作用，而且还具有经济组织作用。这就使我们的传统理解发生了很大变化。按照传统概念，经济组织作用是社会本身的作用。但是从斯大林提出这个理论以后，经济组织作用就成为社会主义国家传统理念中一个非常重要的作用；国家既然具有组织经济的作用，也就必然产生国家计划经济。受这种理论的影响，我们传统概念中国家的权力相当庞大。

在座的同学基本生于20世纪七八十年代，没有像我们这代人一样经历过国家对社会生活无孔不入的干预。应该说，国家对社会生活的干预在社会主义国家达到了一个顶峰，干预的触角伸入文化领域、经济领域、体育领域乃至家庭领域。这种干预极大地限制了私人权利的领域，削弱了社会本来应该具有的自治功能。因此在这个意义上，改革开放一个很重要的任务就是如何实现"两个解放"：一是把本应属于社会自治的功能、社会的权力，从国家权力中解放出来；二是从中央集权的国家权力里面，给予地方一定的自治权。从高度的中央集权到适度的地方分权、地方自治，从高度的国家集权到社会权力的扩大、社会自治，这应该是改革开放以来我们所一直追求的目标。正是基于此，我们常常讲：我们是社会主义者，不是国家主义者。国家主义者是一切以国家权力为核心，而社会主义者应该谋求一个社会的和谐，谋求社会的自治功能。

若从国家权力核心的角度来分析，我们始终要看到国家权力或者说公权力其核心就是一种强制力。我们的国家是人民民主国家，是以民为本的国家，和资本主义国家不同。但是，我们始终要看到，国家作为一个机器、一个暴力机构，它背后拥有国家强制力。为什么当前有些社会问题，比如强制搬迁，会产生这么大的矛盾？如果搬迁更多地依靠社会自身来解决，或许不会出现这样大的矛盾。而恰恰强制搬迁大量动用国家的强制力，使得国家与民众之间的关系颇为紧张。所以，现在社会当中的一些冲突，往往不是发生在私权和私权之间，而是发生在公权和私权之间，而如何消解这种冲突是当前我们社会所要深刻思考的一个问题。老百姓见了戴"大盖帽"的，他害怕不害怕？他害怕！为什么？因为"大盖帽"代表着一种国家强权的力量。

在研究社会问题的时候，我们要看到，社会权力的立足点是市民社会；包括我们现在研究私权的问题，它背后隐藏的含义也是市民社会。马克思在他早期著作中多次谈到，社会本身是政治国家和市民社会的组合。政治国家是我们所讲的公法或者公权存在的基础，而私法存在的基础恰恰是市民社会。十年前我在日本东京讲完这个问题后，有几位问我：你所讲的"社会"究竟是什么？你所讲的"社会的权力"究竟是什么？你所讲的"社会权力要从国家的权力中分化出来，要给社会自立、自治的功能"，这里面究竟包含哪些方面的内容？

从社会学的角度来看，私法所植根的"市民社会"究竟包含了哪些内容？虽然我国有一部分学者研究市民社会当中的社会关系、法律关系，但是在这个问题上还缺乏深入的研究。如何使真正属于国家权力的归国家，真正属于市民社会的权力归市民社会，仍然是一个重大的现实问题。例如，现在我国体育由国家全面管理。有人曾经做过一个统计：要培养出刘翔这样的运动员，国家大概投入多少万。运动员的陪练、教练都是国家包办的，等他成为知名运动员、拿到了世界冠军，这个荣誉显然就不单是属于他自己，而且还属于国家。因此他要随便拍广告不行，随便搞其他的也不行，因为国家把他培养成才，他的价值属于国家。从体育这方面我们就可以看到，国家的渗透力到了多么强大的地步。如何区别与划分国家权力领域与市民社会，仍然是我们需要探讨的问题。

我国经济要加强宏观调控，但是现在"加强宏观调控"里面又加了一点"完善"，那么如何"完善"宏观调控呢？宏观调控离不开国家的干预，这没有疑问；但是如果国家干预的力度过大会怎样？前不久吴敬琏教授在中央财经大学作了一个对话式讲座，探讨的就是如何从经济学或者法学的角度看待宏观调控。谁都不否认宏观调控，国家必须具有宏观调控功能。但是现在有一种回潮，大肆强调国家宏观调控的巨大力量，认为市场经济发展到今天这个阶段，单靠市场自己的力量已经不够了，市场需要国家的权力进行干预。于是历史形成这样一个循坏：当国家权力过大的时候，人们就会想到市场，因为国家权力的扩张容易导致个人意志、长官意志扩大；一旦市场过热，又会想到国家这只手的重要性，甚至国家这只手还要凌驾于市场之上，如果我们处理不好两者的关系就可能在这种循环过程中徘徊。

我这个问题的提出点，首先就是：从马克思主义基本的国家观来说，国家本身是一个暴力工具，组织经济并不是国家的权力。随着理论的发展，现在认为国家具备一定的组织经济作用。但是，我们一定要分清哪些权力属于国家，哪些权力应该归市场或者归社会本身。这个界限不划清，我们国家在建设中就会出现国家权力、社会权力和私人权利混淆不清的现象；根本的问题是容易出现认识混乱。

二、方法论的问题

既然市民社会是私法存在的社会基础，研究私法就离不开自然法学的思想和社会法学的思想，离不开经济分析的方法和社会分析的方法。传统马克思主义法学的分析方法是工具主义，认为法律是阶级斗争的工具，是社会中的一种利器。在1994年召开的罗马法大会中，我写了一篇论文，叫《罗马法的精神在中国的复兴》。当时原本想写《罗马法在中国的复兴》，但是有人说：你这个观点是错误的，罗马法在中国有什么复兴啊？你应该写《罗马法的精神在中国的复兴》。但是写完以后也有人批评：你所讲的"罗马法的精神在中国的复兴"包含的思想无非是把私法中的理念拿过来了。

当时我提出一个很重要的思想，就是"从意志本位到规律本位"。传统上马克思主义是"意志论"，认为一切都是统治阶级的意志，统治阶级的意志就是一切，法律体现统治阶级的意志。从方法论来说，这是一个意志论，是一个工具论。既然国家是统治阶级意志的表现，国家意志可以干预一切领域，从这意义上说，传统法律意义的思想，就是国家权力无限。国家权力的无限必然导致国家的意志可以决定一切；而国家意志是谁来行使呢？按照传统马克思主义的观点，国家是分为阶级的，阶级是由政党领导的，而政党由领袖人物组成，因而这些领袖人物就代表着国家的意志。在这个理念之下，我们可以得出一个结论：只要领导人的意志发生错误，只要领导人的决策出现问题，只要领导人的判断出现偏差，那么，国家的经济发展以及其他领域就会出现很多问题。

回顾我国五十多年的发展历史，我们可以看到，一些重大的决策失误所带来的损害有多大。不久前报纸上刊登了一篇文章，分析了现在我们国家电力短缺究竟是什么原因，以及要不要追究电力短缺的责任。文章认为我们的计划发展委员会对发展电力的决策有失误。但是政府要求三年内不得建立新电站，说我们国家不是电力不足，只不过是季节性的短缺。昨天我看了国家发改委马凯主任的答记者问，他也是继续谈这个观点：现在的问题不是电站发展得不够，而是电力浪费很严重。问题是，现在有些地方电荒已经到了这样的情况，如果我们不能正视这一现象并积极寻求解决方案，那么某种意义上又回到了计划经济。

公法领域中国家意志决定一切。比如要不要废除死刑？统治阶级说不要废除死刑，那就不能废除。但在私法领域中，主要还是应该依靠规律。从这个意义上说，对于民商法问题的研究，我始终认为，最重要的一点就是要从经济规律出发。如果说计划经济是国家意志表现，那么作为市场经济来说，它的内在规律是决定一切的。你可以打造一个计划，但是你不能够打造一个市场，你只能够去调控它。当然在市场经济过热的时候，国家利用权力加以调控，使之不要过热；当经济过冷时，国家利用权力加以调控使它能够更热一点，这是完全可以的。但是，如果我们违背经济规律，违背市场自身的规律，那么不论制定法律还是制定政策，都可能出现一个负面的效果。主观的东西要有一定的限制，客观规律非常重要。在这一点上我们提出科学发展观，我认为所谓科学，就是要遵循规律办事。所谓提高执政能力，不是提高主观意志的执政能力，更重要的是认识客观的规律，认识市场规律，在此基础上做一些事情。制定法律同样如此，也需要遵循规律。

如果说国家依靠的是强制的力量，那么，社会本身依据的是其自律与自治。所谓自律和自治，就是顺乎其自然的规律。在民法领域中，在社会权力领域里，国家应当少管一些；国家应该在其应有的范围内行使权力。1986年《民法通则》通过的时候，当时还说"有法律依法律，无法律依政策"。在其他很多国家，若无法律规定依据的往往是习惯。民法典起草的时候我们仍在讨论，没有法律规定或者法律没有明确规定的时候，究竟应该依据什么？是依据政策呢，还是依据习惯？我认为这里也有一个意志和规律的问题。政策是变化的，如果法律没有明确规定就依据政策，那么统治阶级随时可以按照自身意志制定一个政策。因而如果依据政策的话，我们所依据的仍然是一种主观制定出来的东西。为什么我们不能够依照习惯呢？我们现行合同法中有一些条文即规定，法律没有明确规定的，可以依照商业惯例或者交易习惯等规则来处理。

从这一点来说，依据政策还是依据习惯表明了两种不同的方法论。在看待这个问题时，社会法学派和自然法学的理念值得我们借鉴。自然法学注重顺应自然规律。在民法、商法的领域中，我始终比较推崇要注意自然法学的这种思想，要遵循自然规律，遵循客观规律。如果说自然法学派对民法的意义是应采取意志本位还是规律本位，那么，社会法学派对民法的意义就是民事权利和民事活动是放在社会本位还是放在国家本位的角度去分析、去观察。

社会法学派的创始人、法国的狄骥有两个观点，我觉得应该引起民法学者的注意：

第一种观点：个人没有权利，国家也没有权力，这种权力（利）本质上是社会的权力。我认为这个观点有点过激，如果我们不承认个人权利（私权），也不承认国家的权力（公权），一切权力都是社会的权力，这有点过分。他接着说，但是无论如何人在社会中有一种应该执行的职务，这就是迫使长幼老少、治者与被治者共同遵服的法律规则的基础。这里面包含了很重要的思想：社会本位。我们观察权利也好，观察义务也好，观察市民社会的现象也好，观察民事活动也好，首先要从社会本位的角度去考虑，这应该是我们民商法学者一个很重要的思想。换言之，社会是最大的公约数，只有在社会的范围内、范畴内，这样一些权利才能得到更好的观察、更好的理解。

第二种观点：社会责任的思想。他在《拿破仑法典以来私法的普通变迁》一文中，提到了所有权的存在必须符合社会利益。无论是财产自由、契约自由还是营业自由，都有一定的限制。正是在这个意义上，上述权利应该有一个社会责任，这是一个很重要的思想，即"私权社会化"。所有权也好，其他的物权也好，其他的财产权利也好，都应该从社会的角度来观察，权利不是绝对无限的。

这次在物权法的制定过程中曾经讨论过这样一个问题：权利的行使不得违反社会公共利益，是否还应再加上"不得违反国家利益"？这些都不是太抽象的争论，都很有实际意义。当时也有人讨论：国家利益和社会公共利益一致不一致，是不是两个不同范畴的概念？有人说："在我们国家，社会公共利益就是国家利益，国家利益就是社会公共利益。"我看不尽然。我们在征收私人财产的时候也明确讲了，只有社会公共利益需要的时候才可以征收。为什么不写只有国家利益需要的时候才可以征收呢？国家利益的需要和社会公共利益的需要没有区别吗？

我想如果从国家权力的角度和社会的角度来看，我们可以看出国家利益和社会公共利益显然不是一个概念。在财经大学讲课的时候我讲了一个观点，后来被批评是"自由主义"的观点。当时我说了这么一句话：如果说私有企业代表的是私人的利益，那么，国有企业代表的就是国家的利益，因为国有企业财产确实属于国家。在这种情况下，你说是国家利益重要呢，还是私人利益重要？我说这恐怕是一个伪命题。在这种情况下，谁都会说，当国家利益和私人利益发生碰撞的时候，当然是国家利益优先。但是，你不能说国有企业的利益就是国家利益呀！你也不能说私有企业的利益就是私人的利益啊！私人企业发展好了，国家也可以得到利益，也有利于国家的发展。

但是，为什么在社会公共利益需要的时候，仍然要求我们的个人权利服从社会公共利益？西方国家也是这样，当个人利益和社会公共利益发生冲突的时候，个人利益要服从社会公共利益。我记得美国一位著名教授到我们学校讲课的时候，也讲到这一问题，他说：在四五十年前，有一个美国人在曼哈顿有一块房产，如果他想盖几十层高的楼房或者盖一个破破烂烂的房子，而政府不让他盖，那么他若诉讼到法院，在当时个人肯定要胜诉。但是，如果在今天，他却不一定会胜诉。因为个人权利不能无限延伸，它要服从社会公共利益。一个社会的发展、一个城市的发展，都要有一定的规划。在这个意义上城市的绿化或者规划明显地不是国家利益，而是社会公共利益。所以，我们在民法典讨论的时候也会涉及国家和社会这两个概念,两者并不见得是同一概念。过去我们完全把国家和社会等同,把国家利益与社会利益等同,国家自认为其利益就是全民的利益,但事实却证明不尽然。如果一个国家万能到一切决定都是百分之百正确,那么,我们何乐而不为拥护这个国家。但是可惜国家并不见得在任何情况下的决策都是正确的。所以,我们说法律本身并不是目的。

现在经济分析的方法很时髦,很多博士论文都用经济分析的方法来观察商法、观察民法、观察公司法,这方面的专著也越来越多。经济分析的方法主张用法律手段促进资源的最佳配置,创造最大的财富。相对而言,运用社会分析的方法研究的还比较少。我认为,用社会分析方法其目的就是要实现国家和社会权力的合理分工和配置;社会分析的方法要很好地解决如何构建一个和谐社会的问题。在这个意义上我们可以说,社会学的研究和法学的研究有很密切的关系。长期以来,我国的社会学淹没在经济学的汪洋大海中,很多的社会问题都从经济学的角度来分析。与之类似,政治学也是埋没在法律学里的一部分。宪法是法律学的一部分,但实际上很多宪法问题都属于政治学的范畴。

我觉得和法学关系最密切的就是这四个领域:国家、社会、经济、法律,这四个领域有着极其密切的关系。当然在公法领域中法律和国家有着最密切的关系,而在私法领域法律与社会、经济联系更为密切,当然这也不是太绝对。所以,在这个意义上,如果脱离了经济、脱离了社会、脱离了国家来研究民商法,往往研究不深入。我在多个场合跟年轻的学法律的同学交谈,认为学法律的人绝不能作纯条文的研究、纯法律的研究;如果离开了国家的背景、经济市场的背景和社会的背景来观察法律,往往就会研究得不透彻。经济学界现在都主张和法学家联盟,他们觉得脱离了法律,经济学的问题是研究不深的。同样的道理,法学的研究如果没有经济学和社会学背景，从民商法角度而言，我们也是研究不深入的。

三、社会权力是公法和私法融合的产物，是公权和私权融合的产物

社会权力是私权公法化的一个产物，甚至也可以说，社会权力是公权私法化的产物。那么如何来看这个"社会权力"？我认为应该从公法和私法融合的角度上考虑这个问题。某种意义上说，社会权力是私权公法化，甚至可以说是公权私法化。

权力和权利没有绝对的分水岭。一种权力是力量的"力"，另外一种权利是利益的"利"，权力和权利有内在联系。有时候人们常常说公权的时候用力量的"力"，私权的时候用利益的"利"。这种说法从主要方面看没有错。公权更多地依靠强制力，而私权更多地考虑利益，但是，如果说公权仅仅是一种公权力，私权只是一种利益，却也不尽然；公权完全可以变成权利。有一次一个博士生要写博士论文，我说："你能不能研究一下私权力这个问题？现在很少有人研究私权力方面的问题，只有人研究私权利。"罗马法中就有这个词，叫做 Potestas，按照美国 Black 法律词典的解释，Potestas 在民法中的含义是权力，这个词实际上是民法中的概念。

在罗马法中 Potestas 这种权力是指所能支配的权力，包括：第一种，人对人的支配。在古罗马，人对人的支配权包括主人对奴隶的支配权、家父对家子的支配权。1986 年我国《民法通则》提到了监护权。监护权可是有权力的，如果一个被监护人精神完全失常，监护人就可以把他关起来，可以实行一种强制力。第二种，人对物的权力。什么是物权？就是人对物的支配权、管理权、统辖权。第三种，今天公司的治理结构也是一种权力。无论是在公法领域还是在私法领域，但凡有权力的地方，权力的运作规律仍然有相通之处，不能够截然分开。在这个意义上我们可以说，法人的权利、公司的权利仍然属于私权的范畴，但是已不是传统意义上私权的概念了，法人、公司已经具有了社会的功能。如果我们说一个自然人拥有两种属性：一个是个人属性，一个是社会属性，那么我们可以说当自然人组合成为公司或者法人以后，其社会的因素就大大扩张了；公司和企业法人团体的社会功能也远远不同于自然人。我们常常讲，保护一个公司的利益，实际上不仅保护了一个自然人（股东）的利益，也保护了它在社会生产中的职能。在这个意义上权力和权利不能截然分开，不能认为公法就解决 power 的问题，民法只解决 right 的问题。

最近我看到《中国改革》杂志今年第二期，这期的卷首语是清华大学秦晖教授写的，题目是：改革的任务就是要划清"群己权界"。秦晖教授是一位我非常尊重的历史学、社会学教授。我认为这篇文章有三个基本观点：

第一，人有两面性。人有个性，同时也具有社会性。人的利益也有双重性：个人权利的原则是自由，公共利益的原则是民主。

第二，这两种原则不能够倒用。一方面不能由公共权力来支配个人的事务，比如，我们不能说个人婚姻要服从家族的利益、国家的利益，不能用家族、国家的利益来妨碍个人婚姻。反过来，个人、家族自身也不能决断公共的事务。历史发展到今天，我们不断出现反过来的现象、扭曲的现象，国家、社会来决定属于私权的问题；而反过来属于公共的事务或者属于公共的利益，却由某个人来决定。比如说，私产变为公产不是不可以，但前提是必须经过私人同意。然而在实践中本来是属于私权的范畴，却往往由公共利益来决定，由国家的权力来决定，没有任何理由就剥夺了私人的财产。反过来说，国家的财产本来是属于全社会、全民的财产，却往往由私人决定一个价格就把它购置去了。如何解决这个扭曲的问题值得我们考虑。

第三，划清群、己的界限。即划清私权和社会权力的界限、私人利益和社会公共利益的界限。按照法律语言来说，就是要廓清私权和公权之间的关系，分清哪些权力属于公共权力，以及公共权力和国家权力有什么区别。

在我国法学界，郭道晖教授最早提出了建立三种权利（力）的观念，即除了国家权力和私人权利之外，要建立公共权力、社会权力。那么如何划分这三种权利（力）的界限？我们可以肯定，私权的核心是自由，社会权力的核心在于自治，国家权力的核心是强制力。无自由无以形成私权，但是，私权已经不是绝对的了，有些私权因为具有某种共同的关系，个性越来越少，社会性越来越多。

最近环保的问题大家都很关注，现在要成立一个环保的联合会，四月份要召开一次会议，邀请我从民法的角度讲一讲环保的权利。本来我想拒绝，但我这个人什么领域都喜欢说几句，后来就答应了。所以，环保的问题我正在考虑。我说，环保是一个私权，这没有任何问题。如果说我生活在北京，我住处周围是一些臭水沟，每天都是漫天黄沙，在这种情况下，能不能说我的某种私权受到了侵犯呢？我觉得应该说是，因为这是私人权利一个很重要的内容。另一方面，环境是不是一个公权管理的范围？当然也是，环境也是国家管理的一个重要方面。我们看到环境权越来越变成一个社会的权力。最近我看到一份材料说，现在环保特别讲究发挥NGO即非政府组织的作用来加强环保治理控制。绿色组织越来越成为环境保护的主要力量。环保的问题单靠国家的权力去解决不行，单靠私人的权利去解决也不行，于是环境保护越来越成为一个社会的公共利益。

消费者权益的保护也是如此。消费者的权利是不是私权？当然是私权！在消费领域每个消费者都有其切身利益；如果这种权利受到侵犯，法律就要加以保护，《消费者权益保护法》的宗旨是保护每一个消费者的权利。但是，消费者权益保护越来越变成社会化的运动，变成社会普遍关注的热点问题。所以，我们可以看到，在现代社会，私权进一步地发展，有一些私权已经逐渐向社会权力转换。社会权力的核心是自治，没有自治无以形成社会权力。自治既可以防止私权的滥用，也可以防止公权的滥用。为什么要发展社会权力？一方面私权可能被滥用，私权滥用会对社会造成损害。所以，要以社会公共权力作为防止私权滥用的标准，私人权利的行使不得侵犯社会公共利益。另一方面国家权力也可能被滥用，社会公共权力也可以很好地制约国家权力的滥用。

历史上不乏社会自治的先例。我们沿着欧洲国家的历史来看，在中世纪的时候，欧洲国家出现了一些新兴的商人城市，往往是靠商人的自治，譬如商法最早在中世纪就是商人阶层自治的一个领域。所以，我们可以说社会权力就是扩大了的私权。我认为，私权可以分成三类：

第一类私权属于绝对自由的权利，不能加以任何限制。比如说婚姻的自主权，我们不能以国家利益或者社会公共利益为由限制个人的婚姻自由，不能将国家利益或者社会公共利益凌驾于这种权利之上。

第二类是社会利益可以限制的私权，比如所有权。这些民事权利的行使不得违背社会公共利益，社会公共利益可以对它进行限制。

第三类是和社会利益密切相关的私权，或者说具有社会权力属性的私权。比如教育权和环境权，在某种意义上它们也是一种扩大的私权；这样的权利越来越具有社会化的属性，其行使已经进入到社会公共的领域当中。

从这个角度来看，我们可以说："私权和社会权力有着密切的关系，某一些社会权力就是从私权本身发展出来的。"在这个意义上我们也可以说，社会权力是国家权力的某种私法化，当国家认为不必什么都以国家权力出现、用社会权力更适当的时候，就应当弱化国家的权力，把国家权力变成社会权力。以仲裁为例，去年在西安召开的仲裁会议中，我说："打造一种社会权力的仲裁，把仲裁的权力看成一种社会的权力。"为什么我们提倡把仲裁的权力看作一种社会权力呢？仲裁机构不是由国家机关组成，它是民间的机构。真正打造一种社会权力的仲裁，这才是仲裁的本质。我们越来越重视仲裁的发展，这也就意味着我们要打造一种社会的权力。

《行政许可法》是市场管理中一部很重要的法律，其中有这么一个规定：凡是通过市场机制能够解决的问题，应当由市场机制去解决；通过市场机制难以解决，但通过规范公正的中介机构自律能够解决的，应当通过中介机构自律去解决。当时法制办的主任杨景宇作报告的时候也说了这一观点。[1]在这个意义上，我们已经明确了三种权利（力）的行使有一个顺序：私权问题尽量通过私权的办法解决，若解决不了再用社会力量去解决，社会力量还解决不了再动用国家的力量。现在我们越来越注意到，在市场经济当中国家不要一切都进行干预，不要直接和私权发生

---

[1]《行政许可法》第13条："本法第12条所列事项，通过下列方式能够予以规范的，可以不设行政许可：①公民、法人或者其他组织能够自主决定的；②市场竞争机制能够有效调节的；③行业组织或者中介机构能够自律管理的；④行政机关采用事后监督等其他行政管理方式能够解决的。"

冲突。现在我们最大的问题仍然是公权和私权的冲突，因为国家管得太多，一切都要国家去批准，一切都要国家去许可。像搬迁的问题、运动员受伤的问题，都要依赖国家力量解决。这样一来国家权力的行使将与私权发生直接的冲突，发生公权和私权的碰撞，这样哪里还有和谐社会呢！

四、社会权力的存在基础

我认为，社会权力存在的基础是社会法。社会权力行使的主要领域应当是社会公共事务和社会公共利益，行使社会权力的主体主要应当是非政府机构、民间组织。为了说明这个问题，我从以下几个方面来论证我的观点：

20世纪我国兴起了一个新的部门法——社会法。我们在搞权威性的在国外发行的中国法律的汇编时，探讨中国法律究竟分多少部门，最后决定把社会法作为一个独立的部门。社会法的含义我认为应该包括三个层次：①浅层次的社会法：保护弱势阶层。例如，社会保障法，残疾人的保障，甚至也包括妇女权益的保护。在这个意义上，社会法立法的宗旨是对弱势群体的保护。②中层次来说，社会法就是运用社会力量行使社会的权力。③更高层次来说，社会法最重要的是要保持社会的稳定，构筑一个和谐的社会。在此意义上，应该说社会法就是公法和私法的融合。

社会权力究竟应该进入哪些领域？专属于国家权力领域的只能由国家进行干预。比如军事、外交、法院、监狱、警察等是专属于国家权力的，社会权力不能介入。那么，社会权力应该介入哪些领域呢？国务院最近发布的《国务院关于鼓励支持和引导个体私营等非公有制经济发展的若干意见》第4条规定，支持、引导和规范非公有资本投资教育、科研、卫生、文化、体育等社会事业的非营利性和营利性领域。这被视为发展非公有经济的一个很重要的文件。

　　社会权力进入的前提应当是国家退出垄断。在国家控制或者垄断的前提下不可能有社会力量，也不可能产生社会权力。在这个意义上可以说，社会权力是民间权利一种变种的语言，社会权力应当包括民间的权利，社会办学就是民间办学。但是，目前我们还有一些领域社会力量并没有进入，比如，新闻出版等。它也应当是社会权力最终进入的领域。在此我们可以看出，在中国，社会权力的扩大是有步骤的。世界上很多国家都依靠社会力量的介入，例如，奥运会的承办若单靠国家的力量或者单靠私人力量显然都不行，这就需要社会力量的介入，发挥志愿人员的作用。就拿监狱来说，传统意义上监狱是国家的管理部门，监狱是专政机关。在西方，国家监狱有很多社会矫治人员，对犯人进行教育，矫正他们的心理，从而使得他们出狱以后不再进行犯罪。这些社会教育人员、心理工作人员并不是由国家雇用的，而是一支独立的社会力量。

　　在这个领域里有很多有意思的现象。比如台湾大学正在进行改革，由原来的公法人改革成私法人中的财团法人。我问他们，台湾政治大学和台湾大学都是公立的，它们有什么不同？他们说：台湾大学一直被称为公法人，公法人完全是政府权力的相关机构，工作人员是公务员待遇，土地由政府无偿划拨。变为财团法人之后，虽然仍是公立的，但并不等于政府权力干预其中。我们知道，私法人里面的财团法人仍以公益为目的，它不等同于社团法人里面的公司。所以，如果大学仍然是政府控制，不仅经费由政府划拨，而且政府的权力的干预程度极强。而私立学校，以及一些由政府创办、后来转变成财团法人的学校，尽管政府控制力大大降低，但和营利性的社团法人又有所区别。这样就构建了公权力、社会权力和私权不同的领域。所以，相对应的这三种权力（利）对我们是非常重要的。当然，在我们的社会领域里还有一部分也非常重要，就是营利性组织中所包含的商会和其他的一些中介机构，这些也应该是社会权力很重要的一部分。商人自身组成的商会、行业协会等主体的自律作用和自治作用也要逐渐得到加强。在这个意义上，我们就要相对应地来考虑这三种权力（利）各自所管辖的领域：国家权力主要管理军事、外交、专政这样一些事务，社会权力更多地应介入到社会利益、公共利益、公共事务、社会事务等方面，而私权主要是进入到私人经营性的领域。

那么，发展这种社会权力的主体是谁？即由谁来行使这种社会权力？国家权力由国家行使，私人权利由私人行使，社会权力应当由谁来行使呢？我想大家可能都认可，社会权力应当由第三种力量来行使，这就是现在世界上日益兴起的NGO——非政府组织。有件事情给我的印象很深：20世纪90年代在我们国家召开过一届世界妇女大会，当时设了两个论坛：一个是政府论坛，一个是NGO论坛；政府论坛在市内，NGO论坛放在了怀柔。当时有人问：为什么要放在怀柔呢？因为非政府论坛的人太多，而且与会者良莠不齐，甚至有一些妓女组织。妓女组织为什么不能来参加会议呢？妓女也是人，也是妇女啊！她们的权利为什么就不能得到保护？政府为什么不关心妓女呢？因此，有的时候社会组织就是要关心这样一些事情。我们现在正在讨论《妇女权益保护法》，报纸上争议很大的一个问题就是"二奶"的利益要不要保护。仅仅因为"二奶"具有非法性而对其利益一概不予保护，这也未必合理。虽然政府的保护总有一定的视野范畴，但是社会利益是多样的，任何人都可能由相应的社会组织去为他的权利呐喊、奋斗！在这个意义上，正是社会组织的力量填补了政府权力的不足。

现在我们社会权力的行使面临着两大问题。一是事业单位如何改革。过去我们的事业单位有两个特点：①靠国家财政支持，纳入国家预算。②事业单位是非营利单位。但是今天这两条都已经发生了变化：事业单位有民办的，有社会力量办的，完全可以不靠国家支持；非营利的性质也变了，有一些事业单位是营利的，如出版社。所以，事业单位面临着一个很大的变化。这也涉及民法中法人制度的一些改变。二是社会团体的设立条件要放宽。社会和谐必须依靠大量的社会组织作为润滑剂，一个社会如果没有社会组织作润滑剂，完全靠政府力量去解决所有的问题，那么政府往往与私权发生最直接的碰撞，这样是不可能建立一个和谐社会的。但是，目前我国社会团体的设立条件依然很严格，在设立社会组织方面比较敏感，因为社会组织搞得好可以是润滑剂，搞得不好就可能变成了相反的力量。在这个意义上，如果我们国家要真正建立社会力量、发挥社会自治的功能，就必须在一定范围内适度地放开社会组织设立的条件，否则难免产生一定的社会矛盾。

五、如何从法律层面构建和谐社会

如何能够更好地建设中央提出来的和谐社会？和谐社会是一个新的话题，过去我们听到的是共产主义社会，后来世界上有些思想家提出大同社会。与共产社会、大同社会相较，应该说和谐社会更具体、更明确一些。胡锦涛总书记提出六个方面的标准：民主法治、公平正义、诚信友爱、充满活力、安定有序、人与自然的和谐相处。我想和谐社会是针对不和谐而言的，是针对我们社会当中存在的一些冲突而言的；具体怎样构建一个和谐社会，从我们研究私法的角度来看，我觉得要有这么几条：

1. 和谐社会仍然要以私权为基础。私权得到充分的尊重和保护，这才是最大的社会安全和社会和谐。和谐社会绝不是靠剥夺和限制私权来实现，和谐社会必须依靠尊重和保护私权来实现。社会的基础是个人，个人的权利得到保障与尊重，这个基础才稳固。当前我们社会当中发生权利冲突，这绝不可怕。和谐不等于没有冲突，任何社会都存在权利冲突。私权和私权发生冲突不可怕，公权和公权之间发生冲突也不可怕，可怕的是公权和私权发生冲突。而公权和私权发生冲突是当前社会的普遍现象；不管何种理由，在公权和私权发生冲突时，私权享有者往往会认为他的权利被破坏了。于是他就要闹，他就要上访，所以，解决上访问题并不能对它进行限制，而应该处理好私权受到侵犯的真正原因或者发生的基础。

2. 构建一个和谐社会需要充分调动公权力、社会权力以及私权的积极作用，在三种权利（力）之间形成合理的配置。正如我们前面讲到的，通过市场机制能够解决的问题，应当由市场机制去解决；通过市场机制难以解决、但通过规范公正的中介机构自律能够解决的问题，应当通过中介机构自律去解决。在这个意义上，我们已经明确了三种权力（利）的行使顺序。现在我们最大的问题仍然是公权和私权的冲突，因为国家管得太多。如何把国家力量的运用从首先放到最后，这是需要我们很好去解决的问题，国家权力用得越多，国家权力用得越早，就越容易引起社会的冲突和矛盾。所以，要解决好社会上的问题必须适当地运用国家权力。

3. 要建立一个和谐的社会，必须充分发挥社会组织的润滑剂作用。发挥社会组织的自律自治作用进行组织协调，尽量依据民主原则解决社会冲突问题。

最后，我们需要建立民主政治。民主政治有两点：一是少数服从多数，二是要尊重、保护少数人的意见。我们国家不能只有一种声音，各种不同的声音交织在一起，才叫和谐，英文上的"交响乐团"这个词就是这样来的。而我们要建立一个和谐的社会需要对不同声音的尊重，需要不同声音的交错和谐，这才是国家的福祉。如果只有一种声音，那可能蕴藏着更大的不和谐，可能会蕴藏着某个时刻的爆发，那才是最可怕的。所以，民主政治是建立和谐社会中非常重要的一点。

清代民法概论

张晋藩

一、中国古代的法律体系与重刑轻民的原因

在丰富而又悠久的中国古代法律史中，虽无现代民法的概念，但却存在着财产关系与人身关系和相应的法律调整。中国古代的社会历史环境，决定了法律从产生之时起就以"刑"为主要的表现形式。进入封建社会以后，历代代表性的法典从《法经》到《大清律例》，都采取以刑为主、诸法合体、民刑不分的编纂体例，其中也包括少量纯粹民事条款和民事法律纠纷的裁判规定。这种编纂体例曾经被认为是中华法系的一个特点，由此而产生了一种看法，即中国古代除刑法外，其他部门法律大都属于子虚乌有，尤其是民法更是如此。有人甚至断言：中国古代没有民法，只有刑法。显然这是不符合中国法律历史的实际的。

任何一种类型的法律都是特定的社会关系的产物。社会关系是复杂多样的，因此，反映社会关系的法律规范的内容，也是复杂多样的，而对于复杂的社会关系所进行的法律调整方式，也绝不可能是单一的。任何一个国家的现行法律规范，一方面具有内在的统一性，形成不可分割的整体；另一方面基于调整对象的差别，又划分成若干不同的法律部门。这些既有区别而又不可分割的若干法律部门，便构成了法律体系。这个法理学上的共同理论基础，也适用于中国古代的法律体系。中国古代的法律体系，同样是由刑法、行政法、民法、诉讼法、经济法等各种部门的法律所构成的。如果说中国封建社会基本法典的编纂体例是"诸法合体、民刑不分"，那么，中国封建的法律体系则是"诸法并存、民刑有分"的。前者是立法者立法经验的体现，是主观能动性的产物；后者是基于法律调整方式的多样而形成的有机联系的整体，是不以立法者主观意志为转移的客观实在。

纵观世界法律的发展史，诸法合体，民刑不分在法律发展的早期是带有共同性的，罗马十二铜表法便是如此。所不同的是中国古代法律以刑为主，刑罚是基本的制裁手段，而罗马法从十二铜表法起，民事法律便在法典中占有主导地位，逐渐摆脱了用刑法手段来调整民事纠纷的传统，以至私法是罗马法中最具有代表性的部分。不仅如此，以罗马十二铜表法为代表的西方诸法合体的立法体例，很快便随着商业与海外贸易的发展而引起了相应的变化。至11世纪，开始出现了保护商业活动的单行通例。13世纪，又制定了大量的贸易法令、航海法规和海商法典。从而表明西方在中世纪时期诸法合体，民刑不分的法典编纂体例，已经开始解体。近代民族国家的独立、统一运动和法典编纂运动，更导致了近代部门法概念的形成和部门法的划分。

然而在中国，直到19世纪中叶海禁大开以后，随着西方法文化的输入与晚清按部门法修律，才最终打破了诸法合体的体例，分别起草了民法、刑法、商法、宪法与诉讼法。由此可见，在历经两千余年的中国封建社会，虽然不乏盛世，但法律的发展却是极其迟缓的，无论形式与内容都充满了保守性、因袭性和排他性，这不是偶然的，是由中国古代的特定历史条件所决定的。

第一，从地理环境上看，中国是地处东北亚大陆的内陆性国家，虽有漫长的海岸线，但海上交通不发达，基本处于与外界相隔绝的状态。这种封闭的地理环境，形成了与海洋国家不同的大陆民族特有的心理与观念。在中国古代人的意识中，认为群是人与动物相区别的本质特征之一。《荀子·王制》中说："人能群，彼（指动物）不能群也。"由于古代中国人强调群的利益，并以集团、家庭、宗族、村社为本位，因而私权观念淡薄，而私权观念正是民事法律发展的重要思想基础。

中国古代专制政府所执行的闭关锁国的海禁政策，不仅禁锢了海上贸易发展的可能性，也维护了中国的封闭状态，历数千年而没有较大的改变。如果说西方私法发展的重要条件是海上贸易与开放的环境，那么在中国古代是不具备这个条件的。

第二，中国古代占统治地位的经济结构是自然经济，丰富的物资资源与勤劳俭朴的生活习惯相结合，足以维持自给自足的生产方式和居民日常的需要，而无需依赖于市场。中国古代的商业虽然起源很早，但在法家奖励耕战思想的影响下，秦汉以降，封建政府都推行重农抑商的政策，尤其是以专营专利为目的的禁榷范围，由盐、铁而不断扩大为茶、酒、矾、丝织品等生活必需品，从而严重妨碍了商业的自由竞争和发展。以至商业资本不得不转而经营土地，使商业利润地租化，而不能转化为工业资本。在这样的背景下，自然经济形态始终没有实质性的变化，其统治地位也从没有发生过动摇，这就必然地阻滞了民事法律的发展。因为民事法律关系是商品经济生活的一般要求在法律上的体现，罗马法之所以成为私法的典范，就在于它"对简单商品所有者的一切本质的法律关系（如买主和卖主、债权人和债务人、契约、债务等等）所作的无比明确的规定"[1]。

第三，中国古代的社会构成是以等级特权性为特征的，贵贱之间无论社会地位、权利义务关系都有如天壤之别。位列贱籍、"律比畜产"的奴婢，自然无任何民事权利可言。即使是位列良籍的普通劳动者，也对地主、雇主、官僚、贵族存在着严格的人身依附关系。被奉为社会统治思想的儒家三纲五常的教条，也从各方面辩护君臣、父子、兄弟、夫妇、长幼以及主仆的等级社会结构的合理性。以至个人的权利来自于主体的特定的社会地位和身份，来自于对某种职责和义务的充分履行。他们之间的财产关系也依等级特权原则进行调整。譬如自庶民以上的财产处分，依家长的意志为准，子孙私擅用财，不仅是无效法律行为，而且要受到法律制裁。这一切都说明，中国古代缺乏民事法律上的"私人的平等"，这无疑阻碍了民事法律的发展。罗马正是由于具备了"私人的平等"这个条件，才造就了繁荣的罗马私法。

第四，中国古代的政体是专制主义政体，从秦统一天下建立皇帝制度起，两千年来专制皇权不断膨胀。尤其是明代废除宰相制度以后，皇帝更加雄踞于一切权力的顶峰。为了维持专制制度，封建国家极力维护其借以矗立的自然经济基础，强化国家对工商重要领域的垄断，严厉打击一切危及国家统治与皇帝安全的行为，并在思想文化上实行严格的控制。然而对于民间的财产纠纷则视为"细事"、"细故"，尽管它对当事人来说是百分之百的大事。统治者们所关注的是公权益不受侵害，这决定了他们制定政策与法律的倾向。由此不难理解为什么中国古代公法被特别强调，为什么刑事法律、行政法律较为发达，而民事法律始终未能法典化、系统化的原因。

---

[1]《马克思恩格斯全集》（第4卷），人民出版社1958年版，第248页。

第五，中国古代是以宗（家）族为社会本位的，宗（家）族以血缘为基础，因而具有很强的稳固性。宗族组织是严密的，宗族的习惯法——形形色色的家法、宗规，是国法的补充形式和调整族内关系、制裁违反宗法行为的根据。族（家）长则是法定的族内统治者，"举宗之事，责成宗主"。他奉宗法为圭臬，凡祭祀、田宅、租赋、户婚、立嗣等民事纠纷与轻微的刑事伤害，或由族长亲断，或由族长召集宗族会议解决，禁止擅兴词讼。族长又是执行国家职能的基层政治代表，他向族人"陈朝纲，立法纪"，约束族人奉公守法，因此，他的决断就是权威性的裁决。由于宗族习惯法对于族内的民事行为起着实际的调整作用，它所覆盖的方面又极为广阔，因此也成为阻碍立法者去思考制定民事法律的一种惰性力量。

第六，中国古代在思想文化上的百家争鸣仅见于春秋战国，而更多的是"学在官府"，是文化上的专制主义，是层出迭见的惩罚自由思想的文字狱。专制主义文化以巩固封建统治为主旨，以维护纲常名教为己任，以强调团体本位、义务本位为重要特征，以保全构成古代中国的诸因素，如大一统的专制制度、宗法精神支配下的家族组织、农本主义的自然经济等，为自己的职能，结果不仅窒息了思想文化的生机，也压制了平权型的民事法律关系的发展。

就法学而言，其基本内容是注释刑法与刑事诉讼法，其主要任务是探讨刑的适用与解释，至于纯粹的法理学的研究，则得不到国家的支持。尤其是罢黜百家、独尊儒术以后，以礼入法、补法，使伦理道德与法律相融合，法学成为经学的附庸，更加不利于法学的自由发展，造成了中国古代法学的简单与贫乏，对于法理学上的一系列问题包括法的体系在内，都缺乏应有的研究，自然也就谈不到去发展它、完善它。不仅如此，法学家社会地位的低下和被专制制度所扭曲了的个性,也摧残了他们的创造性和主动性。与此相反,罗马私法之所以发达,是和罗马法学家人格上的自由与社会地位的崇高分不开的,著名的《查士丁尼法典》就是由十名法学家组织的编纂委员会撰著成的。

二、清代民法的地位与特点

清朝是中国最后一个封建王朝,清代民法也是中国古代民法的最后形态,同时又是向现代民法转型的过渡形态,因而在中国民法史上具有承前启后、继往开来的重要地位。

清代尽管没有制定出一部单一的民法典,但却形成了一个多层次的、形式庞杂、内容细琐的民事立法体系,其中既有制定法,也有习惯法;既有朝廷立法,也有地方法规。

(一)清代民法是传统民法的继承和发展

从西周奴隶制民法确立雏形算起,到康乾盛世修订具有单行民法性质的《户部则例》,已近三千年之久。清代民法直接来源于明代民法,而明代民法又以唐宋民法为宗,因而它的基础是深厚的,继承了唐宋以来关于身份与权利能力、丁年与行为能力、所有权、债、婚姻家庭与继承等民事法律规范与民事诉讼中的若干制度。但由于社会生活的进步,以及在司法实践中民事诉讼经验的积累,使得清代民法有了新的发展,深深地打上了时代的烙印。例如,《大清律例》中的有关民事部分虽然多来自明代旧律,但大都作了删补改进,使之更符合清朝统治者的需要和贴近社会生活的实际。

例一,《大清律例·户律·田宅·欺隐田粮》原附明例:"将土地诡寄他人名下者,许受寄之家首告,就赏为业"。雍正三年(1725年)修律时,律例馆认为诡寄、受寄则彼此有罪,纵使受寄之家首告也只应免罪,未便就赏为业,因此奏准改为

"如受寄之家首告,准免罪"。显而易见,这个改动更符合法理。

例二,《大清律例·户律·田宅·盗卖田宅》原附明例:"若功臣初犯,免罪附过;再犯住支俸给一半;三犯全不支给;四犯与庶人同罪"。《大清律例》改为"若功臣有犯者,照律拟罪,奏请定夺"。这个改动既显示了公平,也加强了皇权。

例三,《大清律例·户律·婚姻》援用原明律文"若娶己之姑舅两姨姊妹者,杖八十,并离异。"但至雍正八年(1730年)定例:"外姻亲属为婚,……其姑舅两姨姊妹,听从民便",此定例于乾隆五年(1740年)馆修入律。显然雍正定例更符合民间的习惯。

例四,《大清律例·户律·户设·别籍异财》虽援用原明律文"若居父母丧而兄弟别立户籍、分异财产者,杖八十。"但至顺治初年,根据社会生活的实际状况,加入以下小注:"或奉遗命,不在此律"。

例五,《大清律例·户律·户役·卑幼私擅用财》于乾隆五年(1740年)前援用原明律文,对于户绝无女者的财产"入官"。至乾隆五年(1740年)修律时,"以律内财产入官皆指有罪之人而言,今人亡户绝,非有罪可比",故改为充公,例文如下:"户绝,财产……无女者,听地方官详明上司,酌拨充分"。

除就原明律文增加小注与条例以阐明律意,使之贴近生活,加强法律的适用性外,《大清律例》还针对常见的民事纠纷酌情定例,进行有效的调整。

例一,根据民间典卖产业,存在着"混行告战、告赎"的现象,乾隆十八年(1753年)四月刑部议复原任浙江按察使同德条奏,定例如下:"嗣后民间置买产业,如系典契,务于契内注明'回赎'字样;如系卖契,亦于契内注明'绝卖永不回赎'字样。其自乾隆十八年定例以前,典卖契载不明之产,如在三十年以内，契无'绝卖'字样者，听其照例分别找赎。若远在三十年以外，契内虽无'绝卖'字样，但未注明回赎者，即以绝产论，概不许找赎。如有混行争告者，均照不应重律治罪。"[2]这条例文区别了典契与卖契之分，确定了典契回赎的时效期，明确了混行争告者的法律责任，对于民间因典契不明、期限不定而发生的纠纷，提供了剖决的法律根据。

例二，针对民间在告争坟山的纠纷中，常常提出旧契、碑谱作为证据，但旧契常与实际状况不相符合，而碑谱等项又可以伪造，因此这一类案件经常纠缠不清，累年不绝。为此，乾隆三十二年（1767年）安徽按察使陈辉祖条奏定例，乾隆三十三年（1768年）馆修入律，其例如下："凡民人告争坟山，近年者以印契为凭。如系远年之业，须将山地字号亩数及库贮鳞册、并完粮印串，逐一丈勘查对，果相符合，即断令管业。若查勘不符，又无完粮印串，其所执远年旧契及碑谱等项，均不得执为凭据，即将滥控侵占之人，按例治罪"。[3]

（二）清代民法的基本特点

1. 以制定法为主，各种民法渊源互相配合，清代的民事法律体系。清代的民事制定法散见于《大清律例》、《大清会典》、《户部则例》、《六部则例》及其他法规，其中《户部则例》颇类似于民事法规汇编。在地方法规《省例》、《告示》、《章程》中，也含有民事法律规范的内容。如福建的《典卖契式》和江南的禁止翻印书籍的告示，以及江安县的《学田章程》等。此外，民法资料还见于判牍、笔记、档案、碑帖之中，如《樊山判牍》、《吴中判牍》、《判语录存》、《顺天府全宗档案》、郎世

---

[2]《大清律例》卷九《户律·田宅·典买田宅》。
[3]《大清律例》卷九《户律·田宅·典买田宅》。

宁治产不罪之碑等。

　　清朝作为以少数民族为主体的政权，很注意通过立法调整少数民族内部及各族间的关系，著名的立法，如《理藩院则例》、《蒙古律例》、《回疆则例》、《苗例》等，均为唐宋元明各朝所未有，其中不乏民事法律的内容。《番夷成例》中便规定出妻时原陪嫁之物须偿还，但共同生活期间的财物则不偿还，可见是很细致的。此外，调整贵族王公的《宗人府则例》，也具有行政法律与民事法律的双重性质。

　　总之，制定法是清朝民法最重要的部分，也是民事审判最基本的依据，其数量较之前朝有所增加，规范更加细密，所调整的内容体现了封建社会末期人身关系的变化与不动产流转的加快，以及商品货币经济的新发展。但清朝民事性质的立法毕竟数量少，它所调整的范围也不够宽广，而且散见于各律，无法适应疆域辽阔、政治经济文化发展不平衡的统一多民族国家的民事行为需要。在这种条件下，流行于各地的习惯法，如乡规民约、家法族规、地区习惯等，便对特定范围的民事活动与纠纷，发挥着调整的作用。它们是民事立法的重要基础，也是民事诉讼的依据之一，在实践中有些行为，有些地区是依习惯而不依法律的。例如，同姓不婚，按法违者杖八十，但偏远之地则不予追究。晚清起草民律时，法律馆曾派专人赴各地调查民事习惯，作为修订民律的参考，由此可见民事习惯的重要性。

　　流行于各地的民事习惯除与国家制定法有矛盾者外，官府承认其法律效力。

　　此外，传统的礼与儒家学说，也常被司法官用来解决民事争端。

　　综上所述，制定法以外的传统的民事法律渊源，是多种多样的，并具有很强的规范力量，从而形成了以制定法为主干，各种民法渊源相互配合的民事法律体系，基本满足了调整复杂的各种民事纠纷的客观需要。它们之间在适用上虽然一案只能用一种渊源，但就总体而言，由于互相补充，弥补了民事立法的不足。但是各种渊源之间也由于多样性、分散性，以及效力顺序不明确，而存在着矛盾。这种矛盾多属于形式上的，经常通过司法官的灵活掌握而得到解决。但也有的矛盾具有实质上的差异，例如某些少数民族实行的不同辈分的婚姻便是一例，这种少数民族习惯法与儒家礼教的矛盾，清朝采取因俗制宜的原则加以解决。

2. 反映了满洲少数民族的特殊利益。清朝是以满洲贵族为政权主体的封建王朝，民族统治的色彩虽然不是清代民法的本质特征，但也的确具有唐宋以来所不曾有的，保护满洲族特殊利益的特点。

清代民法从总体和源流上看，是汉唐宋明各朝汉民族封建民法的延续，但同时又制定了保护满洲族和其他少数民族特殊利益的大量民事法律规范，可以说是中国封建时代少数民族民事立法的发达形态。

首先，清代民法严格划分了旗籍与民籍，各有独立的丁册。早在关外时期便于满洲八旗实行编审壮丁的制度，以核实登记人口及财产状况。入关以后于雍正十二年（1734年）定例："八旗凡遇比丁之年，各该旗务将所有丁册逐一严查。如有漏隐，即据实报出，补行造册送部。如该旗不行详查，经部察出，即交部查议。"[4] 此例于乾隆五年（1740年）馆修入律，由于旗人享有国家固定的口粮，因此严禁冒籍，违者治罪。

其次，为了保护旗人的旗地旗房，法律严禁旗民交产，民人典买旗地旗房者治罪。但由于旗人不事生计，因此从康熙朝起，便时有旗人典卖旗产给民人。为此康雍乾三代皇帝或出内帑银赎

---

[4]《大清律例》卷八《户律·户役·脱漏户口》。

回旗产，或发严令重申旗民交产之禁。例如，乾隆十九年（1754年）定例，重申禁止民人典买旗地。乾隆二十八年（1763年）又定例，禁止旗下家奴人等典买旗地。乾隆三十四年（1769年）再定例，禁止盛京民人典买旗地，并对已经发生的旗民交产状况进行清查。嘉庆十九年（1814年）再定例，一方面重申："旗地、旗房，概不准民人典买。如有设法借名私行典买者，业主、售主俱照违制律治罪，地亩房产价银一并撤追入官。失察该管官俱交部严加议处"。另一方面确认旗人有权"典买有州、县印契跟随之民地、民房"。[5]

对于旗房的典卖，乾隆四十五年（1780年）以前限而不禁，乾隆四十五年以后定例：京内外旗房概不准典卖，否则房产入官并治罪。然而旗民之间的经济往来是客观需要，是禁而不止的。至清朝晚期，无论旗地旗房，只要税契升科，便承认其买卖的合法性。咸丰二年（1852年）户部在奏折中便提出："私相授受若仍照旧例禁止，殊属有名无实。准互相买卖，照例税契升科。"[6]同治四年（1865年）明确规定顺天直隶所属旗地，"俱准旗户民人互相买卖，照例税契升科"。[7] 同时，还规定："民人契典旗地，以二十年为断（一般为十年），限内者仍准回赎，无力回赎许立绝卖契。"晚清有关旗民交产的禁令虽然弛禁，但在法律上仍未废除。

再次，为了巩固满蒙特殊的政治联盟，在满蒙宗室之间实行法定的联姻制度。早在关外时期，太祖努尔哈赤便订立制度，宗室王公之女凡已达结婚年龄者，必选蒙古族王公子嗣结成婚姻。

---

[5]《大清律例》卷九《户律·田宅·典买田宅》。
[6]《钦定户部则例》卷一○《田赋四·旗民交产》。
[7]《钦定户部则例》卷一○《田赋四·旗民交产》。

清人关以后，仍然实行满蒙联姻的制度，蒙古贵族妇女嫁到皇族宗室之家，满洲宗室的女子也下嫁到蒙古贵胄之府。满蒙联姻是巩固满蒙政治联盟的重要手段，直到清朝灭亡才告结束。

最后，制定适用于少数民族地区的单行律例，以保护其特殊利益。

清朝统治时期制定了一系列适用于少数民族地区的单行律例，著名的如《蒙古律例》、《西宁青海番夷成例》、《回疆则例》等。这些单行条例中的民事条款，突出地反映了对少数民族利益的保护。

譬如，为保护蒙古族人口的发展，禁止在外蒙古地方贸易种地的内地民人娶蒙古妇女为妻，否则治罪，并强迫离异。同时，还制定了与汉族不同的蒙古族人继承法。

3. 参加民事活动层面的扩大与民事法律集中化的趋向。清朝统治下的中国社会是封建社会的末期，商品经济超越前朝的发展，与此相联系的超经济剥削的人身强制关系也有了较大的松弛。手工业工人摆脱了匠籍，雇工人的法定范围不断缩小，甚至作为民事权利客体、位列贱籍的奴婢与贱民，经过放出、开户、开豁以后，也取得了一定的法律地位。总的说来，清代民事权利的主体与参加民事活动的层面都有所扩大，不仅雇工、佃户、手工业者、商人都具有较完整的民事权利，即使改变身份的贱民也作为主体参加民事活动。这是清朝以前所不曾有的。

随着产权、债权关系的复杂化，以及民事法律主体层面的扩大，都要求制定集中统一的民事法律以便加强调整和保护，从而推动了民事法律摆脱民刑不分的架构，向着集中化、单一化的方向发展。譬如，《户部则例》从乾隆四十一年（1776年）颁行，至清末已反复修改十四次，每次修改都增强了部门法的色彩，可以说清朝的《户部则例》就是一部尚不完备而又内容混杂的封建民法典。

4. 进一步维护宗法族权。清朝建立以后，面对着复杂尖锐的矛盾和强大的汉族士大夫队伍，为了巩固统治，一方面沿袭传统的伦理道理观念，着意渲染尊孔读经；另一方面又注意维护封建的家族主义，利用宗法族权作为基层的统治支柱。在《大清律例》中对于子孙盗卖族产的惩罚，比历代都重。"凡子孙盗卖祖遗祀产至五十亩者，照投献捏卖祖坟山地例，发边远充军。不及前数及盗卖义田，应照盗卖官田律治罪。"[8]

作为族内法的家法族规，在清代得到了广泛的发展，不仅数量多，覆盖面广，而且立法的技术与规范、惩治的等次都达到了相当完备的程度，成为国法的重要补充。国家承认它的约束惩治族众的法律效力，但不得违反国家制定法的规定。例如，家法族规中关于处死族人的条款，《大清律例》是不允许的。

作为一族之长的族长，是执行家法的法官，他有权调处争端，施行惩罚。但清政府在赋予族长治家之权的同时，也要求他对国家承担相应的责任。譬如，子弟犯上作乱，首先惩罚族长。晚清曾国藩为了镇压太平天国运动，曾颁发告示，要求一族之父兄管好一族之子弟。

5. 在民事审判中人治具有特殊重要意义。清朝由于各种民事法律渊源并存，还没有集中统一的民法典。因此，在民事审判中适用哪一种民事法律渊源，取决于州县官。如果说在刑事审判中，要求司法官严格依法审断，而在民事审判中则无此硬性规定，州县官可以根据案情依制定法判案，也可以依习惯法或依礼断案。不仅如此，对于民事案件是否需要堂审，还是批令调处，完全由州县官决定。至于民事附带刑事案件，是否用刑，用刑多

---

[8]《大清律例》卷九《户律·田宅·盗卖田宅》。

少,也都取决于州县官的意志。由此可见,在民事诉讼中人治的色彩重于刑事诉讼。正是通过州县官个人的作用,使法与礼、法与地方习惯、法与宗法家规、法与乡规民约由某种矛盾状态达到了相对的协调,发挥了效力互补的作用。

由于《大清律例》中民事与刑事常常互为附带,界限不清,通过州县官的审判,纯粹民事部分按民事处理,附带刑事部分按刑事处理,从而理清了界限不清的问题。现有的清代案例档案说明了这一点。正因为在民事审判中州县官个人的作用具有重要意义,由此也带来了主观擅断、幕吏肆为的种种弊端。

6. 晚清民律草案带有深刻的特定的国情烙印。晚清民律草案是在 1840 年鸦片战争以后,中国社会性质发生重大变化的产物。它的产生带有必然性,它的性质和特点也都反映了当时中国特定的国情。

鸦片战争以后的中国,已经由一个主权独立的封建的天朝大国,变为听命于西方列强、丧失了主权的半殖民地半封建国家。随着海禁大开,在经济、政治、文化上的隔绝状态被彻底打破,中国开始走向了世界,尽管她是被迫的,并且是以一个不平等的身份出现的。过去"诸法合体、民刑不分"的立法格局,完全不适应急遽发展中的经济关系和社会关系。终于在 20 世纪初期,由顽固恪守祖宗成法的清朝统治集团,自己下令打破了旧格局,起草了新法律,以适应变法新政的需要,满足帝国主义列强的要求。《大清民律草案》就是在这个历史背景下产生的。它以大陆法系国家的民法为蓝本,以资产阶级民法原则为指导,同时又渗入了封建的伦理道德和权力传统,以致在民法草案五编中,资本主义的内容和封建的内容泾渭分明,而又合为一体,这充分反映了当时中国的现状。从历史的观点看,这种矛盾性在清朝政权尚能维持的条件下,是不可避免的。

在中国实施人权公约的文化意义

於兴中

一、引言

中国政府于 1979 年以来先后签署了《消除对妇女一切形式歧视国际公约》、《消除一切形式种族歧视国际公约》、《禁止酷刑国际公约》、《公民权利和政治权利国际公约》、《经济、社会和文化权利国际公约》及《儿童权利国际公约》(下合称"国际人权公约")。这些都表明中国政府对国际人权公约采取了积极态度,为落实这些公约提供了可能性。然而,如何将这些公约在中国全面贯彻执行,要比签署它们困难得多。[1] 从人权保障的一般原理来看,一项人权的落实,需要国家正式法律制度的保障,人权机构的监督及个人人权意识的配合。

权利不是由法律创造的,但权利的实现却是以法律为转移

---

[1] 关于这一点,全世界的情况都是一样的。英美也不例外。参见〔英〕丹尼斯·罗伊德著,张茂柏译:《法律的理念》,台北联经出版事业公司 1986 年版,第 155~157 页。

的。离开法律，权利便失去了任何实际意义。[2] 不过，法律保障是一种外在的条件，它能够给权利的持有者提供行使权利的途径，从而使权利的可能性成为现实。但是，因为法律对人权的保障是以规则和制度为其主要形式的，而法律规则和法律制度都需要司法者和执法者赋予其生命。司法和执法过程便往往因人而异，不同素质、水平、道德修养，乃至信仰的司法者或执法者在运用规则和制度时会有惊人的差异。[3] 因此，仅靠政府制定的法律规则和建立的法律制度并不能使人权得以顺利地实现。

况且，历史实践表明，法律规则和制度的制定者——国家或政府——往往有意无意地、不同程度地漠视、忽视甚至践踏人权。[4] 因此有必要成立一些非政府的国际和国内人权监督机构，密切注视某一地域人权的保护状况，作为对正式法律保护的补充。尽管由于其所持的批评态度，人权监督机构往往做一些出力不讨好的事而使政府感到头痛，但这种组织乃是实现人权保护的理想所不可或缺的。

有了良好的法律保障机制，加上人权组织坚持不懈的监督，也还是不能充分保障人权的落实。因为归根到底，人权是个人的权利，它存在的主要前提是个人权利观的自觉。个人作为权利的所有者首先对他自己的某项权利要有意识或者熟知，方可知道该项权利是否被政府或其他人侵犯。如果一个人具有某一项权利，尽管这项权利确确实实地被以法律的形式表达出来，而他对该项权利一无所知，那么这项权利对他来说事实上并不存在。这好像伯克莱和王阳明的那种唯心主义的认知方式，但从落实权利的角

---

[2] 参见［英］哈耶克著，邓正来译：《自由秩序原理》，三联书店1998年版。
[3] 请参阅法律现实主义者和批判法学的有关著述。
[4] 大赦国际每年都有关于各国人权状况的报告可参考。

度出发，这样看问题似乎并不为错。简而言之，权利的落实需要正式的法律制度的保障、人权机构的监督和个人权利意识的自觉这三方面的配合，而其中最困难的乃是这第三方面。

换一个角度看问题，人权公约的落实牵涉到技术上的问题、制度上的问题和文化观念上的问题。在技术层面，有很多问题值得探讨。比如，是否应该直接将国际人权公约的规定运用于具体人权案件的处理上？是否需要在国内宪法中明确纳入人权公约的内容？是否应该像英国那样为落实《欧洲人权公约》而专门制定一项人权法（1998）？是否应该成立专门的人权法庭？是否应该修改有关中国现行法律，以使其与国际人权公约的规定相一致？是否应该成立专门机构监督国际人权公约在中国的实施，等等。这一系列的问题都是值得探讨但很不容易解决的困难。

当然，更为棘手的困难是在制度方面。人权公约体现的是自由主义的精神价值，以及建立在自由主义基础上的社会政治制度安排。众所周知，在中国实行的社会政治制度即变革中的社会主义制度同自由主义的社会政治制度即民主宪政是迥然不同的，而两种制度的指导思想、意识形态和主要价值取向也大异其趣。比如法律至上、司法独立、表达自由等在这两种制度中的表现和反映就存在着相当大的差异。

这种差异实际上也是传统政治社会和现代政治社会的差异，主要表现在：在传统政治社会中个人权威高于法律权威；国家（王朝）和集体利益高于个人利益；法律被视为统治的工具；人民被分为先进和落后，领导者和被领导者；国家则以君临一切的态度占有和控制着人民；而国家领导人的产生并不经过公开选举。相对而言，在现代政治社会中，法律权威高于个人权威；个人利益重于集体利益；法律被视为主持正义的中立力量；人民无所谓领导与被领导；国家成为一种抽象的象征与政府分离，而政府则是通过普选产生。相比之下，两种政治社会中，后者显然较利于人权的落实，而前者则有可能为实施人权造成难以逾越的障碍。在中国实施人权公约，实际上意味着两种社会政治制度的冲突和结合。所幸的是，中国现在正在变革自己的政治制度，正在从"人治"走向"法治"。制度层面的困难虽然棘手，也并不是完全没有希望找出合情合理的解决办法。

而文化意识方面的困难可能是最难解决的。权利观念是现代西方文化，尤其是现代自由主义文化的产物。[5] 近代以来，中国知识分子经过了艰苦卓绝的斗争，坚持不懈的努力，将人权观念移植到中国。[6] 尤其是20世纪80年代以来，随着改革开放，重建法律制度，不少学者致力于研究并介绍世界人权运动、西方法理学，及人权哲学的最新发展，给变化中的中国文化注入了权利意识。[7] 这个过程，大概可以用奥克肖特的这一段话来形容："一种新的心智特征之呈现，犹如一种新的建筑风格之呈现，它在许多不同影响力的压力之下，几乎神不知鬼不觉地冒出……我们所能觉察的是缓慢地被促成的那些变迁，那些蹒跚的移步，再移步，那些灵感浪潮的起伏上下，最后其所造成的结果才以一个可以辨认的新形状而出现。"[8]

---

[5] 参见吴玉章：《论自由主义权利观》，中国人民公安大学出版社1997年版；林喆：《权利的法哲学：黑格尔法权哲学研究》，山东人民出版社1999年版。

[6] 参见夏勇：《人权概念起源》，中国政法大学出版社1997年版；刘广京："晚清人权论初探——兼论基督教思想之影响"，夏勇："论和女士及其与德、赛先生之关系"，两文均载夏勇主编：《公法》（第1卷），法律出版社1999年版，第23~54页。

[7] 参见沈宗灵：《现代西方法律哲学》，法律出版社1983年版；张文显：《当代西方法学思潮》，辽宁人民出版社1988年版。

[8] 转引自［意］登特列夫著，李日章译：《自然法》，台北联经出版事业公司1984年版。

这篇小文拟对在中国实施国际人权公约所面临的文化意识方面的困难略作探讨。事实上对这个问题学者们已经作了不少研究，我在这里只是发表点个人看法。为了比较清楚地理解这方面存在的困难，我还是先从现代世界人权运动的发展和人权在中国的遭遇谈起。

二、世界人权运动与人权在中国的遭遇

在世界历史上有两次大的人权运动，一次是十七八世纪的自然权利运动，一次是1940年代后以联合国世界人权宣言为起点的人权运动。[9]

格劳秀斯、普芬道夫、霍布斯、洛克等人关于自然法、自然状态、自然权利以及社会契约论的阐述为十七八世纪的自然权利运动的开始提供了理论上的准备，而后来兴起的理性主义、个人主义、激进主义则是促成这场运动的三个主要因素。[10] 这一时期的思想家们宣称：在自然状态中人是自由平等的，人具有与生俱来的人权。为了实现人的权利，人们才建立国家，结社，进入社会，而法律则是对这些人的自由权利的保障。[11] 美国的《独立宣言》和法国的《人与公民权利宣言》的发表，标志着这场运动的顶点。《独立宣言》以政治宣言的形式把关于人权的理论上升为一种政治主张，而《人与公民权利宣言》则把这种主张以国家的根本大法——宪法的形式写进了史册。这样，人权便从理论变成了现实，由观念变成了法律。19世纪以后，殖民、革命、侵略战争的风暴席卷整个世界，激烈动荡的变局需要一种现

---

[9] See Paul Gordon Lauren, *The Evolution of International Human Rights: Visions Seen*, Philadelphia: University of Pennsylvania Press, 1998.
[10] ［意］登特列夫著，李日章译：《自然法》，台北联经出版事业公司1984年版。
[11] ［意］登特列夫著，李日章译：《自然法》，台北联经出版事业公司1984年版。

实的、强有力的急功近利的理论作为支持。自然权利说显然缺乏这种急功近利的精神，因而遭受强烈的抨击，被指责为混淆事实与理想的说教。同时，由于自然权利说在国家学说中和政治学说中过分信赖人类的理性，遂使人类的重大政治活动服从于空泛的抽象原则，因而不能服务于现实。有人甚至将法兰西革命的失败归之于这个原因。自然权利说于是三面受敌，处于被历史法学派、实证法学派和社会法学派的相继攻讦的地位而逐渐被人们遗忘。

第二次人权运动的兴起是在二战以后。纳粹德国的残酷暴行促使人类在战后严肃、认真地去重新面对人的尊严和价值问题。法律实证主义者被指控为替法西斯的暴行提供合法依据的政治法律说教，从而经历了脱胎换骨的蜕变过程，然后以新的面目重新出现。[12] 然而其影响已远远不如二战以前。与此同时，自然法的理论正以各种形式开始复兴。这包括神学的自然法、古典自然法以及新自然法思想复兴。自然法的复兴使人权问题重见天日，复兴后的人权运动已不再热衷于关于人权来源的探讨，也不局限于生命、自由、追求幸福等几种范畴的研究。它开始以审慎而现实的态度，以无限广阔的包容性把目光投注于人权的保障、人权的普遍化等现实可行的内容上。《联合国宪章》及《世界人权宣言》等一系列章程、宣言、公约无不体现了复兴后的人权运动注重人权的保障、实施和普遍化的这一特点。接踵而来的各种区域性的人权公约、条约的出现，以及人权内容在国际法领域中的发展使人权的保障获得了较大程度的可能性，而世界范围内各种人权组织的成立也为促

---

[12] 参见［英］丹尼斯·罗伊德著，张茂柏译：《法律的理念》，台北联经出版事业公司1986年版，第85~104页。

进人权运动发挥了极其重要的作用。不过，五十多年来，世界范围内人权的状况虽然有很大的改变，但时至今日在许多国家提倡人权尚有生命之虞。

这两次人权运动也可以看做一次运动的两个阶段，概括地说，十七八世纪的自然权利运动注重人权的理论和人权的来源，以及基本人权范围等问题的探讨，而 21 世纪的人权运动却是以实践性、人权的保障、人权的国际化、人权的发展观为其特点。但是两次运动间的不同也不能掩盖两者之间前后关联的基本精神价值，这些精神价值包括对人的主体性、个体性以及对自由幸福予以确认等，可以用人的解放一词来概括。而这些价值也恰恰就是自由主义的主要价值。一部西方人权史也就是人的解放史。文艺复兴、教皇革命、自然法运动把人从神的桎梏中解放出来，人作为个体的独立存在成为不可辩驳的客观事实，这才有了追求人权的可能。如果人的主体性、个体性得不到承认，人权的诉诸便是一桩无头之案。因此，实现人权必须以人的解放为前提。梁启超所谓"变法必先变人"的说法，大概指的就是这个意思。

由上面可以看出，人权的发展有其历史文化背景，人权在西方有其自然生长的过程。回过头来看中国，情况就大不一样了。中国人追求人权的历史至少有 150 年，但到现在为止，无论是官吏还是平民，人权对大多数中国人（尤其是农民）来说，仍然陌生一如隔世的神话。这里的原因固然是由于中国人在追求人权的时候主要是在比较抽象的意义上把它作为一种政治工具来使用，但文化传统的作用也是不可忽视的。从康、梁的时代我们就在谈人权，袁世凯也曾信誓旦旦地要保障人权，国民党一面抗日一面镇压共产党的时候也曾经祭起过人权的大旗，中国共产党在夺取政权之前也曾经以争人权为口号，但时至今日中国人的人权观念还是非常淡薄的。为什么呢？一个不可忽视的重要原因是中国传统文化中没有人权的观念。[13]

　　有些学者认为从中国的传统文化中可以挖掘出人权的宝藏来，我想那应该是一个非常艰巨的任务，不然何以历代那么多知识分子、知书达理的圣贤对人权这样一个重要的概念视而不见呢？从另一方面说，中国五千多年博大精深的文化、历史悠久，可以说要什么就应该有什么，信手拈来便可以满足我们求知的欲望。比如"权利"一词，《汉书》上早有记载，所谓"贱权利笃厚实"，"权利者威世货利是也"。再如"罪疑从赦"这样一条充满人道主义的宽容原则乃是周代的法律原则，但是那并不等于说中国古代就有人权观念，一如我们不能因为索福克利斯在他的伟大戏剧《俄狄浦斯王》中用了"表达权"一词，便可就此断定古希腊人有着普遍的人权观念。[14]依我看，那些认为中国文化中能够找出人权观念的学者，是把重点放在了"人"上，而忽视了"权利"这个观念的重要性。他们往往被中国文化中丰富的人文精神所感动，并以之来说明人权概念的背后所蕴含的精神价值，从而把两者等同起来。在这里，一个被忽视了的非常重要的问题是，现实存在和对现实存在概念化的区别。一种社会存在，可以因文化的不同、历史的不同，而对其进行不同的概念化。比方说，"孝"的概念所表达的这样一种社会存在关系，在只要有人的地方就会有这样的关系，可是"孝"这种观念却只有在中国文化和犹太文化里面才存在，而在西方的文化里面是不

---

[13] 参见梁治平：《法辨——中国法的过去、现在与未来》，中国政法大学出版社 2002 年版，第 128~157 页；夏勇：《人权概念起源》，中国政法大学出版社 2001 年版，第四章及注，第 86~114 页。

[14] Sophocles, *Oedipus the King and Antigone*, Tr. & ed, by Peter D. Arnott, New York: Appleton-Century-Crofts, Inc., 1960, p. 18.

存在"孝"这个概念的。但这并不等于说西方人就不孝顺他们的父母。西方人也孝顺他们的父母，但是他们并不讲"孝"这种概念。"孝"所表达的，"孝"所概念化的这种现实在西方也是存在的，但西方人不是用"孝"，而是用其他的概念范畴，比如"爱"来表达这种现实。

如果把权利看成义务，而且一定有人这样做过，那么"君君、臣臣、父父、子子"也必然蕴含着人权的契机；而如果认为人文主义是人权的源头，那么说四书五经是人权大宪章，其实也不是一件太荒谬的事情。问题在于，我们谁都无法从中国古代文化传统中重新解释出一个个人主义的传统来，而个人主义，我前面说过，正是近代人权观念赖以产生的三大思想支柱之一。近代人权观念的产生是以个人主义、理性主义、激进主义为发展前提的。[15] 这三种主义在中国遭遇最好的是激进主义，它和中国本土的农民造反精神融为一体，以盲动主义的形式在神州扎下祸根，影响持久。至于个人主义早就淹没在民族主义、激进主义、国家主义的浪潮之中。这刚好是古代传统和现代传统相一致的地方。在中国古代，个人参与社会生活往往代表的并不是他自己，而是他的家，甚至连犯罪都要以家族承担责任为前提，这与近代人权之个人权利的观念是南辕北辙的。[16] 事实上，19世纪末自然法学派传入中国后不久，在中国也曾经兴起过普及人权教育的运动，也出现过研究和呼吁保障人权的机构和组织，20世纪上半叶代表各种利益集团和派系的国民政府也相应地制定过保护人权的法律法规。但是时至今日，人权还是没有在中国生根开花。

---

[15] 参见［意］登特列夫著，李日章译：《自然法》，台北联经出版事业公司1984年版。

[16] 参见瞿同祖：《中国法律与中国社会》，中华书局1981年版；梁治平：《寻求自然秩序中的和谐》，中国政法大学出版社1997年版。

这固然由于中国近代历史上各种各样的政治运动、战争、政权斗争等所致，但实质性的问题是，在中国的文化里面没有人权这样的概念。而人权概念进入中国，是否被中国人所接受，还是一种不同文化之间的冲突和和谐的问题。从法律制度的角度看，这仍然是一个法律移植的问题。

三、文化意识方面的困难

（一）法律移植的困难

在法律移植的问题上，有两种态度值得考虑。一种是普遍主义，另一种是文化相对主义。前者可以艾伦·华生的理论为代表，后者以奥陀·卡恩-弗洛伊德的理论为代表。[17]

华生的理论的出发点是，法律基本上是独立自主的，有其自己的生命。法律与其所运行的社会环境并没有多大的关系。他认为：社会、政治或经济背景与司法系统和规则之间并不存在确切的、固定的、紧密的、完全的或必然的相互联系。如果法律、社会、政治或经济背景存在上述关系，那么法律的移植就不是那么容易实现的，而被移植的规则存活的可能性也就极其有限。但是事实上在历史上法律移植成功的例子是屡见不鲜的，譬如罗马法在欧洲的传播和日本刑法典对法国法律的移植。法律之所以能发展，移植是一条重要的渠道。

根据华生的理论，移植某一个规则其实等于移植某一个思想。因为移植所关注的是这个思想本身，而不是这个思想与其产生的社会如何相关。不同法律制度间的借鉴是完全可能的事情，

---

[17] See Alan Watson, "Legal Transplants and Law Reform", 92 *Law Q. rev.* 79 (1976); Otto Kahn-Freund, "On Uses and Misuses of Comparative Law", 37 *mod. L. rev.* 1 (1974).

其实在两个法律制度的社会背景、政治倾向和发展程度都极不相同的情况下，这种借鉴也是可能的。那就是说，如果一个法律制度的改革者觉得另一个法律制度中的某一规则对自己的法律制度有用，就完全可以将该规则移植到自己的法律制度里面去。[18]

奥托·卡恩-弗洛伊德关于法律移植的看法正好和华生相反。卡恩-弗洛伊德从孟德斯鸠的立场出发，认为一个社会的法律与该社会有着密切的联系，很难适应另一种社会，断不能将法律与其产生的背景截然分开。他指出，法律中没有独立自主的内容，法律是反映社会的镜子，其方方面面都是由经济和社会决定的，所以有人称他的理论为"镜子理论"。

关于法律的可移植性问题，卡恩-弗洛伊德认为，并不是所有的法律规则和制度都可以被移植，应该把法律规则放在一个连续的统一体中予以理解。有些规则与社会政治背景联系较弱，有些则很强，联系弱的可以移植，联系强的则不可以或难以移植。因此，他认为法律制度的可移植性有程度上的不同。从事法律移植的人首先应该对意欲移植的法律制度的规则产生的社会背景、政治背景和该规则或制度在整个社会制度中的逻辑联系予以把握。其次，应该将拟移植的规则的社会政治背景及其运作的环境同拟接受该规则的国家的社会政治背景和环境予以比较。如果两者相近，则可移植性和成功的可能性就比较大，反之则较小。换句话说，在一个社会里成功的规则或制度被移植到别的地方，换了环境则很有可能逾淮为枳。然而幸运的是，法律改革者尽管一般都具有很深的文化相对主义倾向，但对卡恩-弗洛伊德的观点

---

[18] See Alan Watson, "Legal Transplants and Law Reform", 92 *Law Q. rev.* 79（1976）; Otto Kahn-Freund, "On Uses and Misuses of Comparative Law", 37 *mod. L. rev.* 1（1974）.

似乎并不在意，而比较愿意接受华生的看法。当他们在借鉴某一个规则时，并不愿意认真地考虑该规则产生的社会政治背景和可移植的程度，唯一可以用来作为标准的是接受者本国的需要。因此，移植某一规则的实际需要即成为一个重要的因素。

然而，事实上没有人知道某一个国家何时需要借鉴何种规则，或者说人们对是否有这种需要持有很不一样的看法，关键在于谁的看法具有决定的作用。华生在这方面是很有见地的。他认为法律移植一如其他类型的移植，能借鉴并经常被借鉴的，主要是借鉴者本身理解、熟悉或感兴趣的东西。如果借鉴者对于某一法律制度中的某一条规则或制度不熟悉、不感兴趣，那么无论该规则有多公正，或代表了多少人的利益，都不可能成为被借鉴的对象。那么，谁的观点在借鉴上具有决定的意义？国家。国家的意志和兴趣是法律变革的决定因素。国家不仅是法律的渊源和执行者，它还当仁不让地肩负着法律变革的任务。国家如果不发号施令，任何个人或团体绝不可能进入法律改革的地界。国家被抽象为无所不包的政治实体，但国家意志通常却表现为政治领导人的意志。也就是说，如果某个国家中某个握有实权的政治领导人物愿意借鉴某种规则或制度，那么该项规则或制度十有八九会被借鉴进来。问题在于，法律多多少少是一种专业知识，而政治领导人物，尤其是处在变革中的传统社会的领导人物，一般并不具有多少法律专业知识。因此，他们需要具有法律知识的专家的配合。

所谓专家，一是指精通某一领域或某一问题的人，二是指这些人知识、兴趣和眼光的有限性。因为每一个专家都有他的局限性，政治领导人物必须依靠一个专家团体来给他们提供信息。这个团体便是法律界的精英。没有这个精英团体的协助，国家则无从下手借鉴；没有国家的嘱咐，法律精英也不可能随意移植。国家意志加上法律精英的兴趣，即构成了法律移植的合法渠道。通过这种渠道，国家从外国法律制度中找到了所需要的东西，并将之强加给本国的法律制度，自上而下地予以贯彻，使法律移植一开始就和国家紧密地联系起来，从而确定了国家的立法者和法律改革者的地位。在人权公约的行使方面，中国的情况也正是如此。签署人权公约表明了中国政府的态度，也就是说中国政府在法律移植方面做了一种选择，而将这种选择从上往下地强加于中国的社会和人民。既然是强加的，那么就存在一个接受的问题。这个接受的过程也就是文化冲突的过程。

（二）权利原则与关系原则的冲突与融合

这种冲突首先可以用权利原则和关系原则的冲突来描述。权利的概念是文化性的，它存在于法律文明秩序的概念范畴之中，为现代西方所独有。但是因为权利的基础是功利理性，而功利理性是人所共有的，因此权利应该具有一定的、普遍的意义。现代人在同国家和其他个人的关系中界定自己的范畴和身份的基本语言便是权利。权利观极大地改善了人类的物质存在，成为人生存的基本条件和作为人的资格。权利是人在政治社会中生存的基本保障。权利是后天的，但却是不可剥夺的。这就如同人们光着身子来到世上，但却不能光着身子活在世上一样。为了生存，人需要穿衣服。同样的道理，人生下来的时候没有权利，但为了在政治社会中生存而获得了权利。权利和人的生存从此密不可分，以致如果被剥夺了，就等于被剥夺了人的衣服一样。

权利原则作为现代法律文明秩序中的一项原则，保障了个人生存的基本条件，个人的生存必须以权利来度量，而权利则是平等的、自主的。然而，这只解决了个人生存的一个最根本的问题，但却不是全部。因为人的生存归根到底是关系性的。一个具有权利的个人，只有当他同其他的权利持有者进行交往时，他的权利才会得到实现。因此，权利实际上也是关系型的权利，说权利的自主只是在强调作为个人的独立性，在权利的持有上的自主，而权利的实现则非得要借助于关系不可。因此，权利原则需要另一条原则的配合，这个原则便是关系原则。关系原则的核心思想不过是说，人的存在是关系性的、相对的、互惠的。社会学家把人的关系归为各种类别，用身份、角色等概念来形容。身份指一个人在社会关系中所处的地位，角色指他在这个地位上所起的作用。一个完整的人大概就是这各种角色的总和，而一个承担着互相矛盾的角色的人很可能就永远是一个不完整的人。在这些关系中，个人的位置和角色总是相对于其他个人的位置和角色，就是随时不断根据其他个人的位置相应地调整自己的位置，而其作用的大小也是相对于其他人而言，随着其他人的作用大小不断变化。关系性的存在，实际上是一种辩证的存在，互惠、互斥的存在。人与人之间的关系一方面是互惠的，另一方面也是互相排斥的。比较理想的状态是合适的平衡。极高明而道中庸，在这里我们就看到了中国传统文化的优势。如何实施人权公约，应该纳入到这样的关系、状态之中来进行思考。

　　人存在于各种各样的关系之中。这些关系虽然种类繁多，但大致可以归为几类，即人与自己、人与人、人与自然、人与超自然的关系，这四种关系分别与人的各种各样的特性密切相关。人与自己的关系即人格的开掘与发展，包括人的心性、灵性、智性的发展。它是人进入各种关系的基本出发点，决定了人对这些关系所采取的态度，它是各种关系中最首要的关系。在一个比较理想的文明秩序中，应该为这样的关系提供全面发展条件。根据人所扮演的不同角色，人与人的关系可以进一步分为自然关系、准自然关系、工作关系、交换关系、统治与服从的关系等。自然关系指父母、孩子、兄弟姊妹之间的关系，即血缘关系。准自然关系是后天的、非血缘的，但又具有自然关系所具有的某种特点。比如夫妇关系、师徒关系、朋友关系、教士与教徒的关系。这类关系的特点是他们不建立在利害关系上，尽管人们往往在谈论这些关系时有时也使用利害关系的语言。工作关系是人为了追求利益而进入的关系，其特点是以利益为基础。交换关系同工作关系相同，也是以利害为基础的，但其趋利性比工作关系更清楚而已。统治与服从的关系也是一种非自然的关系，这只有用理性的方法来处理。

在这些关系中，自然关系和准自然关系主要建立在感情的基础上，因而不可以理性的方式来处理。如果母子之间不是以感情的方式，而是以理智的方式进行交流，那就是对自然所赋予人类的美好而高尚的本能的歪曲。工作关系和交换关系则恰恰相反，恰恰不能用感情来处理，而只能用功利理性来处理。统治与服从的关系亦即政治关系最需要用理性来处理。人权的主要功能乃在于对这种关系的处理。人与非自然的关系是人的灵魂的事情，靠感情和理性都不能奏效。这种关系上，如果以道德或法律的手段来予以处理，则如同隔靴搔痒。人与自然的关系基本上是一个人的心性、智性和灵性三者并存的关系。它不取决于个人的感情和灵性或智性的任何一方，但与任何一方都有着直接的关系。当人们宣布某一块自然土地加上劳动便可以成为自己的财产时，那是功利理性在起作用；当人们讴歌大自然，称它为母亲的时候，反映了人们对它的感情；而当人们从热爱自然走向崇拜自然，崇拜它的一草一木、一山一水时，那便是灵性在起作用。而人对自然的崇拜关系实际上已经是把自然看成了超自然。

在上面的若干关系中，权利的作用实际上是非常有限的。在人与自己、人与自然、人与非自然这几种关系中，权利几乎是毫无用武之地的。在人与人的关系中，权利原则的运用也是极其有限的。在自然与准自然关系中，不适用功利理性，因而权利基本上也不适用。用权利和义务的语言来描述父子之间、夫妇之间的关系不仅是行之无效的方式，而且是对人性、对人类诸多美好的感情的调侃和戏弄。事实上，当人们在谈论这些关系的美好部分时，往往用"慈"、"孝"、"爱"、"情"等这样美好的概念来形容；而当人们提到父子之间、夫妇之间的权利义务时，往往意味着父子关系的破裂和夫妻关系的离异。

权利原则的使用，确切地说，应该是在工作关系、交换关系和政治关系等人与人的关系中，即需要用理性来处理的这几类关系中。而在政治关系中，权利的运用最为有效。因此，亨金说："看来人权就是针对由政府及其官员代表的社会的正当要求。"[19]

(三) 心性文化与智性文化的冲突

如果我们把问题再往深推进一步，就会发现，这种冲突实际上是两种文化形态的冲突，即心性文化和智性文化的冲突。心性文化是以人情、关系、道德为特点，而智性文化则是以理性、功利主义、规则性为特点。心性文化孕育了道德文明秩序，而智性文化则孕育了法律文明秩序。在道德文明秩序中，人们注重的不是冷冰冰的理性的法律条文，而是缠绵不断的人与人之间的关系，其概念范畴包括了人与人、人与自然、人与自己和人与社会的关系，规定了处理这些关系的标准。其制度安排植根于以人为中心建立起来的关系网络。其权威系统不注重文本和制度，而注重个人的道德修养。生活在其间的人，以和睦为荣，以诉讼为耻。这种文明秩序可以用道德全能主义概括之。法律文明秩序也就是被称为民主与法治的社会，其突出特点是法律在社会、政

---

[19] 见［美］路易斯·亨金著，张志铭译："当代中国的人权观念：一种比较考察"，载夏勇主编：《公法》（第1卷），法律出版社1999年版，第81~102页。

治、经济生活中的不可动摇的主导作用，其价值取向为法治主义所统治，最重要的制度是司法制度，最重要的权威是法律权威，而生活在其间的人民具有非常强烈的权利和法律意识。这种文明秩序可以用法律拜物教予以概括。这两种文明秩序中有其各自截然不同的概念范畴系统，如果我们将这两套概念系统做一对比，就不难看出实施人权公约给中国带来的文化上的意义。

法律文明秩序中最常见到的概念范畴有法治、民主、自由、权利、义务、正义、理性、财产、个人、合同、诉讼等。这些概念范畴大部分具有两重性，既可作为抽象的原则、概念、价值，又可进一步划分为具体的规则。其中最重要的是权利和法律，而其基础则是理性。其价值取向可以概括为以理性为背景的规则中心主义。同道德文明秩序中对人的欲望、趋利性等采取克制的态度相反，法律文明秩序积极鼓励人们追逐利欲。个人的欲望具体化（也就是外化）表现为权利，而权利的享有者之间互负义务。当权利之间发生冲突时则需要法律来调整。这样从个人欲望、趋利性转化为权利，再到法律保护权利这个过程，就是法律文明秩序形成的基本走向。权利的主体是个人，强调个人权利必然使个人主义之风大行。因为有权利做某事，就等于有自由做某事，于是权利便等于自由。对人而言，权利即是自由；对物而言，权利就是财产权；故此权利、财产、自由这些概念是相通的。权利、财产、自由之间的相互联系，个人权利和他人权利的关系，个人权利与政治组织之间的关系有相一致的地方，也有冲突的一面。这种冲突和矛盾便产生了正义与不正义、平等与不平等的问题。而为了解决这些冲突和矛盾，就需要一种强而有力的预先设定的手段和程序，这就是法律。因此，所谓权利、自由、正义、平等的实现全赖以法律的存在。尽管在哲学思想中，人们试图把人权提升到超法律的位置，但事实上，未受法律保障的权利只存于纸上。西方人注重法律乃是一件非常自然的事。国际人权公约所反映的价值体系正是法律文明秩序的基本价值。

中国的道德文明秩序中的概念范畴系统与法律文明秩序中的概念范畴系统是截然不同的。在中国的道德文明秩序中主要概念范畴有天、神、道、气、阴阳、德、仁、义、礼、和谐、让、修身、顿悟等。[20] 这些概念范畴有几个主要特点：首先，它们是比较抽象的原则，很难被具体化和制度化。其次，这些概念范畴倾向于内化和修身，注重的是人与人之间的关系，而不是个人欲望的追求和满足。在统治手段上，这些概念所表示的倾向是劝说、礼让、和谐，而不是诉讼、法律保护等。最后，这些概念本身有一种内在的和谐，正如法律文明秩序中，权利、正义、法律等概念之间也存在着一种自身的、内部的和谐一样。应该承认这两套概念系统之间是存在着一定的冲突和矛盾的。比如，两者的倾向性问题，即外在和内在的问题之间的协调一致。这种矛盾有时甚至可能是不可调和的。比如，"利"与"义"、"争"与"让"等基本概念范畴。

四、结论

从以上论述可以看出，在中国实施国际人权公约具有很深远的文化意义。从中国的角度来看，实施国际人权公约意味着从道德全能主义、关系原则乃至心性文化的立场出发，对法律拜物教、权利原则乃至智性文化采取一种开放的态度，汲取其中合情合理的部分，为我所用，从而使中国一维的道德文明秩序走向道德—法律型的两维的文明秩序。

从国际人权公约发展完善的角度看，中国文化中的关系原则

---

[20] 参见张岱年：《中国古典哲学概念范畴要论》，中国社会科学出版社1987年版。

以及与之相适应的概念范畴系统为改进自由主义的，亦即国际人权公约中所体现的权利观或弥补其不足提供了参考的坐标，从而把权利的生长纳入各种关系中予以思考，使其从绝对价值变为相对价值，走向更为理想的境地。

在这个过程中，不仅需要对权利原则进行分析研究，以便借鉴，也需要对中国文化中固有的关系原则进行检讨、清理，重新发挥其所具有的社会作用。这是一个双项的文化改造过程。如果说，中国传统文化价值在现代社会中还有可能产生积极作用的话，那么在实施国际人权公约的同时重新认识道德文明秩序中的关系原则将是个适当的开端。

百家争鸣,百花齐放:中国关于法治概念的争论*

裴文睿

法治,正如平等、正义等其他重要的政治概念一样,始终是备受争议的。[1] 然而,尽管对于法治的确切解释仍不乏争论,大家就其核心思想与基本要素已达成普遍共识。对此,我们不能视而不见。最基本来说,法治是指在一种制度内,法律能够对国家和统治集团成员形成有效的制约,简而言之,就是法律政府、法律至上以及法律面前人人平等。

法治的理论可以被分为两大类型:广义说(实质说)和狭义说(形式说)。狭义说强调法治的形式上的和工具性的方

---

* 基于篇幅上的考虑,笔者删去了大部分对中文方面有关法治文献的引证,而保留了更多对相关西语文献的引证,因为中国读者对后一类文献可能不甚熟悉。要了解完整的中文文献,参见 Peerenboom, *China's Long March Toward Rule of Law*, Cambridge: Cambridge University Press, 2002.

[1] Margaret Jane Radin, "Reconsidering the Rule of Law", *Buffalo University Law Review*, vol. 69 (1989), p. 791.

面——任何法律体系为了有效履行其职能所必须具备的特征,而不论该法律体系是民主还是非民主、资本主义还是社会主义,自由还是神权社会中的一部分。[2] 尽管狭义法治派对其的界定略有不同,大家还是取得了相当大的共识,其中很多是将富勒有关法律的论述加以发展和修正。富勒认为法律应是普遍的、公开的、可预见的、清楚的、一致的、能够被遵守的、稳定的和被执行的。[3]

与狭义说相对,广义说或实质说,尽管也是以狭义说的基本要素为出发点,它们还包括了政治伦理的内容,例如特定的经济制度(资本主义自由市场经济,中央计划经济等),政府形式(民主制政府,一党社会主义制政府等)或者人权概念(自由主义,共产主义或亚洲价值观等)。

因此,现代西方国家所推崇的自由民主派法治观,包括了资本主义自由市场经济(当然其也要接受政府对市场不同程度的"合理"管理);多党民主制,使得公民可选举其在各级政府中的代表;以及自由主义人权观,认为民权和政治权利应优先于经济、社会、文化和集体权利。

历史上,现代法治观念与西方自由民主制的兴起密切相关。实际上,对很多人来说,"法治"就意味着自由民主派法治观。

---

[2] See Joseph Raz, "The Rule of Law and Its Virtue", in Joseph Raz (ed), *The Authority of Law*, Oxford: Clarendon Press, 1979; Robert Summers, "The Ideal Socio-Legal Order: Its 'Rule of Law' Dimension", *Ratio Juris*, vol. 1 (1988); Robert Summers, "A Formal Theory of Rule of Law", *Ratio Juris*, vol. 6 (1993). 也可参见以下"狭义的法治"章节。

[3] 尽管作为最早提出狭义法治理论要素的人之一,富勒仍然对狭义理论工具性的方面及其为集权或法西斯政权滥用的可能性感到不安,他指出真正邪恶的政体是不符合狭义法治理论的。Lon Fuller, *The Morality of Law*, New Haven: Yale University Press, 1976.

与西方文献中对法治连篇累牍的论著形成鲜明对比的是,在世界上其他国家则鲜有对于其他法治观念的阐述。

由于人们倾向于将法治与自由民主画等号,使得一些亚洲评论家们把西方政府以及世界银行、国际货币基金组织等国际组织在亚洲国家推行法治的努力描述成经济、文化、政治和法律霸权的表现形式。[4] 他们认为所谓建立自由市场与法治的华盛顿共识只是一个幌子,其目的是便于跨国公司进入亚洲市场,建立起服务于西方经济利益的法律制度框架。法治强调透明度、普遍适用的规则,以及通过正式手段公正无私地解决争端从而使得财产权利得到充分保护。跨国公司正是这种法治体系的最大受益者。法治改革还鼓励以法院为中心的抗辩式的诉讼文化,以取代轻对抗、重和谐的非正式争端解决机制的传统。批评家们还指出,自由民主派法治过于倾向于个人主义,强调个人的自治和权利胜于责任与义务、社会利益以及社会的团结与和谐。[5]

虽然中国领导已经正式主张法治,但他们没有主张自由主义的法治。1996年,江泽民采纳了"依法治国,建设社会主义法治国家"这一新提法,或者说是官方的政策表述,并且于1999年将它纳入宪法。继这个新提法得到认可之后,一

---

[4] See Carol Rose, "The New Law and Development Movement in the Post-Cold War Era: A Viet Nam Case Study", *Law and Society Review*, vol. 32 (1998); Barry Hager, "The Rule of Law", in *The Rule of Law: Perspectives from the Pacific Rim*, Mansfield Center for Pacific Affairs, 2000.

[5] Oshimura (p. 141) 指出:自由民主派法治的个人本位观念与儒家思想和亚洲的社群主义哲学是相抵触的。同样,Hong (p. 149) 认为,需要采取一种为"亚洲价值观"的支持者所接受的方式来定义法治。Takashi Oshimura, "In Defense of Asian Colors", in *The Rule of Law*; Joon-Hyung Hong, "The Rule of Law and Its Acceptance in Asia", in *The Rule of Law*.

系列大型会议相继召开，探讨其含义及其对法律和政治改革的影响。在随后的几年中，学者们发表了百余篇文章和著述，讨论这一新提法和更一般意义上的法治概念、法治对于中国的价值以及实现它的障碍（和资源）。一些中国学者注意到现代法治概念产生于发达的西方自由民主制的背景下，因而对于其是否可以被移植到中国提出质疑。他们怀疑自由民主派法治观无法在中国迥然不同的土壤中生根，于是主张需要一种内生的法治理论——具有中国特色的法治，能够考虑到中国的本土资源、特殊国情、文化传统、历史与意识形态、法律和政治制度的发展现状等制约因素，以及中国仍处于从中央计划经济向以市场为导向的重大转变的过程中这一现实。[6] 另有一些学者则主张中国需要明确的社会主义法治理论。

实际上，尽管中国有些法律学者和政治学家主张西方式的自由民主派法治，自由民主制及其法治并没有得到中国国家领导人、法学家、知识分子以及大众的支持。相反，研究一次次显示，大

---

[6] 苏力："变法，法治及其本土资源"，载《中外法学》1995年第41期，强调中国的本土资源。孙国华："从中国的实际出发，走自己的道路"，见刘作翔："中国法治实现方略（笔谈会）"，载《法律科学》1996年第3期，强调需要考虑中国国情。马小红主张：中国的法治必须考虑传统上对道德和实体正义的强调，见"依法治国建设社会主义法治国家学术研讨会纪要"，载《法学研究》1996年第3期。苏力："二十世纪中国的现代化和法治"，载《法学研究》1998年第20期，注意到中国在总体上仍然是农业社会。在农村，习惯和传统的非正式争议解决手段的作用仍然很强。但他承认，社会正在变化，仅仅依赖习惯和传统的非正式争议解决手段是不够的。张文显："论立法中的法律移植"，载《法学》1996年第1期，他主张由于经济发展的速度和需要，中国除了移植法律之外别无选择。

多数人关心稳定和经济发展胜于民主、民权和政治自由。[7]

我们不能假设自由民主制或自由民主派法治才是法制改革的最终目标。因此,如果我们想要理解中国体制的发展方向,以及之所以其制度、规则、实践和个案的结果会不同,我们必须重新思考法治。我们需要以西方自由民主模式假设之外的其他方式分析法治,并且寻找符合中国国情的其他的法治概念。

因此,我描述了四种不同的广义说法治概念:国家社会主义式、新权威主义式、社群主义式和自由民主式。相对于自由民主式法治,江泽民以及其他社会主义者主张一种由社会主义经济形

---

[7] See Yali Peng, "Democracy and Chinese Political Discourses", *Modern China*, vol. 24 (1998), pp. 408~444; Minxin Pei, "Racing Against Time: Institutional Decay and Renewal in China", in William A. Joseph (ed), *China Briefing: The Contradictions of Change*, Armonk N. Y.: M. E. Sharpe, 1997, pp. 11~49. 裴引述民意测验显示,2/3 的人认为经济状况在改善,其中一半的人认为他们的生活水平有提高,且多数人(54%)将经济发展放在优先于民主的地位。超过2/3的人支持政府促进经济发展和社会稳定的政策,63%的人同意"类似前苏联的巨变对中国来说将会是一场灾难"。See Xia Li Lollar, *China's Transition Toward a Market Economy, Civil Society and Democracy*, Bristol, Ind.: Wyndham Hall Press, 1997, p. 74, 引述调查结果显示,60%的被访者将维护社会秩序放在最首要位置,另有30%的人选择控制通货膨胀,只有8%的人选择在政治决策中更多表达民意的机会和自由选举,2% 的人选择保护言论自由。万明引述调查结果显示,对共产党的支持正在增加,并得出结论一种强调稳定的共识已经形成。See "Chinese opinion on human rights", *Orbis* vol. 42 (1998)。其他研究也显示,在所有被调查的国家中,中国人是最不能容忍不同观点的。而且发现其对自由发表和出版不同观点的支持很少。See Andrew Nathan & Shi Tianjian, "Cultural Requisites for Democracy in China: Findings from a Survey", *Daedalus*, vol. 122 (1993), p. 95. 但是,使用民意测验结果必须谨慎。问题的设计经常会影响产生的结果,例如被访者只是被要求在经济发展和民主之间作选择的情况。而且被访者可能会有顾虑,于是选择了最安全的答案或者调查者所希望的答案。另外,中国人对于经济发展和民主也常常会持同样的观点或表现出类似的价值观。这些观点也不仅限于大陆的中国公民。当被要求在民主与经济繁荣和政治稳定之间做出选择时,71%的香港居民选择后者,只有20%的人选择民主。类似地,将近90%的人倾向平稳、和平的移交,而非对提高民主进程的坚持。See Daniel Bell, *East Meets West*, Princeton: Princeton University Press, 2000, p. 119.

式决定的、以国家为中心的社会主义法治。在当今的中国,这意味着:在经济方面,更加以市场为基础,尽管与其他市场经济相比,其公有制成分仍发挥较大作用;在政治方面,是共产党领导的"民主集中制";在对权利的理解方面,强调稳定和集体权利胜于个人权利,强调生存权,而非民权和政治权利,才是基本权利。

还有其他一些法治形态,介于江泽民等中央领导人推崇的国家社会主义式法治与自由民主式法治之间。例如,有些人支持一种民主但非自由的("亚洲价值观"或"新儒家")社群主义式法治。它建立在资本主义市场的基础上,但比起自由主义,政府干预的程度较大;在政治方面,实行真正的多党民主制,公民可以选择其在各级政府中的代表;此外,其采取一种"亚洲价值观"或"社群主义"的权利概念,侧重多数人的利益和集体权利超过个人的民权和政治权。[8]

---

[8] 目前对于"亚洲价值观"的争论日趋激烈。普遍人权的支持者不屑于亚洲政府的主张,认为这不过是专制者为自己进行巧言辩护,并认为其立场不仅在道德上应受指责,而且在哲学上是一种荒谬的文化相对主义。而亚洲价值观的支持者则进行反驳,批评西方政府一贯侵犯人权,是文化帝国主义和种族中心主义。显然,专制政府时常出于利己性的目的而采用亚洲价值观进行诡辩,打出"文化牌"来拒绝公民的权利,并阻挡外国的批评。而且即使在亚洲也存在着许多不同观点,任何人号称自己代表了全亚洲或亚洲价值观都可能忽视了这些不同的主张。但我们也必须小心,不要把亚洲价值观仅仅当作独裁政府为了拒绝公民的权利采用的具有反讽性的策略。认为一些亚洲政府利用文化作借口拒绝公民的权利虽然道出了政府的动机,但并没有告诉我们,他们所持立场的实质性理由。一个政府援引亚洲价值观可能是出于政治上的动机,但也确实反映了大多数人的观点。事实上,亚洲政府不会采用亚洲价值观,除非它们与民众的态度有共鸣。更多哲学的评论也指出,不论亚洲政府的政治动机是什么,在价值观上确实存在着合理的差异。See Joseph Chan, "The Asian Challenge to Universal Human Rights: A Philosophical Critique," in James T. H. Tang, ed., *Human Rights and International Relations in the Asia-Pacific Region*, New York: St. Martin's Press, 1995, pp. 25~38; Randall Peerenboom, "Human Rights and Asian Values: The Limits of Universalism", *China Review International* (2001).

另外一种法治形态是新权威主义或软权威主义法治。与社群主义形态一样，它也反对自由主义的权利观。但不同的是，它还反对民主制。社群主义实行真正的多党民主制，公民可以选择其在各级政府中的代表；而新权威主义只允许在下级政府中实行民主或完全没有民主。[9]

狭义法治说

在谈到各种广义法治说观点之前，需要重申的是，不论是在中国还是其他地方，大家都基本同意，法治至少要求法律对政府官员实行有效的约束。而且大家也同意，一个法治的体系必须达到狭义法治说的标准，[10] 尽管对于如何定义狭义法治理论，学者

---

[9] 或者它们通常表现为允许真正的在多个层面上的多党选举，但实际上它们通过限制反对派的活动能力来控制选举结果。

[10] 除了这些概要的争论，还有许多小型的论战。例如，强调法律在约束国家中的作用的基础是洛克的自由主义传统，这一传统强调法律至上以及法律面前人人平等（尽管洛克同意给予政府权威一定的判断力，只要是为了公共利益，可以法外行事甚至违法行事）。相反的，霍布斯和奥斯汀则主张统治者宣称为法律的就是法律。因而对霍布斯而言，统治者权威必须凌驾于法律之上。参见莱斯利·弗莱德曼·葛斯登：《法治：我们见到它时是否了解它？》（见 2001 年布达佩斯"法律与社会"会议上提交的未出版的手稿）。同样的，中国立法系统的统治者有权制定法律。在所有的系统中，有权实体制定和修改法律在一定意义上是超越于法律之上的。然而，仍然有一些法律制约着他们制定和修改法律的权力。认为统治者凌驾于法律并决定法律内容的观点已经得到了一些修正，尤其是实证主义者 H. L. A. Hart 对此的论述，他认为，检验一项有效的法律是否成立的标准是该法律是否依照正当程序发布。这样的程序以及法律的权威都来源于一种基本的法律规范或是一种"公认的规则"。一个独裁政体只要遵守了制定法律的程序要求，就可以行使合法的权力并制定法律。另外，一旦法律制定出来，统治者就必须服从法律。这样的体制就可以称之为法治了。另一方面，

们的看法不尽相同。[11]西方和中国的大多数学者，都是从富勒的

---

[11] 如果仅仅是统治政体的声明发生法律效力而该政体本身却不受这些法律约束，这种情况称为"法治"更为恰当。关于"公认的规则"的概念，参见Hart, *The Concept of Law*, 1961. 无论如何，一个建立在"统治者认为是法律的就是法律"这种公认准则上的法律体制，在理论上是符合狭义法治的，而在实践中，任何一个这样的体制都可能达不到狭义法治的其他要求。在大多数情况下，权力集中于单个人或单个政党手中将会导致独裁和法律的相互冲突、法律的频繁修改、法律的难以贯彻以及法律和实践的严重脱节。对洛克强调限制国家行为者的第二点异议是，它反映了自由主义传统的关注所在和偏见，调用了与国家相对的每个个人的形象。比较而言，由于统治者认为人们总是根据他们的社会角色及他们相互之间的关系来定义其社会处境；因而中国政治传统强调更为和谐的国家与公民的关系。无论这些概括的价值何在，现在的中国公民体会到了限制国家独裁行为的重要性。随着因经济改革而至的利益追逐，要追求不同社会群体之间以及社群和国家之间的协调是越来越不可能了。还有，中国与其他国家之间的差别也越来越成为一种程度问题而不是性质问题。正如下面要提到的，国家社会主义者、反独裁主义者、共产主义者及自由主义者均承认法律必须约束国家，只是在程度上有所不同。以下要讨论的一个相关的话题是，我们并不是十分清楚，限制国家行为者对于建构一个法治体制应有多大意义。

[11] 对 Lon Fuller、Geoffrey de Q. Walker、Joseph Raz、Robert Summers、Richard Fallon、John Finnis 和多个中国学者给出的法治的要件作一个简单的比较，可以看出它们显示了共同的基础和一些不同点。See Lon Fuller, *The Morality of Law*, New Haven: Yale University Press, 1976, p. 39; Geoffrey de Q. Walker, *The Rule of Law*, Carlton, Victoria: Melbourne Press, 1988, pp. 23~42; Joseph Raz, "The Rule of Law and Its Virtue", in Joseph Raz (ed), *The Authority of Law*, Oxford: Clarendon Press, 1979, pp. 214~219; Robert Summers, "A Formal Theory of Rule of Law"; Richard Fallon, "'The Rule of Law' as a Concept in Constitutional Discourse", *Columbia Law Review*, vol. 97 (1997), pp. 8~9; and John Finnis, *Natural Law and Natural Rights*, Oxford: Clarendon Press, 1980, pp. 270~271.

法治构成理论出发，并根据其各自的目的进行相应的改变。[12]
鉴于本文的目的，狭义的法治包括以下组成成分：

- 必须有制定法律的程序性规则。根据这些规则，由相应的具有立法权的主体制定的法律才是有效的。
- 透明度：法律必须公开，并且可以为大众所知晓。
- 法律必须是普遍适用的：即法律不是针对某一个特定的人，而是平等地对待所有处于类似情况的人。
- 法律必须相对清晰。
- 法律通常必须是预期性的，而不是溯及既往的。
- 法律在整体上必须统一。
- 法律必须相对稳定。
- 法律必须被公平地适用。
- 法律必须被执行：书面上的法律与实践中的法律之间的差距必须很小。
- 法律必须可以被大多数人或受到法律影响的人（至少是主要的受到影响的群体）所接受。[13]

---

[12] 一些中国学者选择广义的法治理论，最初采用与富勒类似的要件，并作了一些或大量的补充。参见徐显明："论'法治'的构成要件——兼及法治的某些原则及观念"，载《法学研究》1996年第18期；刘军宁："从法制到法治"，载董郁玉、施滨海编：《政治中国：面向新体制选择的时代》，今日中国出版社1998年版，第254~256页；夏勇："法治是什么"，载《中国社会科学》1999年第4期，在法治要件中增加了法律至上、司法权威和司法公正。

[13] 要求法律必须适度的被利益相关人群的大多数所接受（并从而遵守），是基于法治的要件而不是法律本身的要件。狭义理论通常将实证主义者法律观点作为其起始点。追随哈特的观点，我们可以总结出法律或规则的合法有效性和功效性之间的区别。一项法律，只要它依照该体制的确认规则而得以通过，就是合法有效的，即使它不符合实际也要被强制实施。但是，法律的功效性越好就越容易得到遵守，过多有效但只是例行公事的被忽略的法律的存在会破坏法律体制和法治，引起书本上的法律与实践中的法律的鸿沟应适当缩小的问题。对哈特

当然，狭义理论所要求的法治要素还不止上述这些。一个完整的狭义理论不仅要阐明法治体系的制度、规则、实践和结果，还要指出体系的目标与目的。狭义法治概念所服务的规范性目标包括：[14]

- 稳定，防止无政府状态和霍布斯战争（Hobbesian war）。
- 确保政府遵守法律——法治，而非人治——通过对政府的决断权进行限制。
- 提高可预期性，使人们能够安排自己的事务，从而促进个人的自由和经济的发展。
- 提供公正的争端解决机制。
- 巩固政府的合法性。

此外，法治还需要一系列制度和程序。法律的颁布需要一个立法机关和政府机制，使法律能够为大众所获得，还要相应地制定法律的规则。保障法律规定与实践相一致，则要求有执法机关。尽管在某些情况下存在非正式的执法手段，但现代社会必须

而言，公民不需要喜欢法律或证明法律的规范性，只要人们遵守法律，法律体制就能够存在并正常运行。然而，从实践角度来看，如果每一项法律都要依赖于强制执行，那将是成本巨大和不切实际的。基于这一原因，杰弗里·沃克将"法律与社会价值的总体的一致性"归为狭义法治的要件之一，尽管他引道："将这一点作为法治要件之一或其定义的部分，在某种意义上可能是一种欺骗。严格来讲，它只是法治模式的一种限制，而不是其组成部分。理论上，即使这一要件不被满足法治也可以成立，但是不会持续很久。"参见杰弗里·沃克：《法治》，1988 年版，第 28 页。又见前述注释 2 所引 Joseph Raz 的著作。（主张人们应当服从法律的约束，人们接受法律和尊重法律即使不是绝对必要的也是非常有利的。）

[14] 关于这方面的讨论，参见 Randall Peerenboom："依法治国：对中国法治和法律角色的思考"，载《文化动态》（*Cultural Dynamics*）1999 年第 11 期。

依赖于法院和行政机关等正式的机制。此外，如果法律要引导人们的行为，并提供确定性和可预期性，它必须以合理的方式被适用和执行，而不是完全摧毁人们的期待。这意味着决策者们在适用和解释法律时，必须按照正常状态和实际情况，并遵循正当程序与自然正义，例如获得公正审判和展示证据的机会，以及相应的证据规则等。

狭义法治说的优点

比起广义法治说，狭义说的优点包括：首先，广义法治说要求一整套道德和政治哲学。正如约瑟夫·拉兹所说："如果法治是指良法之治，那么要解释其性质就需要提出一整套社会哲学。但这样一来，法治这个词就毫无用处。如果仅仅为了相信良知必胜，我们根本没有必要皈依法治。一个建立在蔑视人权、广泛贫穷、种族隔离、性别歧视与宗教迫害基础上的非民主的法律制度，在理论上，可能比那些文明的西方民主国家的法律制度更加符合法治的要求。"[15]

而狭义的法治概念则具有很多重要的优点。至少，它保证了一定程度的可预期性，对政府的独断专行进行了一定的限制，因而对个人自由和权利给予了一定的保护。狭义理论通过聚焦于某些方面，着重突出了法治优越性的重要性。

其次，狭义法治概念使持不同政治主张的人能够就法治进行集中的、富有成效的探讨。正如罗伯特·萨默斯所言："一种实质理论必然会涵盖广泛的内容，因而其在适用时就会进展缓慢。

---

[15] Joseph Raz, "The Rule of Law and Its Virtue", p. 211. 20.

如果采用实质说,那么对法治的争论和批评就会演变成对太多不同事物的争论和批评。"[16] 特别是在跨文化的对话中,例如在美国的自由主义者与中国的社会主义者或穆斯林原教旨主义者之间的对话中,缩小讨论的焦点,避免陷于政治伦理这样的大问题,显得尤其重要。

此外,就实际而言,法治背后所隐含的伦理力量及其作为一种政治理想的意义,在很大程度上取决于法治能够被作为一种基准,用来衡量特定的规则、决定、实践以及法律体系。如果人们能够至少就狭义法治概念的某些特征达成共识,那么在一个多元化的社会和世界中建立规范价值观所带来的理论和实践问题就可以在一定程度上得到避免。批评将被认真对待,并由于大家对法治取得了共同的认识,因而能带来切实的变化。与此相反,那些针对中国的法律体系在很多方面不符合自由派法治观的批评,很难被中国听得进去,并可能带来其抵触情绪,这将不利于中国对法治的支持。结果适得其反,阻碍了中国进行自由派们所欢迎的改革。[17]

一些中国学者还指出了目前在中国强调狭义(或程序)法治说而非广义(或实质)法治说的另一个原因。[18] 中国历史上

---

[16] Summers, "A Formal Theory of Rule of Law", p. 137. *Ratio Juris*.
[17] 值得注意的是,在 1997 年江泽民与克林顿的首脑会晤上,当中美双方达成关于改进中国法律体制的共识时,中方拒绝了"法治"的提法,而是采用了"法律合作"。可能中国代表拒绝"法治"提法是因为这一概念的模糊性及其关于政治改革方面潜在的广阔含义。
[18] 参见孙笑侠:"中国法治的现实目标选择",见"中国法治实现方略(笔谈会)",载《法律科学》1996 年第 3 期。沈国明也主张,传统上中国总是过多地强调"全"而不是"精",现在中国应该强调一下实体上法治的形式方面了,见"依法治国建设社会主义法治国家学术研讨会纪要",载《法学研究》1996 年第 3 期。

一向重实体轻程序。[19] 当道德与法律发生冲突时，道德经常会取胜。这种倾向是以牺牲普遍性与合理性来换取个别正义。尽管普遍的观点会青睐个别化的实质正义，但在实践中，强调实质正义会给决策者们相当大的自由裁量权，使整个过程更加主观。因此，为了校正这种实质正义的倾向，法律体系应当强调狭义法治说规则本位的程序性方面。

对狭义理论的批评

总的来说，中国学者大都倾向于广义理论，这有很多原因。对狭义理论的批评之一是其阐述不够充分。尽管在基本问题上大家已取得共识，但在细节方面仍有很大的争论空间。有一些元素过于含糊，存在程度问题，而且还有例外情况。有些法律相对较清楚。而有时候法律会被改变，甚至溯及既往。法律至上的基本原则在某些情况下也会让位于更高的道德准则以及对公平的考虑或合理的公民服从等。

中国学者反对狭义理论还出于一些现实的原因。广义理论使他们可以在法治的旗号下讨论一些其他情况下无法直接涉及的敏感问题。例如，将民主和人权纳入法治的保护伞下，为讨论多党选举、分权和思想自由等问题创造了条件。

但是，对狭义概念的反对主要来自两方面：首先，很多人担心，狭义法治会被独裁政府用作强化政府权力、剥夺个人权利的工具。在缺乏民主和公民参与立法过程的情况下，党政合一的国

---

[19] 尽管存在程序要件，它们也更多的是为了保障官员正当地履行职责以及保护国家的利益，而不是为了保护个人权利或利益。

家可以颁布非自由的法律限制个人的权利，例如泛泛的国家机密法、防止对国家造成威胁的规则，或者要求所有的社会团体都必须在政府注册。通过将权利纳入广义的法治概念，一些学者希望可以抵销那种把法律当成工具的社会主义倾向，其认为权利是国家赋予的，因而国家可以随心所欲地剥夺或限制权利。

其次，很多人认为狭义理论缺乏一种道德的基础。由于强调实体正义的传统，以程序性为主的狭义理论的优点显得并不重要。对很多中国和海外学者来说，像纳粹德国那样在道德上应受谴责的法治并不值得去追随。[20]

为了补救狭义法治理论正统性的缺乏，中国与海外的学者都

---

[20] 另外四点值得注意的是：其一，在少数法律规则顺从独裁政府滥用法律的需要从而得出正常的应受谴责的结果的情况中，一定要比违反法治受到更直接和更有效的对政权的批评。一个推行种族灭绝的独裁者，或是一个腐败独裁滥用法律体制为自己家庭或是亲信谋取经济利益而无视于大众普遍的贫穷和苦难的领导人，当然应该受到道德上的谴责。但是，主张他们违反了法治就有点过火了。我们来关注一下希特勒、波尔波特、南非等情况中的违反法治的问题吧。法治概念的扩展使得这种批评得以进行但却以法治原本价值的模糊为代价。因而，提高法治探讨的可能性将会使我们陷入一些无法解决的争论的困境中，诸如实证法和自然法的对峙、公正的本质、社会主义的优点对峙自由民主义等等。其二，关于纳粹德国和南非种族主义是否把狭义的法治理论标准当作是一种实验，是备受争议的。其三，当今的国家及其法律体制是植根于国际法律秩序中的，相应的，任何其法律体制符合狭义法治要求的国家都必须遵守它的国际法律义务，包括该国参加的国际条约中规定的和来源于国际习惯法和国际强行法原则的尊重人权的义务。尽管关于那些权利的内容、解释及如何实现存在相当多的争论，最起码它们对恶的帝国提供了规范化的约束。其四，超越国际法的要求而国家做更严苛的规范化约束，将会导致一种严重的倾斜，并有将自己的价值观强加于人之嫌。自由主义者也许认为那些以维持社会秩序的名义限制个人自由的法律是不符合道义，因而不是"善法"。国家社会主义式、新权威主义式和社群主义式可能不同意。

提出法治要求良法。[21] 例如，哈罗德·伯尔曼主张，法治要求法律建立在一定的正统性基础上，这一基础已超越了法律体系本身。过去，神授法或自然法提供了这种基础；而当今，民主和人权这个更神圣的概念提供了这种基础。[22] 追随伯尔曼的主张，刘军宁提出应将法治与法治国区分开来。[23] 刘军宁认为，法治是建立在自然法传统的基础上，而法治国则是基于法律实证主义。在法治之下，权利根植于自然法，然而在法治国之下，权利是由国家赋予的，而且可以经由议会的简单多数受到限制。法治国强调遵守法律，而不是法律的目的或价值以及保护个人自由的需要。其注重法律的渊源，而非法律是不是良法。

在缺少自然法传统的情况下，那些虽不主张民主但相信法治需要良法的人必须从其他地方寻找法律的正统性基础。例如潘伟认为，法律必须来自于"时代普遍接受的道德准则"，并且为大众承认其为正当。[24]

类似潘伟，很多中国学者不仅仅停留在法治需要良法，他们

---

[21] 作者究竟是指在有效的、效率的、谨慎的意义上的"好"，还是道德意义上的"好"，并不总是很清楚。考虑到许多立法的低质量，强调法律的有效性也是可以理解的。
[22] Harold J. Berman, *Law and Revolution*, Cambridge, Mass.: Harvard University Press, 1983, p. 294.
[23] 刘军宁："从法制到法治"，载董郁玉、施滨海编：《政治中国：面向新体制选择的时代》，今日中国出版社1998年版，第233页。
[24] 潘伟："民主还是法治？——中国的政治前景"，见2001年5月19~20日于科罗拉多州威尔市举行的丹佛中心大学关于"中国的政治选择"的中美合作会议上提交的未出版手稿。

更进一步主张法治需要正义。[25] 例如董郁玉认为,依法治国不同于法治,即使前者也主张法律至上。他认为,法治要求得更多——特别是,法治要求和平、秩序、自由和正义。[26]

尽管正义被普遍接受为法治的要求,但就什么是正义则看法不一。自由派、社会主义、社群主义、新权威主义、软权威主义、新保守主义、旧保守主义、佛家、道家、新儒家,对于什么是正义以及什么是法治的要求众说纷纭。由于将特定的经济、政治秩序或人权观念纳入法治,广义说使得大家就法治含义达成一致的可能性降低了。实际上,将法治概念限定于狭义说的原因之一,就是为避免陷入关于哪一种政治理论能够戴上正义之冕的永无休止的争论。

尽管狭义法治理论从分析上说不同于广义理论,但在现实世界中狭义法治制度不可能独立存在于特定的政治、经济、社会和文化背景之外。换句话说,不论自由民主派、国家社会主义、新权威主义、社群主义或是它们的结合体或其他,任何一种符合狭义法治标准的法律体系都不可避免地根植于一定的制度、文化和价值观的综合体中。

---

[25] 参见刘军宁:"从法制到法治",载董郁玉、施滨海编:《政治中国:面向新体制选择的时代》,今日中国出版社1998年版,第255页;潘伟:"民主还是法治?——中国的政治前景",见2001年5月19～20日于科罗拉多州威尔市举行的丹佛中心大学关于"中国的政治选择"的中美合作会议上提交的未出版手稿;徐显明:"论'法治'的构成要件",载《法学研究》1996年第18期。

[26] 参见董郁玉:"通过体制政治改革的法治之路",载董郁玉、施滨海编:《政治中国:面向新体制选择的时代》,今日中国出版社1998年版,第57页。

因此，我们可以把狭义法治、各种广义法治理念以及更大的社会背景之间的关系看成同心圆。其中最小的圆由狭义法治理论的核心要素构成，它嵌在一定的广义法治的理念或框架中。同样，广义法治理论又是更大的社会哲学和政治哲学的组成部分，它们除了有关法治和法律体系的内容之外，还包含了其他一系列问题。与此同时，这些社会哲学和政治哲学本身也是更加综合的总体哲学和世界观的一个方面，除此以外还有形而上学、美学、宗教等其他方面。

所以，以狭义法治作为评价中国的法律体系的标准，并不能避免所有需要由广义法治理论来解决的实体问题。它只是缩小了涉及实质价值观的问题的范围以及因此可能产生的争议的规模。尽管狭义法治的特征是所有法治体系所共有的，但这些特征被如何解释和实施则有不同程度的差别，这取决于不同体系各自的实体政治观点和价值观。例如，一个人实体性的政治观和价值观将会影响到他如何解释狭义法治的目的、元素及其如何实现。因此，尽管社会主义者和自由派可能都同意狭义法治的目的之一是保护个人权利和利益，但对于这些权利和利益是什么，他们则看法不同。或者他们可能都同意法治要求法律由享有立法权的机关来制定，但就这个机关的成员是否由民主选举产生则意见不一。因此，不同的法律体系尽管都达到了狭义法治的标准，由于它们各自所根植的背景不同，它们的目的、制度、实践和结果仍会有一定程度的差别。

四种理想类型：国家社会主义、新权威主义、社群主义、自由民主派

由于各种各样的政治主张和社会政治秩序观念，因此理论上可以对广义法治理论进行多种方式的划分。但为方便讨论起见，我将中国的观点分为四派：国家社会主义、新权威主义、社群主义和自由民主派。为避免发生误解，先做一些初步说明。首先，对这些形态的详尽阐述，需要对政治体制所服务的目的或目标及其制度、实践、规则和结果进行更加具体的描述。对此，详见后文和我的其他文章。[27]

其次，这四种形式是根据中国的现实构建的。例如，我将国家社会主义归入市场经济。这并不意味着不存在实行中央计划经济的国家社会主义法治，只是中国已不再属于此列。我的目的不是创造一个详尽无遗的归类，能够涵盖一切国家，甚至所有亚洲国家。这些归类可能根本不适用于其他国家，或具有普遍意义。它们需要根据具体情况和问题进行重新定义。

这些归类也无法穷尽中国的全部情况。例如，由于广大的地域差别、宗教的重要程度以及在一些少数民族地区的非汉族价值观，将这些地区划入另一种法治形式也许更恰如其分。此外，对这些理想形态还可进一步细分。例如，社群主义法治又可分为更倾向国家主义的"亚洲价值"形式、实用主义的新儒家形式或者杜威式的公民共和主义形式，这种形式采纳了自由民主制的很

---

[27] See Peerenboom, *China's Long March Toward Rule of Law*, Cambridge University Press, 2002.

多价值结构和制度框架。[28] 实际上，一个人可以通过将变量不断细分或引入新变量创造出无限扩展的分类。但这样一来，就会只见树木，不见森林了。[29] 鉴于本文的目的，以上四种类型已

---

[28] 正如 Michael Davis 注意到的，亚洲的社群主义不同于西方，西方社群主义是以自由民主制度为前提。Michael Davis,"Constitutionalism and Political Culture: The Debate Over Human Rights and Asian Values", *Harvard Human Rights Journal* vol. 11 (1998), pp. 109~147. 相比之下，亚洲的社群主义更加倾向于保守主义和权威主义。亚洲的新保守派权威主义者强调等级和秩序，而非多元化和充满活力的社会表达。西方的社群主义则更强调平等和社会成员的解放。有人试图提出一种取代自由主义的杜威-儒学替代物，See David Hall and Roger Ames, *Democracy of the Dead: Dewey, Confucius and the Hope for Democracy in China*, Chicago: Open Court, 1999; Wm. Theodore De Bary, *Asian Values and Human Rights: A Confucian Communitarian Perspective*, Cambridge: Harvard University Press, 1998, 主张更加自由化的儒家社群主义。尽管他们对于描述儒家社群主义的哲学理论做了有益的尝试，但是都没有具体解决法治的问题，并且提供有关的政治或法律制度、法律规则和某些争议问题的后果的细节。在 *East Meets West* 一书中，Daniel Bell 评价了支持和反对建立在非民主传统和价值观基础上的社群主义制度的主张，认为这种制度可能适合某些国家。对亚洲社群主义的批评者指出，亚洲国家的公民对社区表现出相当少的关心。实际上在当今中国，那种通常意义上的关心和忠实是表现为对家庭和国家的，而不是表现为介于二者之间的某种事物的。因此，"集体主义"，较之"社群主义"可能是一种更好的表述。

[29] 如果中国的法律体制确实在一定程度上达到了一种平衡状态，例如一些社群主义（communitarian）法治形式停止改变，那将有必要更好地区别不同形式的社群主义法治。通过比较的方式，自由民主法治派虽然在与中国法治概念竞争的方面很有帮助，但如果没有进一步的关于取得与西方发达自由民主国家的法治概念的竞争的说明，就很难起作用。例如，至于美国，必须区分行动自由派，保守派，社群主义派，自由主义派，然后还要区分不同的自由主义流派，包括传统自由主义、社会自由主义、后现代自由主义等。另外，在特定的语境中特定的观点可能比其他观点更重要。例如，在美国，关于比较法治概念的错误路线通常是倾向于沿着不同宪法解释的路线。参见［美］理查德·佛兰："作为宪法意义上概念的'法治'"，载《哥伦比亚法律评论》1997 年第97 期。

足以抓住最主要的政治和法律观点的主要差异。

这四种类型，作为具有代表性的模式，都是理想的形态。它们旨在反映现实的状况。因此我们可以将不同的思想流派和人物相应归入其中某一类。[30] 同时，它们又是将众多不同人的观点加以提炼的产物，不仅来自于书面资料，而且来自于多年来与学

---

[30] 江泽民在党的十五大上的报告可以说是国家社会主义的最好例证。See "Jiang Ze min's Congress Report", FBIS-CHI-97-266, September 23, 1997. 然而，我是在一个更广的意义上使用这个词。例如，新权威主义会以新保守主义或精英民主制的形式表现出来。See Edward Gu, "Elitist Democracy and China's Democratization," *Democratization*, vol. 4, no. 2, (1997), 他注意到，尽管新保守派与精英民主派之间存有一些差异，他们在民主以及精英在带来社会秩序与和谐中的作用方面拥有共同的基本主张。潘伟，北京大学的政治学学者，曾提出一种"顾问法治"，它建立在新权威主义基础上并且吸收了其基本理论，包括反对民主，主张强权国家，尽管党在其中的作用非常有限。自由民主派则以刘军宁以及很多海外中国学者，如何包刚为代表。Baogang He, *The Democratization of China*, New York: Routledge, 1996. 尚没有中国学者阐述过比较全面的社群主义法治理论。但是，中国学者对现有制度的很多方面提出批评，对自由民主秩序表示反对，已经发展出了社群主义的某些部分。例如，夏勇尝试建立一套以德行为基础的权利理论。类似地，很多中国和海外的学者为社群主义主张辩护，反对自由民主派，但他们大多停留在抽象的哲学层面上，并主要是围绕对自由民主派人权的不同主张。此外，社群主义观点还表现在大多数中国人虽然希望有民主，但并非马上实现。他们虽然重视个人的权利，但担心这会导致更多的混乱和无序。因此，他们对个人权利与集体利益的平衡不同于自由派。这种立场表现在长期以来对集体主义以及权利义务关系的争论上。这四种派别同样引用了彭关于中国政治观点的调查结果。彭的四个门类在很大程度上叠合了我所认定的四种派别，以激进民主表示自由民主派观点，确定的保守主义表示社群主义派，有关的传统主义表示新权威主义，疏离的民粹主义在一定程度上指向国家社会主义，虽然带一点厌倦和一点愤世嫉俗的观点。一个突出的特征是，尽管对民主的观点从根本上不同，全部四种派别还是坚决地支持法治。参见注7 所引 Yali Peng 的著作。

者、法学家、法官、律师和公民上千次的交谈。[31] 但是没有一种模式能够恰好与某一个或一群人的主张相吻合。例如，尽管大多数新保守派支持新权威主义，但也有人倾向国家社会主义或社群主义。[32] 另外还有一些人很难被归入某一特定类型，而是赞同各个不同学派的某些成分。此外，更有些人虽然表示大体支持某派的中心原则，但在具体问题上又会意见相左。因此，对于他们的立场的归类，只是基于他们的基本观点的逻辑延伸。

每一种类型都可对应于许多种制度、实践、规则和不同程度的结果。例如在西方自由民主法律体系下，仍存在着相当大的差异。就拿分权这个基本问题来说，在美国分权是指立法、行政和司法机关根据宪法是各自独立和平等的机关。但英国、比利时和其他一些国家则是议会至上。另外，尽管存在这些结构上的差异，没有一个国家——甚至美国——坚持简单的分权，即立法机关制定法律、行政机关实施法律、司法机关通过裁判纠纷解释和执行法律。或多或少，各国的行政机关都制定、实施和裁判法律。

---

[31] 在有些情况下，我采用当前的制度以及现有的规则、实践和后果来证明各派主张的特征，特别是国家社会主义和新权威主义，但一定程度上也有社群主义和以法而治。尽管中国目前的制度无法表现出自由民主秩序的很多特征，但西方国家可以提供具体的"真实生活"的例子。社群主义是几种类型中假设性最高的一个（即并非基于现有的制度和实践），因为当前制度下国家统治的色彩超过了社群主义观点所允许的程度。对社群主义法治进行严格界定的好处是，可以设计出一种调查工具，来衡量大众对其的支持程度。
[32] 肖公秦，新保守派理论家的代表之一，认为他自己是一位新权威主义者。关于新权威主义，See Merle Goldman, "The Potential for Instability Among Alienated Intellectuals and Students in Post-Mao China", in David Shambaugh (ed), *Is China Unstable*? Armonk, N. Y.: M. E. Sharpe, 2000; 又参见白瑞特·麦考密克、大卫·凯利："反自由主义的局限性"，载《亚洲研究杂志》1994 年第 53 期。

同样，一些自由派国家有成文宪法，另一些，如英国，则没有。一些国家是普通法系，另一些则是成文法系。成文法系国家的法律倾向于起草得较宽泛，而普通法系国家则起草得比较窄。在有些自由派国家，法官是选举出来的；在另一些国家则是指定的；还有的国家，一些法官是选举的，一些是指定的。在有些国家，法律职业是自律的，另一些国家，法律职业要受到司法部这样的政府部门的监督。

相反，不同的政治制度也会采取类似的目的、制度、实践和规则。由于大家对狭义法治理论的目的和元素已达成了广泛共识，不难想象在制度、实践和规则方面会有一定程度的融合。例如，为了提高可预见性和限制政府的专断，中国也建立了很多和其他国家一样的约束政府自由裁量权的机制，并参照美国和欧洲的模式颁布了多部行政法。

尽管一方面相同的政治制度会有很多不同之处，另一方面不同的制度之间也存在重叠的地方，但是制度安排、实践、规则、特别是结果上的种种差异都反映了广义法治观念下面的意识形态上的不同。实际上，即使中国全部照搬美国的制度和法律原则，由于在价值观、政治理念和哲学方面的根本差异，因而在个案中产生出来的结果也会有所不同。因此，这四种理想类型只是为了启发性目的，意在抓住中国的不同广义法治观念之间的主要区别。

为了进行对比，我还提到了以法而治体制的有关方面。以法而治的体系也存在不同类型。有的比较温和，有的比较极端。改革开放前的法律体系，特别是在"文革"期间，是极端的以法而治的典型例证。有时甚至都不能算是以法而治，因为后者毕竟要求某种形式的以法律为基础的秩序。此外，以法而治的体系，特别是比较温和的类型，与法治体系之间的差异也不是绝对的。

有些形式的法治,特别是国家社会主义和新权威主义,也具有以法而治的某些特征。另外,有些情况下,尽管这些特征看起来一样,但它们在程度上或者在法治或以法而治制度下所扮演的角色仍有所不同。例如,社群主义虽然也对市民社会采取某种限制,在以法而治的体系下这种限制则严格得多。同样,以法而治体制对思想控制的程度要比其他制度高得多。而且,尽管某些特征上有重合之处,以法而治体制毫无疑问在很多重要方面不同任何一种形式的法治。当今中国的法律体系虽仍然保留有以法而治的因素,但其已吸取了很多法治的特征。

经济制度

尽管四种形式的法治都倾向市场经济,它们在政府干预的程度、性质和方式上各有不同。虽然在新制度经济学和政治经济学家看来,甚至欧洲自由民主国家的资本主义形式仍大不一样,[33]但总体来说自由民主国家的经济具有这样的特征:为纠正市场失灵而进行最低限度的政府管制,公有领域和私人商业领域之间界限分明,对私人商业进行有限干预的行政自由裁量权。相比而言,亚洲很多国家的经济发展,可以被归结为一种有管制的资本主义形式。国家积极干预市场;政府官员混淆了公私界限,与私

---

[33] See Peter Hall, "The Political Economy of Europe in an Era of Independence," in Herbert Kitschelt et al. (eds.), *Continuity and Change in Contemporary Capitalism*, New York: Cambridge University Press, 1999; J. Roger Hollingsworth and Robert Boyer, "Coordination of Economic Actors and Social Systems of Production", in J. Rogers Hollingsworth and Robert Boyer (eds), *Contemporary Capitalism: The Embeddedness of Institutions*, New York: Cambridge University Press, 1999.

人企业之间建立起一种保护人主义或者社团主义的关系（clientelist or corporatist relationship）；行政指导、上下级和同级之间的关系以及非正式的解决争议的机制，补充甚至有时代替了普遍性的法律。在亚洲很多发展中国家，政府依赖于许可权、对获得贷款、技术或信息的途径的控制以及国家对公司经营方向的左右。有时候，政府会支持特定的公司或经济部门。政府还在一些公司中拥有直接或间接的经济利益。当然，亚洲国家政府干预的多少、性质和方式仍有很大不同。毫无疑问，香港经济的自由放任程度就与西方国家无异。但是总的来说，亚洲政府采取比较干预主义的方式来管理经济。

中国的经济目前仍是受到严格管制的，并且具有保护人主义和社团主义（clientelism and corporatism）的特征。[34] 当然，围绕严格的政府管制和密切的政府企业关系的优劣存在很大争议。尽管有人拥护更加自由放任的经济，很多人认为中国正处于从计划经济向市场经济过渡的转型过程中，需要一个强大的政府来做出强有力的决策，而无须过多担心选民中的反对意见。不仅国家

---

[34] 见大卫·万克（David Wank）：《商业化的共产主义（Commodifying Communism）：一个中国城市中的商业，信赖和政治》（1999年），描述厦门市保护人主义（clientelism）对私人商业的重要性。在中国，社团主义已经被分为三种主要的、完全不同的用途。一些分析家已经将它用在其他地方，即作为一种看待国家与社会关系的方法以及一种衡量市民社会的尺度。见乔纳森·盎格、安尼塔·陈："中国、社团主义和东亚模式"，载《澳大利亚中国事务杂志》1995年1月号。其他人把社团主义当作理解东亚经济发展的经济统制模式的一种途径，见玛格丽特·皮尔森：《中国的新商业精英：经济改革的政治后果》（1997年）。另外一些人将社团主义用于解释政府与企业关系的地方形式。例如吉恩·Oi（Jean Oi）在《乡村中国的腾飞》（1999年）中用社团主义来阐释地方政府将地方经济机构作为一个独立的社团实体来看待的方式。又见安德鲁·G. 沃尔德："作为工业企业的县政府"，载安德鲁·G. 沃尔德主编：《变迁中的邹平》，1988年版，第62页。

社会主义和新权威主义采取这种观点,许多社群主义也对此表示支持。它们之间的区别只是国家社会主义倾向于较高程度的政府管制,而新权威主义和社群主义则不是。

国家社会主义和新权威主义,较之社群主义,更加倾向政府与企业之间的保护人主义,因为这样可以增加国家对经济活动的控制。但是,所有人都担心这种关系在经济效率和增加腐败方面的副作用。因此,目前这种关系正在朝着一种建立在法律基础上的更加公开和透明的程序转变,尽管最终其政府与企业之间互动关系的程度仍较之西方国家更高。

公有制是江泽民的社会主义法治国家的另一大支柱。当然,所有国家都存在一定的公有制。但与其他制度相比,国家社会主义倾向更高程度的公有制,对私人和外资的持股形式做出较多限制,对私人和外资能够占有多数股权的产业进行较多控制。

政治制度

自由民主国家的特征有:真正的民主选举,即使在最高一级政府机关也是如此;中立国,人民通过选举决定社会的普遍方针;有限国家,存在着广泛的私有领域和独立于国家的强大的市民社会。[35] 相比之下,国家社会主义则被界定为:一党统治;

---

[35] 关于对中立状态的辩护,参见 Ronald Dworkin, "Liberalism", in Stuart Hampshire (ed), *Public and Private Morality*, p. 127, New York: Cambridge University Press, 1978;西弗吉尼亚教育会议诉巴尼提案, 319 U. S. 624 (1943 年)。关于对宣称自由民主是中立的这一说法的批评,参见 Michael J. Perry, *Morality Politics, and Law*, Oxford University Press, 1988, pp. 57~73。"民主应当是中立的"这一观点被共产主义者和保守主义者争论不休。

仅在最低一级政府进行选举；以及所谓的任命制，即各级政府机关包括法院的高层人选都由党来挑选或任命。如果国家社会主义者当政，最多只有限的市民社会，与政府之间是一种高度的保护人主义。[36] 就这些方面而言，国家社会主义与以法而治差别不大，尽管后者倾向于一个更加集权的政府。

新权威主义倾向一党统治，反对民主。它们或者抛弃选举，或者把选举仅限于下级政府。如果不得不进行全国性选举，它们会试图通过对反对党进行限制或通过对主要媒体的垄断来控制选举的结果。和国家社会主义一样，它们反对中立国，倾向对社会生活进行控制。但是，它们可以容许一个较小的政府和一个相对较大的市民社会，尽管市民社会仍要受制于种种限制和关系。

相反，社群主义倾向于在各级政府进行真正的多党民主选举，尽管不一定要马上实现。由于他们担心发生混乱，且对所谓的无知大众的不信任和对缺乏必要制度保障的怀疑，他们情愿暂时推迟选举，而采取一个循序渐进的过程，逐级推行选举。像国家社会主义和新权威主义一样，他们也同意应有领导者来决定社会的普遍方针，因而比起自由民主派来说，他们允许国家在管理社会生活中扮演主要角色。但是，他们倾向于较大的市民社会。尽管有些团体，例如商业组织能够通过与政府的密切关系而受益，其他社会性和宗教性团体则不是。后者可以被允许自行其是，但必须遵从社会秩序、公共道德，并且不能对其成员和社会整体造成危害。但不同于刚性的或国家关系制，社群主义倾向于

---

[36] Tony Saich, "Negotiating the State: The Development of Social Organizations in China", *China Quarterly*, vol. 161, 2000, p. 124. 指出，列宁主义反对大多数的组织存在的倾向中，既包含了对由经济改革导致的社会不安定的潜在可能性的恐惧，同时也注意到国家进行正式控制的能力越来越有限。

柔性的或社会关系制。[37]

权利观念

自由民主派倾向于对权利的自由理解,认为民权和政治权利优先于经济、社会、文化和集体或团体权利。权利在道义学上被认为区别于且高于利益。[38] 它优先于好处(利益)体现在两方面:一方面,当二者冲突时,权利胜出好处(利益);另一方面,权利并非建立在功利、利益或结果的基础上,而是建立在道德原则基础上,其正当性来自于利益之外。[39] 为了保护个人和少数派免于多数派的暴政,权利对其他人的利益、社会的好处以及多数派的意愿加以限制。具体来说,自由优先于秩序,个人的自治超过社会的完整与和谐,思想自由与思想的权利胜过对一致立场的需要与对重要社会问题的正确认识。[40] 此外,更多强调的是权利,而非义务或德行。

---

[37] 关于硬性或中央统制型社团主义与柔性或社会型社团主义的讨论,参见 Philip Schmitter, "Still the Century of Corporatism?", in Frederick Pike and Thomas Stritch (eds), *The New Corporatism*, Notre Dame: University of Notre Dame Press, 1974; Howard J. Wiarda, *Corporatism and Comparative Politics: The Other Great "Ism"*, Armonk, N. Y.: M. E. Sharpe, 1997.

[38] Randall P. Peerenboom, "Rights, Interests, and the Interest in Rights in China", *Stanford Journal of International Law*, vol. 31 (1995), p. 359.

[39] John Rawls, *A Theory of Justice*, Cambridge: Harvard University Press, 1971; Ronald Dworkin, *Taking Rights Seriously*, Cambridge: Harvard University Press, 1977.

[40] Randall P. Peerenboom, "Confucian Harmony and Freedom of Thought", in Wm. Theordore de Bary and Tu Weiming (eds), *Confucianism and Human Rights*, New York: Columbia University Press, 1998, p. 234.

相比之下，社群主义对人权采取一种社群主义的或"亚洲价值"的解释，强调权利的不可分性。更多地侧重集体权利以及经济发展的需要，即使要牺牲个人的民权和政治权利。权利，并非作为反多数派的道义学概念可以胜过社会利益，而是从功利性或实用性的角度被看做与其他利益（包括团体和社会整体利益）进行权衡的另一种利益。因此，稳定优先于自由，社会的完整与和谐至少与个人自治同样重要，思想的权利由于一致立场和就重大社会问题取得共识的需要而受到限制。而且社群主义、新权威主义、国家社会主义以及以法而治的支持者，比自由民主派更加关注道德品质和美德的发展以及一个人对他人、家庭、社会成员和国家的责任。

和社群主义一样，新权威主义和国家社会主义也从功利性或实用性的角度看待权利。但比起社群主义，他们的国家中心主义的观念更加突出。特别是国家社会主义，把权利看作是由国家赋予的，而且是用来强化国家和统治的工具。比起新权威主义，在反对其他国家干涉其内部事务时，他们更多援引国家主权、"亚洲价值"以及文化帝国主义威胁论，以抵抗其他国家干预中国国内的事（即使他们同时容忍传统文化与道德被消灭）。然而，中国的社群主义和新权威主义也会反对强权政治，以及利用"权利"将特定文化下的价值观强加于中国，或者为了更多地进入中国市场，榨取贸易特权。[41] 而且，像社群主义一样，新权威主义和国家社会主义认为秩序优先于自由。他们甚至走得比社

---

[41] 在一项对来自中国13所大学547名学生的调查中，82%的人认为在联合国人权大会组成之前其他国家发动反对中国的运动是干涉中国的内政；71%的人认为美国和其他国家责难中国的真正目的是运用人权问题来攻击中国并加以强制制裁；69%的人还认为这是强权政治的一种形式。参见"调查显示学生看待人权的态度"，BBC世界广播摘要，1999年5月4日。

群主义更远,将天平倾斜于社会完整与和谐的一侧,而非个人自治那一侧,并对思想自由和思想的权利施加更多限制。尽管新权威主义也会限制公民批评政府的权利,但国家社会主义对这种言论进行广泛的限制,以至于实际上对政府的批评是被禁止的。事实上,国家社会主义倾向思想的统一大大超过思想自由,倾向正确的思想超过思想的权利。如果可能的话(在不损害其他目标如经济发展的情况下),他们宁愿退回到过去严格的思想控制。至少,他们的底线是不允许公众攻击执政党。尽管二十年来社会的变化已大大削弱了"思想工作"的效果,他们仍然强调思想工作的重要性,以确保统一认识并且按照党确定的原则就重大的社会问题达成共识。

"文革"时期的以法而治制度不同于任何一种法治制度,它将权利看作资产阶级自由化的手段,会导致无产阶级的错误认识。尽管在多部宪法中包括了一些权利,这些权利只是被当作在未来实现的纲领性目标。此外,义务被认为超过权利,特别是对国家的义务。市民社会受到极大的限制,思想控制被普遍实行。

法治的目的

在各派支持者眼中法治所服务的目的基本相似:提高可预见性和确定性,从而有助于经济的发展,并使个人得以安排自己的事务;防止政府专断,提高政府的效率和合理性;提供一种争议解决机制;保护个人自由和巩固政权的合法性。但至于这些目标的先后次序,对某一目标的支持和热衷程度以及这些目标具体如何解释,则仍然存在分歧。总的来说,自由民主派强调法治在制约国家和保护个人免受政府专断之害方面的作用;而社群主义倾向于让法治在约束国家与强化国家的双重作用之间保持平衡。相比之下，新权威主义更多地强调强化国家的一方面，而国家社会主义则沿着这个方向走得更远。

实际上，尽管国家社会主义承认，至少在理论上承认，法治的主要要求是政府官员与公民一样要服从于法律并依法行事，他们对此约束的接受比较勉强。政府高层官员通常只受到独立的党纪制度，而非正式法律程序的支配。就此而言，法律的影响范围仍然非常有限。而且，尽管国家社会主义者也同意限制政府专断的益处，他们同时又宁愿选择一种制度，能给予其充分的灵活性去追求那些合法（有时不合法）的目的。此外，虽然他们经常宣称法治必须保护人权，人权并没有被给予优先的考虑。在任何情况下，他们的国家主义的权利观和对稳定与秩序的过分强调，都使得法律制度保护个人权利的力量严重受阻。

法治目的中的差异也反映在对稳定的强调方面。所有人，甚至自由民主派都同意稳定很重要。很明显，在西方传统中法律的目的之一就是防止无政府状态。作为中国，在过去的一百五十年里，历经动荡，从反清运动和清王朝的最终瓦解，到共和时期的混乱和斗争，再到后来的反右运动、"大跃进"和文化大革命。中国有占世界四分之一的人口，且其中很多人生活在贫困线以下或接近贫困线。它（以及世界上的其他国家）已无法经受政治上的混乱和无政府状态。当前中国的经济改革已造成了许多失业人口，随着改革的继续和失业人数的增加，社会秩序遭受破坏的可能性也会相应增加。

法治在很多方面有利于稳定。首先，它限制了政府的武断行为。过去50年中社会不稳定的最大来源就是高层领导人的专断。在"文革"后推行法治的主要原因之一，就是避免重蹈"文革"的混乱，以领导人的恣意代替法律。法治旨在使统治更加规范和可预见,并用来克服社会主义政权更替所带来的周期性问题。[42]

此外,法治还可以通过规范中央与地方关系服务于稳定。经济改革给地方政府带来了更多的权力和责任,这导致中央与地方政府之间的冲突日趋激化。为了促进本地的经济发展,地方政府常常无视中央的法律和政策,颁布与全国性法律不一致的法规或者从事地方保护主义。尽管中央政府失控以至地方政府壮大成军阀的可能性不大,但正如一些危言耸听者所言,由于权力的高度分散,中国已采取了事实上的联邦制。[43] 可以预言,国家社会主义者强调法治的价值之一就在于用来约束地方政府和重新集中权力。

另一方面,一些学者也指出,在中国政治中,稳定就意味着权力的更加集中、对集体权利的强调以及共产党的领导。[44] 例如,中国社科院前院长李慎之认为,生存问题在中国已不再是一个大问题。因此,应当在政治改革和公民的民权与政治权利方面给予更多重视。[45] 俞可平也提出了类似的观点,认为政治改革

---

[42] 实际上,高层领导人在任期届满后从国务院来到人大,都是比较顺利的。当然,有人会问这和法治有什么关系。但是,任期限制这一事实确实为政治操纵的发生提供了背景。不论怎样,所希望的是未来政权的交接能够依法进行,而且当高层官员任期届满后,他们能按照法律的要求离任或转移到其他岗位。

[43] Yasheng Huang, *Inflation and Investment Controls in China*, Cambridge: Cambridge University Press, 1996.

[44] Lubman 已经指出法治与毛泽东和邓小平的思想在宪法中的共存。见 Stanley Lubman:《笼中之鸟:毛泽东时代之后的中国法律改革》(1999)。史勤锋认为,尽管法治的目的是限制政府,在中国法治的目的却是稳定以保证现有的政体保持当权。这种观点是国家社会主义类型而不是其他中的典型。

[45] 李慎之:"也要推动政治改革",载董郁玉、施滨海编:《政治中国:面向新体制选择的时代》,今日中国出版社 1998 年版,第 21 页。

不会导致不稳定。[46] 在某种程度上，分歧是在于实证性的问题。中国究竟有多么不稳定？任何一个或一群反对者的活动对国家安全构成威胁的可能性有多大？但它们也反映了价值观上的根本不同。尽管大家都赞同稳定的必要性，自由派更加看重自由，而国家社会主义、新权威主义和社群主义则在不同程度上认为秩序比自由更重要。

例如，大家都同意可预见性和确定性对经济的发展至关重要。但是可预见性和确定性亦可有其他方面的作用。自由民主派看重可预见性是因为其可通过让人们计划自己的事务及实现人生目标而达到更高的自由。在此观念下是自由派以自身作为道德载体而强调自治及道德选择重要性的观念。但并非所有的道德传统都持有这样的自我观念，或者将个人选择放在同样重要的位置。中国盛行的观点是个人的社会性，儒家思想亦强调正确的行为而非选择的权利，它们都对法治采用这种个人尊严的解释作为其正当性的理由提出了质疑。[47] 当然，在中国计划个人事务的能力在一定程度上也是被看重的。但是，对于个人计划自己事务的重要性及其原因可能在自由民主派与其他派别之间有所不同，而国

---

[46] 俞可平："走出政治改革—社会稳定的两难境地"，载董郁玉、施滨海编：《政治中国：面向新体制选择的时代》，今日中国出版社1998年版，第49~53页。
[47] Randall P. Peerenboom, "Confucian Harmony and Freedom of Thought", in Wm. Theordore de Bary and Tu Weiming (eds), *Confucianism and Human Rights*, New York: Columbia University Press, 1998, p. 234; 例如，Joseph Chan 发展了儒家而不是自由主义或康德哲学上精神自治的概念。前者相对后者而言是更小的自治概念，在较小的程度上支持公民自由。Joseph Chan, "Moral Autonomy, Civil Liberties, and Confucianism", *Philosophy East & West*, vol. 52, 2002.

家社会主义派对此是最予轻视的。[48]

与此类似,各派都希望法治能够提高统治政体的正统性。但是,通过选举和公众对立法、行政规章制定、解释和实施过程的充分参与,自由民主派和社群主义的正统性是基于认同。相反,国家社会主义和新权威主义的正统性主要基于表现:即正统性取决于法律、法律体系和政体在总体上能否产生好的结果。

相反,在以法而治体系下法律仅仅是服务于国家利益的工具,且对统治者没有有效的法律制约。法律通过提高政府效率服务于国家,虽然这一目标经常由于法律过度的政治化倾向和政策的支配地位而打了折扣。而且法律不是旨在保护个人利益。尽管以法而治的体系依赖法院解决争议,在过去,正式的法律体系主要用来镇压敌人,人民内部争议则通过调解来解决,而国有企业之间的经济纠纷则通过行政方式或党组织来解决。

机构和实践

根据韦伯的观点,一个现代法律体系的决定性标志是自治性。法律与政治相区别,独立的法官根据普遍适用的法律运用一种专门的法律推理公正地裁决案件。当然,批判主义法学家反复

---

[48] 一项对学者、官员、商人、记者以及宗教和文化领袖所做的调查显示,亚洲人和美国人之间存在着重大的差别。前者按照先后顺序选择有秩序的社会、和谐以及公共价值观为三个最重要的社会价值。相比之下,美国人选择的是言论自由、个人自由以及个人的权利。See Susan Sim, "Human Rights: Bridging the Gulf", *The Straits Times* (Singapore), Oct. 21, 1995.

提醒我们的，政治与法律之间的界限并不总是很清晰。但没有法治的国家，政策与法律的区别，政府命令与真正的法治的不同，总是被清楚地意识到。

尽管在一种政治主导的体制——例如过去的法律体制，尤其是"文革"期间——与一种法律机构和行为人享有高度自治的法治体系两个极端之间界限分明，但在两者之间却有相当大的变化余地。部分缘于他们对经济、政治秩序、权利的实质和有限性以及法律所欲服务之目的的不同观念，各种法治观的倡导者可能不会就在法律与政治之间何处划界达成一致。

自由民主派倾向较高程度的独立和自治。制定法律的立法机关由自由选举产生，而非由执政党指定。司法机关整体和法官个人都是独立的。法官享受终身制保障，只有出于少数原因并经严格程序才能被免职。法官的任命过程相对非政治化。[49] 有大量机制限制行政自由裁量权，法律制度甚至能够使高层领导承担责任。法律职业是独立并且自我管理的。

作为另一个极端的国家社会主义，仅倾向于法律和政治中等偏下程度的分离。为了满足法治的最低要求，现在共产党的政策是通过有立法权的机关经立法程序转化成法律和法规，而在过去政策取代了法律或优先适用。尽管立法机关不是自由选举产生的，但党对立法过程的影响自改革伊始就在迅速弱化。当然，正如其他国家议会体制中的执政党，共产党有能力确保重大的政策动议变成法律，只要它能联合起来并且愿意投入政治资本这样做。

国家社会主义还倾向于较为有限的司法独立。法院享有职能

---

[49] 在实践中，国家与国家的政治化程度有很大差别，见 Shimon Shetreet、Jules Deschenes：《司法独立：当代的思考》（1985）。

上的独立,其他政府机关不得干预法院对个案的审理。与过去不同,法院对案件的判决已无须党的批准。[50] 但是,法院仍可能接受全国人大、检察院和其他国家机关、甚至党的机关的监督。虽然法院作为一个整体享有职能独立,法官个人的自治和独立则受到更多限制。因此,大多数案件都由合议庭裁判。此外,法院内部一个专门的审判监督委员会有权对具体判决进行审查,以防发生明显错误。

法律职业也享有类似的部分独立。尽管已不再是以往的国家法律工作者,律师在执业和通过年检时仍必须满足政治上正确的标准。虽然司法部与律师协会共享监督法律职业的责任,司法部拥有主要的权力,特别是惩罚律师的权力。部分由于政治上的原因,但主要是因为有些司法行政管理人员的腐败行为,律师经常要跟他们搞好关系。

在行政法领域,政府官员被赋予相当大的自由裁量权,这部分是由于他们对党的政策转变有较多回应,但主要是出于其他原因,包括对迅速变化的经济环境做出快速、灵活的反应的需要。对市民社会、言论自由以及公众参与立法、解释和实施过程的限制,使大众很难监督政府官员。没有选举,公众无法通过投票使当政的官员下台,从而失去了对政府官员的制衡力量。

新权威主义倾向于法律和政治中等程度的分离。与国家社会

---

[50] 事实上,党对个案的干预是很少见的。更普遍的情况是,政府官员出于地方保护主义的目的进行干预。见龚祥瑞编:《法治的理想与现实》,中国政法大学出版社 1993 年版,第 33 页。自然,要在党和国家之间做出清楚的界分经常是困难的,因为政府官员通常是一身二任。不过,有些时候政府官员可能主要是忠于其职守而不是党。See Shiping Zheng, *Party vs. State in Post*-1949 *China*, Cambridge: Cambridge University Press, 1997.

主义一样，立法机关非选举产生。但新权威主义，较之国家社会主义，偏向更多的司法独立，尽管在很多方面仍然限制法院和法官个人的独立。例如，他们倾向中国的一体化的体系而非美国式的权力分立体制，全国人大居于最高地位，对法院进行监督。另外，他们支持发展一个更加职业化、更加清廉的公务员制度，以及能够制约政府官员和打击腐败的行政法律体系。[51] 他们还主张更多的公民参与，以及更加广泛（尽管仍有限制）的结社、言论和出版自由，使公众能在监督政府官员方面发挥更大作用。然而，其行政法的主要目的是，保持合理、有效的统治，而不是保护个人权利。作为日常管理中的主要立法形式，公务员的精英集团在制定和实施行政规则方面享有相当的灵活性。法律职业享有有限的独立性，并接受司法部门的监督，尽管后者更加清廉和职业化。可是律师还要跟司法部门搞好关系，由于其控制着一些专门业务的许可权以及其他的商业原因。[52]

社群主义则倾向中等偏上程度的法律与政治的分离。立法机关经自由选举产生。公众对法律的制定、解释和实施有充分参与机会。公众可以将腐败或表现不佳的政府赶下台。总的来说，强大的行政法律制度足以使高层政府官员承担责任。尽管社群主义对于认为转型时期的经济需要强大的执行机关的观点表示同情，他们会平衡建立高效政府与保护个人权利两种需要。此外，他们

---

[51] 见潘伟："民主还是法治——中国的政治前景"，国家社会主义派可能也赞成一种诚实和专业的行政事务，虽然他们在任命行政事务人员时可能更强调意识形态和政治因素，并且更喜欢由党的纪律委员会来负责和处理高级官员的腐败之事。
[52] 社群主义对法律职业同新权威主义有相似的观点，虽然他们认为法律职业的义务更多对社会负有而不是对国家负有，而且他们对特定话题，例如在什么样的情况下律师对国家和社会的义务要凌驾于他们对其当事人的义务之上的算法是不同的。

和自由民主派一样,也支持独立的司法,法官享有终身任职的保障,以及相对非政治化的法官任免程序。与此同时,他们也反对中立国家的自由观念。因此,他们倾向于法官根据统治精英所决定的实体社会道德准则来裁判案件。就这个意义来说,他们的主张与国家社会主义和新权威主义是相同的,但不同的是他们各自的规范准则。社群主义认为法官应强调团体的和谐、稳定和利益,胜过个人利益以及经济发展。而新权威主义和国家社会主义虽然在总体上同意,但他们会更多强调经济发展和支持国家的权力。

规　　则

自由民主派倾向自由的法律。例如,自由的法律对广泛的民权和政治权利提供有力的支持,对言论自由的时间、场合和方式的限制很少。社会团体可以自由地组织起来,无须在政府部门注册。被控犯罪的人有权请律师,且律师可以参与正式讯问的全过程。被告人在被指控之前仅能被羁押非常有限的时间。国家不能依据非法取得的证据决定案件。怀孕的妇女有堕胎的权利。法律允许个人选择安乐死或请求他人协助。父母可以不让孩子上学,而选择在家教育他们。

社群主义、新权威主义和国家社会主义都认为法律应在一定程度上限制个人自由。例如,他们都同意为保护公共秩序而要求社会团体注册。不允许身着带有侮辱性语言的衣服进入法庭。[53]

---

[53] 在 Cohen v. California 一案中 [403 U. S. 15 (1971)],美国最高法院判决认为,个人的言论自由可以延伸到在法庭上穿一件写有"该死的征兵"(Fuck the Draft)字样的夹克,即使别人可能觉得这样的语言十分无礼。

焚烧国旗是违法的。被告人有权聘请律师，但须在警察对他们进行了首次讯问之后。在被指控前被告人可以被羁押较长时间，且经主管部门批准还可以延长。非法获得的证据在一定情况下可以使用，尽管刑讯逼供是不允许的。孩子被要求在国家许可的学校上学，并学习经教育部批准的课程。较为有争议的是，国家社会主义和新权威主义甚至可能是社群主义，允许法律起草得比较泛泛，以保护国家和社会秩序，例如国家机密法和防止对国家造成威胁的行为的法律。

后　　果

制度在广义上说包括意识形态、目的、组织结构以及文化、准则、实践、规则和后果。[54] 尽管为了表述得更清楚，我将它们区分开来，实际上它们是相互重叠和融合在一起的。在下面的有关宪法、行政法和刑法的例子中，这是显而易见的。[55]

总的来说，社会主义国家宪法的作用与自由民主的法治国家的非常不同，这部分是由于社会主义国家很少表现出遵守法治的基本要求，并接受宪法对统治政权的权力的限制。根源于社会契约的启蒙思想，自由主义的宪法强调有限国家以及国家和社会的

---

[54] Douglass C. North, *Institutions, Institutional Change, and Economic Performance*, New York: Cambridge University Press, 1990.
[55] 确实的，孤立地从每一个角度来关注问题是有些易于误解。虽然不同的政体类型倾向于与不同的制度和规则相联系，在有些情况下，不同法治概念的支持者可能支持相似的目的或者采取相似的制度与规则。然而在实践中结果仍有很大的不同。这是可以预料的，因为通常法律规则都有一定程度的不确定性。因此，即使在美国，例如，保守的法官也可能比自由民主派的法官更容易在一些案件中得出不同的结论，尽管他们有着共同的制度背景。

分离。法治扮演了一个中间角色，通过确保国家不侵犯宪法中所确立的基本个人权利，对国家加以限制，保护个人不受政府的侵犯。自由主义的宪法确立一些经得住时间考验的基本原则，包括公民的基本权利。

相反，社会主义宪法的特征是多变。这与社会主义法律理论是一致的，其认为法律作为上层建筑，反映社会的经济基础特别是生产资料的所有权。当经济基础发生改变。法律和宪法必须相应改变。而且，由于马克思主义采取一种向理想社会逐渐发展的观点，当经济历经了若干阶段，宪法的修改也就在期待之中。在中国，1978年宪法在1982年被更加以市场为导向的宪法取代，后者反映了邓小平的改革开放政策。随着经济改革的深入以及经济从中央计划向市场导向稳步过渡，1982年宪法历经了三次修改。每一次修改都纳入了更加市场化的政策。

尽管中国宪法反映了社会经济基础的转变，它们也反映了政治权力的过渡。这也完全符合社会主义的法律理论，把法律看作统治阶级的工具。所谓在资本主义社会中，法律服务于资产阶级，而在社会主义国家法律服务于人民。但是，在列宁主义的社会主义国家中，党的作用是保卫人民，因此法律变成了党的工具。当党的领导或政策发生重大改变时，宪法也进行改变。1954年宪法反映了中国共产党的胜利和巩固权力。1975年宪法体现了坚持革命和阶级斗争以保卫社会主义反对国内外敌人的思想。1978年宪法标志了向法律秩序和以经济建设为中心的转变。1982年宪法确认了经济发展作为新的重点，并且延续了自1978年宪法开始的党政分离以及将日常管理工作交给国家机关的趋势。尽管1982年宪法采纳了邓小平的四项基本原则，但它们被放在前言中。相比之下，法律至上以及任何个人、党派不得超越法律的原则被纳入了宪法的正文。但是，在1999年修正案之前，宪法并没有明确承认法治,甚至社会主义法治的原则。

未来宪法将扮演什么样的角色取决于哪一种法治观占优势。如果国家社会主义取胜,鉴于其政法分离的水平较低,宪法可能会继续根据国家领导人确定的政策的重大变化而频繁改变。由于国家社会主义将法律视为巩固国家的手段,宪法在保护个人权利方面的作用仍然较为有限。就像现在一样,宪法仍不可直接作为诉讼的依据,个人只能获得经特别法实施的宪法权利。另外,即使国家社会主义占优势,宪法作为国家行为合法性的底线,也会扮演更加重要的角色。为了保持信用,统治政权会更加严肃地对待宪法,因而将更多地诉诸它来证明其行为的合法性。在1989年实施戒严和1999年禁止"法轮功"的过程中,北京已开始诉诸宪法,这表明了向法治过渡的迹象。

如果采用新权威主义或社群主义法治,宪法将发挥更重要的作用。尽管强化国家与限制国家的紧张关系仍然会体现在宪法中,至少个人权利会被更多地强调。因此,宪法可能获得直接的可诉性,[56]而且宪法的变化会比较少。至少社群主义的修宪程序会有所不同。在新权威主义和国家社会主义下,由非选举产生的国家领导人决定修改宪法,而在社群主义下,由民主选举产生的代表做出决定。

和宪法一样,行政法律制度也会因采取不同的法治观而有所

---

[56] 许多中国学者主张宪法应该具有可裁判性。有趣的是,最高人民法院最近在答复山东高级人民法院的请示时做出了一项有划时代意义的解释。最高人民法院规定原告享有的在宪法中规定的接受教育的基本权利应该得到保护,即使没有关于教育权的可执行法律。虽然最高法院的解释仍存在许多问题,但看来这一解释使得当事人可以在基本宪法权利受到侵犯时得以直接适用宪法来保护自己,即使在没有可执行法律的情况下,也可以使宪法具有可裁判性。参见最高人民法院2001年8月13日发布的第25号答复。

不同。在中国，直到目前行政法的主要目的是为了提高行政效率。现在，这种主张已在很大程度上让位于行政法应在保护个人权利和提高政府效率之间达到平衡的观念。[57] 尽管在任何制度下，这二者之间的紧张关系都显而易见，中国将如何平衡这两个目标取决于其采取哪一种法治观。目前，公众对行政法律程序的参与仍非常有限。但行政程序法的制定将提高公众参与的机会。如果社群主义甚至新权威主义观念占优势，我们可以期待法律将允许更多的公众参与。

不同的法治观念还体现在行政诉讼案件的结果上。中国的法院通常不愿对行政决定进行过多的审查。总的来说，它们对行政机关表现出相当尊重，例如对滥用行政权进行非常窄的解释。特别是，不同于西方自由民主国家，中国的法院不愿在滥用权力的解释中包括基本权利的观念。[58] 除了意识形态之外，法院对行政机关表示尊重还有很多其他原因，包括对法院权力的制度性限制。但即使抛开这些制度性障碍不谈，由于在中国对自由主义的支持较少，中国法院不会像自由民主国家的法院那样，对滥用权力的准则进行充分利用，作为保护个人权利的手段，以牺牲政府效率为代价对政府官员进行约束。

刑法是又一个领域，意识形态和法治观念的不同会产生不同的结果。鉴于稳定对大多数中国人的重要性，民权和政治权利较

---

[57] 参见罗豪才主编：《现代行政法的平衡理论》，北京大学出版社 1997 年版。
[58] 比较 P. P. Craig, *Administrative Law*, 3rd ed., London: Sweet & Maxwell, 1994, pp. 17~18, 认为超越权限的标准是对与尊重英国基本权利相一致的路线的重新解释, See Minxin Pei, "Citizens v Mandarins: Administrative Litigation in China", *China Quarterly*, no. 152 (1997), pp. 832~862, 856 tbl. 12, 报道说在中国法院做出的撤销不合法代理行为的 219 例案例中，只有 16 例是因为权力滥用，而有 60 例是因为越权，48 例因为主要证据不足，40 例是因为适用法律错误，即使违反法律程序的案例也有 32 例。

之在自由民主国家会受到较多限制。目前，政府经常采用的手段是劳动教养，这是一种行政处罚，公安机关有权拘禁嫌疑人长达四年而无须经过刑事诉讼法规定给予犯罪嫌疑人的程序。尽管自由民主派反对劳教，其他人却可能出于维护稳定的需要而支持它。因此，彻底废除劳教目前在政治上尚不可行。自由民主派最多可以希望通过修改程序纳入更多类似刑事诉讼法中的程序性保护。

简言之，很多具体问题的后果都取决于特定的道德、政治和经济理念，它们决定了特定的广义法治观念。在什么情况下对政府进行多少批评是允许的？一个人是否能够在公共场合使用冒犯性的语言？在什么情况下一个人可以被拦住进行搜查？警察进入你的住宅是否需要批准令，以及他们如何与何时能取得批准令？"民愤"是否能成为施加罚款的理由？为了振兴（revitalizing）社区和市民社会，我们是否应允许在公共场合如学校进行更多宗教活动？同性婚姻是否符合家庭价值观，是强化了一种新型的家庭，还是对家庭的特有概念的破坏？自由民主派、社群主义、新权威主义以及国家社会主义对这些问题意见不一，而且实际上在每一派内部也存在不同意见。但是，尽管存在这些异议，对于狭义法治理论所体现的法治的基本要求仍有着相当多的共识，并且已大体上接受法治不同于以法而治，前者要求对政府成员进行有效的法律约束。

结　　论

二十年以前很少人预见到中国能发展到今天这样的程度。一方面，鉴于其显著的进步，怀疑论者否认中国法律制度的基本性质发生了根本变化的言论似乎过于悲观或者玩世不恭了。另一方面，自由派们认为中国正在朝着建立西方民主国家那样的自由法律制度的方向发展的观点也过于乐观了，而且也低估了在基本价值观上的差异，导致很多亚洲国家抵制自由主义的影响而倾向于它们所谓的"亚洲价值观"（即使我们排除掉权威国家领导人那些出于利己目的的主张，很多差异仍然存在）。

我主张一种中间地带。尽管中国的以法而治的工具主义观念遗迹尚存，相当多的证据表明，其法律制度最好应被描述为正在从以法而治向满足狭义法治基本要素的一种制度转变。即使假设中国正在向着法治发展，而且看起来也确实如此，哪一种形式的法治最适合中国仍存在着激烈的争论。尚没有证据表明，中国正向着采取民主与自由主义人权观的法治过渡，给予民权和政治权利以优先地位。

在很多方面，今天的政治改革与十年前的经济改革很相似。在1989年天安门事件之后与1992年邓小平南方谈话为进一步改革铺平道路之前，中国的经济处于计划经济与市场经济之间的阶段。保守派阻止进一步改革，并不顾反对希望潮流逆转。但是改革派在总体上占优势。尽管当时未来改革的方向尚不明确，而且改革的进程是渐进的、因地制宜的和逐步实现的，但中国还是朝着市场经济的方向稳步前进，虽然在这一过程中也存在着挫折和问题。

中国的法治之路可能也会经过类似的过程。尽管有反对和挫折，中国的法律制度会趋向于某种形式的法治。当然，任何对法律体系未来改革方向的预测都有或多或少的保留。没有人能够确定二十年后，甚至五年之后中国会走到哪里。但是，一种可能的路径是：

第一，法律体系会非常类似于一种国家社会主义形态，尽管其毫无疑问也会包含有其他形态的要素。逐渐地，法律体系可能将经过一个比较接近新权威主义的阶段。但是最终，它会近于社群主义的法治：中国公民将享有民主和法治，但会拒绝极端的自由主义，而倾向于一种比较平衡的法治形态。法律既强化又限制国家。个人权利与社会和社区中其他人的整体利益将得到权衡。

一些评论者认为，由于"法治"的概念在历史上是与自由民主派法治相联系，它不应被延伸到其他形态。就中国而言，应回避使用法治一词，而采用其他术语。当然，任何人可以选择将某一种特定形态称之为"法治"。[59] 但这一方式的问题在于，将中国的法治概念强行纳入到我们普遍采纳但却带有条件性的分类之中，有些文化帝国主义的味道。

第二，在海内外有关中国的法律改革的争论，已经使用法治的表述。当然一个人可以每一次都反对使用"法治"一词或至少指出其被误用。但即使在西方国家，"法治"也是有争议的概念，试图将其安在某一特定的用途上将是徒劳的。中国内外的争论仍将置于法治之上。与其限制这个词用于中国，不如去设法发现每一个使用该词的人意在何指以及他们为什么援引这一概念。

第三，中国的很多改革者希望在法治的层面上进行争论，也有其策略上的原因：法治至少要求对政府领导人进行一些限制，并且为政治改革创造了可能性。

第四，仅仅依赖自由民主法治和以法而治的二分法已不足以反映中国正在发生的改革。它在描述上不准确——中国的法律体

---

[59] 法治的定义是否合适，取决于你的目的。如果投资者要评价投资在某一个国家的风险，狭义法治更合适。可是，哲学家及政治家很可能会觉得广义法治更适合他们的目的。

系已不再是一个纯粹的以法而治。而且，如果我们仅仅使用法治（即自由民主法治）或者以法而治这种过于简单的分类，我们就不能捕捉到中国有关法治的争论的种种微妙差别。没有更加细化的分类，我们将无法理解中国正在发生什么，不论是中国的理论的演变还是中国的法律体系实际的发展。

第五，如果硬把中国的理论和实践塞入我们预设的自由民主的法治或者权威主义的以法而治的归类，我们很可能将对改革做出错误的结论。我们可能会过于悲观或过于乐观，或者中国没有发生任何根本性变化，或者它正在变得和我们一样。但这两者都不是事实。对情况的错误理解将导致错误的政策选择。有些在自由民主法治背景下有效的规则和实践，可能需要有自由主义的体制和自由主义的价值观才能获得成功。放在不同的法律秩序之下，它们会加剧法律与现实之间的距离，因而无法发挥作用。

第六，反对将法治概念用于中国和其他非自由民主国家，夸大了存在的差异，却忽略了就狭义法治的基本要素达成大体共识。尽管存在很多不同之处，四种法治形态都接受一个基本的标准，即法律必须对统治者施加有效的约束，而且四种形态都符合狭义法治概念。可以说，由于中国法律改革的进行，其法律体系已在很多方面趋向于发达国家，而且将来还会进一步向这个方向发展。

但是同时，由于根植的背景不同，即使是狭义法治概念的基本要求在各种形态下仍会有所不同。因此，趋异与趋同的迹象都会存在。事实上，一个人会发现趋同还是趋异，在很大程度上取决于他选择的指标、时间框架以及抽象化或集中的程度。越是靠近观察，就会发现越多的差异。但这只是由于集中焦点而产生的自然结果。

另一种经常出现的且相关的反对意见是，尽管在理论上可以区分出这几种不同的法治制度类型，现实中法治只有在采取自由民主体制与价值的国家才能维持。对此的初步反应是，新加坡和香港是享有法治的非自由民主体制的典型，而日本、台湾地区、和韩国是社群主义法治的例子。尽管这里没有列举出这些分类实际上是否适用于这些地区和国家，以及如果是的话，它们是否是描述这些法律体系的最好方式，我还是需要做一些说明。

可以认为，新加坡用法律折磨反对派政治家的做法表明其法治名不副实，而且就非民主法治在现实中是否可能存在提出了疑问。当然，任何制度都不可能达到理想的法治，新加坡也不例外。时常，司法机关做出的裁判反映了一定程度的政治化，这与法治是不吻合的。很多人可以认为，在佛罗里达发生的戈尔-布什竞选争议中，美国最高法院的干预就是一个例证。然而在新加坡，对司法机关的行政干预并不是简单的程度上的不同，而是不同的类型。因此，如果我们承认新加坡根本就不是一个好例子，那么非自由民主法治可以持续的主张就会被削弱。

如果新加坡不是一个非自由民主法治的好例子，那么香港似乎是。但是，香港是英国殖民统治的一个特例。因此，仍然会有人说，建立与保持法治的一个基本原则是要有民主。实际上，一个人还可以说，不论何种通例，中国在非民主的情况下，不可能实现和维护法治。中国将来是否能实现法治最终取决于权力。在社会主义国家，权力是如何被控制和分配的？就法律限制党的程度而言，法律体系如何才能获得充分的自治来控制一个处于法律之上的政党？我曾在其他文章中主张，有理由相信，权力的问题可以以有利于法治的方式解决，法律将对党和国家领导人施加有效的制约。执政政权为了维持其权力，可能会接受对其权力的限制。从长远来说，中国会需要真正的民主选举，从而提高政府的责任感，并提供一个缓解与日俱增的社会矛盾的和平机制。但是，即使中国变得更加民主，这并不意味着它必然接受自由民主制或采取自由民主形式的法治。

四种理想法治类型及以法而治

法律体系类型	经济制度	政治制度	权利	法治的目的	制度与实践	规则
自由民主派法治	自由市场经济 最低限度政府干预和管制 公私领域界限分明 有限的行政自由裁量	各级政府的民主选举 中立国家 有限国家 独立于国家的市民社会	自由 强调民权与政治权利 作为优于社会利益的反对多数的道义论权利观 自由优于秩序 自治优于社会统一与和谐 思想自由与思想的权利优于统一认识的需要和思考重要社会问题的权利 关注权利超过关注人格培养、道德与责任	有限政府 防止政府专断 保护个人权利 可预期性与确定性：经济发展，使个人可以安排自己的事务 解决争端，主要通过正式法律机制保护财产权利 政府效率性与合理性 正统性	法律与政治高度分离 独立且选举产生的立法机关 自治、独立的司法机关、法官终身制、法官任免非政治化 行政法：约束自由裁量权的机制、能够使高层领导人负起责任、公众参与、公众可以通过让政府下台的方式使官员负起责任 独立的法律职业	保护民权和政治权利、对社会团体没有限制、在刑事案件中对人给予有力保护

续表

法律体系类型	经济制度	政治制度	权 利	法治的目的	制度与实践	规 则
中国社群主义法治	市场经济,有管制的资本主义 更多的政府干预 公私领域界限并不清晰 更多的行政自由裁量权	民主的多党选举 反对中立国家 国家扮演主要角色 市民社会,但有限制;各种团体可以自行其是,但受到一般性限制的;特别是商业组织与政府仍建立社团主义和保护人主义关系,尽管是软性的或社会性的社团主义和保护人主义形式	社群主义 强调权利的不可分性、集体权利;以牺牲权利为代价的经济发展(以自由为交换) 功利主义或实用主义的权利观念 稳定与秩序优于自由 社会统一与和谐与自治并重,或更加重要 思想自由与思想的权利受制于统一认识的需要以及在重要的社会事务上达成的共识 注重人格培养、道德、责任以及权利	平衡法律既强化国家又约束国家的双重目的 稳定 防止政府专断 保护个人权利 可预期性和稳定性;经济发展,使个人可以安排自己的事务 政府效率与合理性 解决争端;主要通过正式的和非正式的机制保护财产权利;更多依赖社群主义和保护人主义关系 正统性	中等较高程度的政、法分离 独立且选举产生的立法机关 自治、独立的司法机关;法官终身制;法官任免非政治化;裁判案件可能依据具体方针 行政法;约束自由裁量权的机制、能够使高层领导人负起责任,但对政策制定机关较多尊重;强调平衡政府效率与一定程度上对个人自由的保护;公众有机会参与规则的制定和解释;公众可以通过让政府下台的方式使官员负起责任	宽泛的法律保护 国家:国家机密、对国家的威胁 非自由的法律:限制市民社会、言论自由,对社会团体和私人团体进行注册 不排除非法获得证据

续表

法律体系类型	经济制度	政治制度	权利	法治的目的	制度与实践	规则
					独立的法律职业,尽管受到司法部这样的政府机关的监督	
新权威主义法治	市场经济 有管制的资本主义 更多的政府干预 公私领域界限并不清晰 更多的行政自由裁量权	一党统治;没有选举,或仅在下级机关进行选举,或表面上是真正的选举实质上对反对党进行限制 反对中立国家 国家扮演主要角色 市民社会,但有限制;可能与政府建立社团主义和保护人主义关系	"亚洲价值"或社群主义 强调权利的不可分性、集体权利;以牺牲权利为代价的经济发展(以自由为交换) 功利主义或实用主义的权利观念 稳定与秩序优于自由 社会统一及和谐与自治并重,或更加重要 思想自由与思想的权利受制于统一认识的需要以及在重要的社会事务上达成的共识;限制批评政府的权利	平衡法律既强化国家又约束国家的双重目的,但倾向于强化 强化国家方面: 强调稳定 可预期性和稳定性:主要为经济发展、次要为个人安排自己的事务 政府效率与合理性 解决争端;主要通过正式的和非正式的机制保护财产权利;更多依赖社团主义和保护人主义关系 正统性 限制国家方面:	中等程度的政、法分离 非选举的立法机关 司法独立可能受到限制 行政法制度,能够对政府官员进行制约;职业化公务员制度;强调合理政府胜于保护个人;对政策制定机关较多尊重;公众参与和监督的机会 法律职业受司法部监督	宽泛的法律保护国家和社会秩序:国家机密、对国家利益的威胁 非自由的法律:限制市民社会、言论自由:对社会团体和私人团体进行注册 不排除非法获得的证据

续表

法律体系类型	经济制度	政治制度	权　利	法治的目的	制度与实践	规　则
			注重人格培养、道德、责任以及权利	政府必须依法行事 法律防止政府专断 保护个人权利,但没有优先性且有限		
国家社会主义	市场经济较多政府管制公有制	一党执政;没有选举或仅在下级机关进行选举反对中立国家国家扮演更主要角色没有或只有非常有限的市民社会;较高程度的社团主义和保护人主义关系;刚性或国家形式的社团主义和保护人主义关系	强调生存、以牺牲权利为代价的经济发展(以自由为交换)国家主权功利主义或实用主义的权利观念权利由国家赋予稳定和秩序优于自由国家统一和和谐优于自治注重人格培养、道德、责任以及权利	强调强化国家稳定可预期性和稳定性;经济发展法律作为提高政府效率与合理性的手段解决争端;通过正式的和非正式的机制保护财产权利;更多依赖社团主义和保护人主义关系正统性对国家进行一定限制政府必须依法行事,但勉强接受限制法律防止政府专断	中等偏下的政、法分离非选举的立法机关;党可以影响法律制定过程司法机关的功能性独立不受其他部门干预;法院独立,而非法官独立,法官接受审判监督;可能依据国家确定的具体正统性原则决定案件;政体要求法院服务于党的利益	宽泛的法律保护国家:家密、国家威胁非法律制裁社会言论:社会和团体人注册不排除非法获得的证据 自由限制市民和自由论:对私人团体注册

续表

法律体系类型	经济制度	政治制度	权利	法治的目的	制度与实践	规则
			国家倾向思想统一胜于思想自由；倾向正确的思想胜于思想的权利；倾向于进行严格的思想控制，至少严格限制对执政党的攻击；强调进行思想工作以确保统一认识和在重要的社会问题上达成共识	保护个人权利，但没有优先性且有限的权利观	法律职业：政治上的要求；部分独立，主要取决于司法部的社团主义和保护人主义关系 行政法：更多自由裁量权；响应党的政策；对高层领导人约束较少；法规制定、解释和实施过程中公民的有限参与；媒体和公民有限的监督能力	行政处罚，如劳动教养
以法而治	可能是计划经济、自由市场经济或有管制的资本主义高度的政府干预	一党执政，没有选举反对中立国家集权或独裁国家没有或非常有限的市民社会，国家统治下的社团主义和保护人主义安排	强调生存、以牺牲权利为代价的经济发展（以自由为交换）将权利视为资产阶级产物的社会主义观念；强调责任，特别是对国家的责任权利是由国家赋予的	法律是服务于国家利益的工具；党的角色没有在法律中规定；对统治者没有有效的法律约束法律提高政府效率法律不是为了保护个人权利	没有最低程度的政、法分离党的取代或超越法律非选举的立法机关，只是橡皮图章法院不独立；党决定个案的结果；审判委员会被用来贯彻党的方针法院服务于党的利益	法律相对不重要；主要通过政策进行日常管理缺少主要法律：刑法、合同法、民事诉讼法

续表

法律体系类型	经济制度	政治制度	权利	法治的目的	制度与实践	规则
	公私领域的界限不存在或不重要 通过行政政策和命令进行控制		权利只是为了实用主义的目的存在，没有真正的权利保护 国家主权 社会统一与和谐优于自治 国家进行严格的思想控制；思想统一优于思想自由 严格控制对执政党的攻击	解决争端；但很多争议通过行政方式解决或由党的领导人而非法院来解决 主要依赖调解来解决人民内部纠纷，正式的法律体系被用来镇压敌人 党员不受制于法院	法律职业：律师是国家的法律工作者；没有独立地位；在国有事务所工作；有限的为被告人辩护的权利 行政法：主要目的是政府效率；官员拥有广泛的自由裁量权，通过命令进行统治；没有行政法给予个人挑战政府；没有或仅有极其有限的公民对行政过程的参与	法律被忽略

法治：社会转型时期的制度建构*
——对中国法律现代化运动的一个内在观察

梁治平

一、"法治"，一种新的意识形态？

1980年代以来，中国社会经历了一系列急剧的有时是戏剧性的变化，其中，在"社会主义法制建设"名目之下，法律在国家政治生活中作用的改变，法律向社会生活诸多领域的渗透，

---

* 本文约 2/3 的部分于 1999 年上半年我在美国哥伦比亚大学法学院访学期间完成，本文其余部分以及对全文的几次修改则是当年秋天我转去普林斯顿高等研究院（Institute for Advanced Study）后完成的。我想在此感谢美国福特基金会、哥伦比亚大学法学院和高等研究院，它们为我提供了必要的财政支持和良好的研究条件，使本文的写作能够顺利进行。我尤其要感谢哥伦比亚大学的艾德华教授、黎安友教授、哈佛大学的安守廉教授和福特基金会的张乐伦女士，我因为他们的帮助而获益良多。此外，在本文写作和修改过程中，我曾先后在"旅美中国法学会"组织的"当代中国法律发展研讨会"（1999 年 3 月 27~28 日，哈佛大学法学院）和高等研究院社会科学部的午间报告会上宣讲过本文概要。感谢会议的组织者们为我提供了就本文主题进行公开讨论的机会，我从中获益良多。可以顺便说明的一点是，基于某些技术上的考虑，我对文中涉及的一些重要问题并未详加论述。对本文主题更详尽的讨论将留待日后完成。此外，收入本书时，我对原文做了少量改动。

以及，法律话语在知识阶层乃至一般民众当中的传布，尤为引人瞩目。而在最近几年的新一轮"法律热"中，作为一种主导话语的"法治"，[1] 似乎正在成为一种新的意识形态。

　　当然，在不同的人那里，"法治"的含义不尽相同。政治论域中的"法治"说，特别突出"社会主义"这一限定语，而这意味着现行体制的不可动摇。"社会主义法治"的提法同时也被用来抵制"法治"理论的普遍主义诉求，这时，"法治"又被冠以"中国特色"一词，用以区别于主要是源于西方社会的法治理论和实践。这些用语和区分也反映在法律学者的论说当中，并且将学者的立场区分开来。有些人亦步亦趋地追随政治论域中的各种"提法"，以为之提供理论依据为己任。也有人循着"法治"（the rule of law）与"人治"（the rule of man）的界分，进一步区别"法治"（rule of law）与"法制"（rule by law）这两种概念，以阐扬法治理念。[2] 还有所谓自由主义者，主张跨文化和超时空的普适价值，并把这些价值视为"法治"和"宪政"

―――――――

〔1〕 人们注意到，在中国共产党第十五次代表大会上，习见的"法制"一词为"法治"所取代。许多"法治"论者为之兴奋不已，认为此举表明了中国在由人治走向法治的道路上向前迈出了一大步。我无意否认这一语词表述上的变化可能引起相关领域内的某些改变，尤其从长远看，正式表述上的变化更可能具有象征意义。但我仍认为，语词的改变从来不能够代替社会现实的改造，而在思想转变、理论反思、制度建构乃至社会结构的调整没有得到实质性推进之前，只是改变表述方式，其意义非常有限。如果人们意识不到这一点，甚而因此而放弃在思想、理论、制度以及社会等各方面的艰苦努力，这种改变的积极意义更将消失殆尽。

〔2〕 较早区分"法治"与"法制"的尝试，见龚祥瑞：《比较宪法与行政法》，法律出版社1985年版；梁治平："法·法律·法治"，载《读书》1987年6月号。20世纪90年代以后的讨论，见本书所收裴文睿的文章。

的道德基础。[3] 不过，由于存在某些共同的和未经反省的前提和预设，这些不同论说之间的对立未必像表面那样显著。

首先，有关"法治"的论说基本上是在一种浓厚的政治氛围当中、并且主要是围绕着现实的政治运作发展起来的，其结果，对于"法治"问题的思考常常被限制在表层政治的层面，其中可能涉及的理论问题则多被忽略。[4] 其次，由于法治论说与政治论说之间的密切联系，也由于1980年代以前的全能政治影响犹在，一个与国家制度建设和政治权力运作有着密切关联的"法治"事业就被赋予了特殊的重要性，它被期待着解决的不仅是政治问题和经济问题，而且包括这个时代所有重要的社会问题。这种期盼与信念，在流行的所谓"法治的时代"这一口号里得到恰当的表达。[5] 最后，也是最重要的，在一种单线的和化约式的思想和表述方式中，"法治"，作为"现代化"事业的

---

[3] 大体上说，在1980年代初的思想解放运动之中和之后，法学界逐渐形成了"思想保守"与"思想解放"两种观点和思想倾向的分野，这种分野在后来的"清除精神污染"和"反对资产阶级自由化"的政治运动中被进一步强化，且以这样那样的形式延续至今。本文提到的前两种人与之大体对应。此外，主要是在1980年代后期和1990年代成长起来的一代年轻学者更愿意以"自由主义"（而不是"思想解放"）相标榜，尽管就思想倾向而言，这些"自由主义者"与所谓"思想解放者"相当接近，其基本面貌仍然可以区分开来。

[4] 造成这种结果的原因是多种多样的，其中，重开"法制"讨论时的历史背景，此后的政治发展状况，以及讨论参与者的个人经历等，都应当被视为重要因素。在此，我无意苛责当时的学者，而只想指出有关论争的局限性，而这对我们把这场讨论推向深入无疑是非常重要的。

[5] 诸如此类的口号还有比如"科学的时代"、"权利的时代"等。作为对一个时代某种发展趋势的把握与概括，或者，作为人们信念与追求的一种表达，这些和其他类似的表述自然有其合理的一面。然而，这些化约式的"宏大"（grand）表述常常掩盖甚至抹杀了许多有意味的差异和冲突，结果不仅造成思想的简单化、绝对化和理论思考的贫乏，还可能变成一种统制性和压迫性的力量。实际上，这类情形在中国近一百年的社会发展中可以说屡见不鲜。

一部分，社会"进步"的一项伟大工程，[6] 不仅是可欲的，而且是必然的，其本身的正当性不证自明。而在这一"现代"取代"传统"，"进步"战胜"落后"的单线和一元的历史进程中，国家居于领导核心，负责整个"法治"工程的规划和实施，知识分子则担任着不仅是启蒙民众而且（在可能的情况下和以不同方式）教导统治者的重要角色。这些看法和信念，即使没有全部为"法治"的鼓吹者们明白而自觉地主张，至少或多或少地存在于他们的潜意识当中，支配着他们的言行。然而，正是这些基本预设，这些本身未经认真反省的看法和主张，使人们在一些重大问题上失去了提问的能力。着眼于这一点，我们可以说，仅仅把表现为政治口号的"法治"论说视为意识形态是不够的，事实是，"法治"正在成为我们这个时代的意识形态。[7]

指出当代中国"法治"论说的意识形态性色彩，并不是要拒绝法治的理念，否定法治理论与实践对于中国社会发展可能具有的意义，相反，这样做的目的是要对"法治"理念本身进行理性的和批评性的检视，通过把"法治"理论置于中国特定的历史、文化和社会情境中加以反思，重新认识其历史的和现实的意义，进一步确定其性质、力量和限度。从这样的立场出发，本文将不把法治的诉求视为当然，而是要问：在中国，作为一项历

---

[6] "现代化"和"进步"是人们很少加以探究和追问的另外两个"宏大"概念。我曾在其他地方简要地讨论了"进步"这一概念，见梁治平："关于进步观念的若干思考"，载《中国社会科学季刊》（香港）（总第8期）1994年夏季卷。

[7] 在一般规范性意义上，意识形态一词指的是某一个人或群体并非基于纯粹知识的理由而所秉持的一组信仰和价值，它们形成了一种可以用来满足此一个人或者群体利益的针对世界的特殊式样的解释。在此之外，我也在一种更加日常化的意义上使用意识形态一词，即视之为一种具有封闭特点的思想体系，其中的观念、价值、学说等往往被人视为当然，不容置疑和反思。

史性要求的法治是如何发生的？推行法治要解决的问题是什么？法治的价值何在？实现法治的途径是什么？通过谁来实现法治？什么样的法治？它会给什么人带来好处？什么样的好处？以及，法治应当被视为目的还是手段？法治的正当性何在？等等。显然，这些问题远非通过理论推演或者概念梳理所能够回答，而需要引入诸如历史、文化、传统这类与特定社会情态有关的因素，这样，我们便不可避免地引入了所谓"内在视角"。

"内在视角"

本文所谓内在视角至少包含三重含义。首先，它要求我们从一个社会的内部去看问题，要求我们了解这个社会的发展脉络，尤其是这个社会在其漫长历史中经常遇到并且感到困扰的种种问题，看这些问题与法治诉求之间有或可能有什么样的联系。其次，因为强调社会发展内在脉络的重要性，我们便不可避免要重新审视传统与现代的关系，既不简单把"传统"视为"现代"的对立物而予以否弃，也不把任何名为现代性的事业都看成是对传统观念、制度的全面剔除和取代。为此，我们需要有一种长时段的历史的眼光，不只是从现代看过去，也学会由过去看现在。最后，但绝不是最不重要的，内在视角还要求我们改变以往所习惯的自上而下看问题的方式，尝试着自下而上地了解和看待这个世界。因为，法治所涉及的既不只是社会的上层，也不是社会中的少数人。法治是一项宏大的事业，它影响到无以计数的普通人的生活，也会因为这些普通人的活动、努力和追求而受到影响和改变。

强调和主张所谓内在视角，并不意味着无视或者否认中国现代性事业中外部因素的存在，甚至也不意味着试图降低这些外部因素的重要性。这种主张首先是基于这样一种基本的信念，即任何一种现代性事业都只有在一个社会的历史、文化和日常经验中扎下根来才可能血肉丰满地存活下来。无论自由主义、宪政主义，还是法治、民主，除非中国的民众自己感到了对它们的需要并且为之奋斗，谈论这些观念、学说和理论的意义便受到很大限制。由这一信念出发，我们就会把注意力集中在中国社会本身，并且追问，中国社会为什么需要法治？中国需要什么样的法治？这时，外部因素并没有被忽略，而是被置于所谓内在的视角中加以理解和叙述。

显然，这里涉及的问题相当复杂和微妙。比如，就本文所讨论的主题而言，外部因素所起的作用是怎样的，应当如何估价？在所谓内在视角中，外部因素与社会发展的内在脉络是怎样结合起来的？它们之间的关系应当如何来把握？等等。对于这些问题，我将在本文适当的地方给予讨论，但是，在此之前需要强调的是，内在视角并不预设任何一种形式的二元对立，无论是东方与西方的对立还是内部与外部的对立，更不会将善与恶、正与邪的意义赋予这类对立。同样，内在视角并不预设某种认识论上的优势，按照族群或者文化来划分观点或者观点的正确性。主张内在视角旨在强调问题的内在性，它所针对的，是那些忽略了问题内在性的外在视角，后者可以采取各式各样的形式，比如，把中国今天正在开展的法治事业主要视为某种外部要求的产物，它可以是对国际社会压力的某种反应，也可以表现为对外国投资者要求的满足；又比如，把法治看成是国家加于社会、知识精英加于民众的东西，或者，某种社会发展规律或历史必然性的显现。持这类看法的人可以是中国人，也可以是任何其他国家的人；他们可以是商人、律师、官员，也可以是学者。而无论什么人，只要持外在视角去了解和看待中国的法治，他们的看法都很容易脱离社会现实，并且程度不同地忽略那些有价值的和应当注意的问题。[8]

要从内在视角出发回答上面提出的问题，首先须要确定适合于本文讨论目的的分析性的法治概念，这种法治概念应当既不脱离人类已有的法治理论和实践，又能够在中国社会内部找到其根据。其次，通过回顾中国近代以来的法律现代化运动，我们可能发现一些线索，它可以帮助我们了解这场运动的背景和原因，尤其是可能通过引入和建立现代法律制度来解决的问题。这些问题，就其产生和存在于社会内部这一点看，可以说是"固有"的，而就它们可能通过引入现代法律制度和原则来加以解决这一点来说，它们又是现代的。这样，我们就在"传统"与"现代"之间建立起某种重要的和内在的联系。又其次，同为现代性事业的一部分，（现代民族）国家建设是与法律现代化运动平行且密切相关的另一主题，值得我们特别注意。实际上，国家与社会、国家与法律以及国家与个人之间的动

---

[8] 不久前出版的《宪政中国》一书（诸葛慕群执笔，明镜出版社1998年版），集合了中国年轻一代"立宪主义者"（即上文提到的"自由主义者"）对于在中国实行宪政的基本构想。这部力求系统但又过于简略的著作讨论了一系列涉及宪政和法治的重要问题，尤其是在中国实行宪政所欲达成的基本目标、可能遇到的主要问题和可以动员及依赖的社会力量等，颇有助于人们对相关问题作更细致和深入的思考。然而，从所谓内在视角看，应该说它对这一问题的内在性仍然关注不够，比如，在强调21世纪以来世界的民主化浪潮对中国的宪政化、自由化和民主化运动的影响时，它对于内、外因素之间相互作用的辩证关系分析不够，而有因袭传统的"挑战-回应"模式之嫌。相应地，该书的注意力主要集中于政治层面，即使涉及"体制外"因素时也基本局限于表达政治意见的个人和团体方面，而很少注意各种非政治性的市民社会要素的发展，至于像农村社会组织和基层社会活动这类对于宪政和法治绝非不相干的重大问题，该书几乎没有涉及。在这种情形下，该书对比如传统与现代之间的复杂关系缺乏细致的分析也就是自然的了。

态关系既是我们理解中国法律现代化运动的重要方面，也是中国当代法治发展的关键所在。最后，我们将讨论法治的合法性问题。这个问题将使我们进一步探究"法治"在近代以来中国社会发展大背景中的位置，探究和说明法治与其他重要政治制度如民主之间的微妙关系。

二、法治的两种概念

这一节讨论法治的概念，其旨趣有二：了解"法治"的一般含义；确定进一步讨论的参照框架。

讨论"法治"概念的一般含义，并不预先假定存在所有人都同意的"法治"定义或理论，而是基于这样一种考虑，即现有的"法治"理论和实践，无论其渊源所自，业已成为人类的一种共同遗产，以致我们既不可能孤立地看待比如中国社会正在推行的"法治"，也不可能脱离已有的各种"法治"理论去讨论"法治"的概念。然而，这并不意味着下面的讨论必须全面细致地考察所有这些既有理论。系统地描述和分析现有的各种"法治"理论无疑是一项极有价值的学术工作，但那不是本文的目的。本文对于"法治"概念的兴趣，毋宁说是策略性的。换句话说，本文的兴趣，主要不在"法治"概念本身，而在其帮助我们了解和说明现实的力量，在于这些概念与我们所关心的问题之间的适当联系。

根据其字面义，所谓法治，即是相对于"人治"（rule of men）的"法律之治"（rule of law，或者 governance of law）。前者意味着专断和任性，后者则力图确立某种非人格的统治，以去除人性中固有的弱点。亚里士多德视法律为没有情感的理性，就是着眼于这种区别。[9] 然而,法律之治并不能在人的参与之外自动实现,反之,"人治"也并不排斥法律的运用。因此,人治与法治的区别与其说在于法律之有无,不如说在法律之运用方式。[10] 换言之,"法治"包含了一些基本原则,正是这些基本原则使之成为区别于"人治"的另一种**秩序类型**。那么,法治究竟包含哪些基本原则,它的主要内容都是什么?对于这些问题,人们的看法不尽相同。有人把确保个人权利视为法治的核心,也有人认为法治必须体现比如平等、实体上的公正一类价值。换言之,他们都强调法治中的"法",把"善法"、"良法"或曰"公正的法律体系"视为实现法治的前提。[11] 本文称之为实质性的法治理论。另一些人的看法与之相左,他们更强调程序公正或者形式正义的重要性,认为这些就是法治的基本内容,尽管这些人同样信奉自由主义原则,也同样推重自由民主制度和价值。[12] 这就是所谓程序性的或者形式化的法治理论。[13] 本文倾向于后一种法治理论,并试图在这种理论的基础上确定本文所使

---

[9] Aristotle, *Politics*, 1286a9.
[10] 在法学家那里,关于法律是什么的问题争论得异常激烈,有些人将法律与"好"的法律("良法"、"善法")联系在一起,因此倾向于更严格地定义法律的概念。我在这里所说的"法律",毋宁说更接近于它在社会学上的意义。
[11] 参阅 See Steven J. Burton, "Particularism, Discretion, and the Rule of Law", in Ian Shapiro ed., *The Rule of Law*, New York University Press, 1994, pp. 178~201,.
[12] 持这种法治观的人包括从 Lon Fuller, John Rawls 到 Hayek, Raz 和美国联邦最高法院现任大法官 Antonin Scalia 等具有不同思想、经验背景和学术传承的学者。参阅 Steven J. Burton 上引文。
[13] 对这两种法治理论的一般性介绍,参见周天玮:"法治的理念",载周天玮:《苏格拉底与孟子的虚拟对话:建立法治理想国》,天下远见出版公司 1998 年版。

用的法治概念。[14] 不过，在开始仔细审视和讨论这种法治理论之前，有必要先简略地讨论一下前一种法治理论，说明本文不采用这种理论的理由。

实质性的法治概念

1959 年在印度新德里召开的国际法学家大会讨论了法治问题，并在其报告的第一条中宣布："在一个自由的社会里，奉行法治（the Rule of Law）的立法机构的职责是要创造和保持那些维护基于个人的人类尊严的条件，这种尊严不仅要求承认个人之公民权利与政治权利，而且要求促成对于充分发展其人格乃是必要的各种社会的、经济的、教育的和文化的条件。"[15] 显然，这是一个极具现代意味和规范性的法治概念，它不但坚持依法行使权力的原则，也不仅张扬个人自由与尊严，而且对实现这些原则和价值的政治、经济、社会、文化、教育条件提出了一系列积极要求。没有理由认为这些主张和要求与本文下面将要讨论的法治理论无关，也没有理由认为它们与中国今天正在进行的法治实践无关，尽管如此，基于下面要提到的理由，本文宁愿采取一种更加"保守"的法治概念。

首先，这种法治理论包含了太多的内容，尤其是它强调了善法或者良法的重要性，而不可避免地引发大量涉及道德哲学和伦理学的论争，这些论争一方面很难在短时期内达成共识或得出令人满意的结果，另一方面却可能使人们无法将注意力集中到实行

---

[14] Randall Peerenboom 在其新近发表的关于中国当代法治问题的文章里，也采用了形式的法治理论，其理由主要是，在跨文化研究中，形式的法治理论可以提供最大公约数。See Randall Peerenboom, "Rulling the Country in Accordance with Law", in *Cultural Dynamics*, 11 (3): 315~351, 1999.

[15] 转引自 Joseph Raz, *The Authority of Law*, Clarendon Press, pp. 210~211, 1983.

法治所涉及的一些更基本的问题上。在中国，这种可能因为另外两种情形而愈加凸现。其一，传统上，人们因为过分地注重所谓实质正义，常常倾向于超出法律去考虑正义问题，或者把法律与道德混为一谈，或者把法律语言翻译成道德语言，结果很容易忽视程序正义以及围绕程序正义建立的合理的制度。[16] 这种情形即使在今天仍然甚为突出，并使得在整个社会中建立起对程序和对实证法本身的尊重困难重重。其二，大体上，人们习惯于笼统含混地思考问题，而较少细致地去划分目标、阶段，区分不同的制度功能，确定它们之间的复杂联系等。在过去的一百年里，中国人尝试过许多不同的"救国"和"治国"方案，这些方案大多具有某种总体性特征，并且极易于变成意识形态、教条或者标语、口号。正如上面已经指出的那样，中国今天的"法治"正在遭受这样的命运。

其次，指出并且强调当代法治所欲保护和促进的诸多基本价值，对于一个正致力于建立法治的社会来说无疑是非常有意义的。但是，中国今天面临的最急迫也是最难解决的问题，与其说是重修宪法和法律，写进去更多更好的条款，不如说是通过一系列制度性安排和创造一种可能的社会环境，使业已载入宪法和法律的那些基本价值、原则逐步得到实现。[17] 后一种任务，正是我们下面要讨论的法治理论的核心。由这一点，我们也可以发

---

[16] 我曾在其他地方详细讨论了传统上法律与道德的这种关系及其结果，详见梁治平：《寻求自然秩序中的和谐：中国传统法律文化研究》，中国政法大学出版社1997年版，第9~11章。

[17] 这样说完全不排斥对宪法和法律进行必要的修订，因为即使从程序化的法治概念出发，也仍有大量立法的工作有待完成，这其中包括根据法治和宪政诸原则重新考虑宪法上的制度安排，也包括重新审视、调整和梳理现行的法律、法规、行政规章和各种规范性文件，剔除其中互相矛盾、不合理和非法的部分，使之合理化。

现，一个内容相对有限的和"保守"的法治概念并不意味着一个容易实现的目标，也绝不是一个法律与社会发展的低标准。

再次，现代社会中，人权的保障与个人自由的实现，无不与国家[18]在提供相应政治、经济、社会和文化条件方面所做的努力和取得的成就有关，但在另一方面，国家对于社会资源控制力的增加，尤其是行政权力的迅速膨胀，转而成为对法治的一种威胁。这种情形早已引起法治理论家们的严重不安和关注。在中国，人们因为不完全相同的原因遭遇到类似但又严重得多的问题。在此情形之下，如何减少普通公民对国家的依赖，如何通过法律去规范行政权力，如何在法治原则的基础上建立一个有限的政府，这些问题恐怕比对政府提出积极有为的要求更来得急迫和重要。

复次，一个具有很强规范性的法治概念可能有助于人们评判现行法律和设计未来的制度，但却无益于人们描述和比较在巨大时空范围内展开的不同制度设计和制度实践，而有可能造成不同时代之间或者不同文化之间对话上的障碍。简而言之，这样的法治概念不大适宜于本文所谓的"内在视角"。

最后，实现正义固然是法律的一个重要目标，但却不是它唯一的目标。现代社会生活的复杂性，对法律提出了许多不同类型的要求。同时，面对这种复杂性，法律也表现出其不可避免的局限性。换言之，现代社会中的法律既不是只有一种使命和职能，

---

[18] 在政治学上，国家、政党、政府、行政权力等概念都有明确的界分，但本文在讨论中国问题时常常交换使用这些不同的概念。这是因为，尽管中国已经开始了包括党政分开内容的政治体制改革，但是迄今为止，执政党与国家、国家与政府以及立法、司法和行政之间的合乎宪政原则的分离仍未实现。换言之，我们今天所面对的仍然是一个政治权力高度一体化的政权结构，其中，所有权力的行使都具有行政性特征。

也不是无所不在，无所不能。如何认识法律在现代社会中的功能、力量与限度，了解中国社会今天正在建立的法律制度对于这个社会和生活于其中的人民可能具有什么样的意义，是每一个法治论者都必须关注的问题。

自然，不取上述实质化的法治概念和理论，并不意味着经由法治所实现的社会价值不重要，也不意味着我们无须或者可以不考虑这些价值。毋宁说，我们是把这些问题放在一个更大也更复杂的制度框架中来考虑，并在其中思考和确定中国当代"法治"可能具有的边界。

程序性的法治概念

与实质性的法治理论相比，形式化的法治理论也不乏拥护者，尽管他们彼此之间也存在许多意见分歧。这里，我们可以提到两种渊源不同的法治理论，它们不仅出发点不同，用力的方向也不同，但是耐人寻味的是，它们所列举的"法治"的基本原则大体相同。

在《法律的道德性》一书中，Lon Fuller 标举出法律的八种基本特征或原则，具体言之，法律具有一般性和公开性，法律不溯及既往，法律规定清晰明了，法律不自相矛盾，法律不要求不可能之事，法律具有稳定性，官员所为与公布的规则相一致。这八种特征或者原则构成了 Fuller 所谓"法律的内在道德"，违背了这些原则中的任何一项，在他看来，都不只是导致法律的不完善，而是使得整个法律体系名实不副。[19]

与这种强调法律与道德之间的内在联系，根据某种道德标准来理解法律的自然法传统不同，法律实证主义注重的是法律与道

---

[19] Lon L. Fuller. *The Morality of Law*, revised edition, Yale University Press, 1969, p. 39.

德的分野，它所提出的法律概念并不以道德考虑为前提。在谈论法治原则时，法律实证主义者注意的依然不是道德因素，而是法律本身的职能。比如，Joseph Raz 只是根据"法治"（the rule of law）概念的字面含义，去推论法治的基本原则。他指出，"法治"一词有两种含义：其一，人们应当受法律统制并且遵从法律；其二，法律应当安排得让人们**能够**依法行事。[20] 然而，法律必须具备什么样的品格才能够实现其指导人们行为的职能呢？在 Raz 看来，至少①所有法律都应该公布于众，且不应溯及既往；②法律应保持相对稳定；③具体法律的制定应当遵循公开、稳定、清晰和一般性的规则；④必须确保司法独立；⑤自然正义诸原则必须得到遵守；⑥法院应对立法及行政活动拥有审查权；⑦诉讼应当易行；⑧遏止犯罪机构所拥有的自由裁量权不得侵蚀法律。[21]

比较上面两组原则，二者之间的类同可以说一目了然。这部分是因为，两位法学家都在法律与法律所要实现的目标之间做出了区分。Fuller 强调，他力图阐明的法律概念是程序性的，即它不涉及法律规则的实质目标。[22] Raz 也明确指出，他提出的法治理论是形式化的，它区分了法治同法治所保障的价值，并且把注意力集中于法治本身。这种共同倾向，使它们面对有时是同样的批评。有人认为，程序性或者形式化法治理论的问题是，它们的原则过于宽泛，以致在自由民主社会之外，也可以为其他政治形式所用。[23] Raz 显然乐于承认这一点，他明确说，"法治"并

---

[20] Joseph Raz, *The Authority of Law*, p. 213.
[21] Ibid. pp. 214~218.
[22] Fuller, p. 97.
[23] See Judith N. Shklar, "Political Theory and The Rule of Law", in Hutchinson & Monahan ed., *The Rule of Law: Ideal or Ideology*, Carswell: Toronto, 1987, pp. 1~16.

不是自由民主社会特有的制度。相反，一种非民主的法律制度，或者一种建立在种族隔离和性别歧视基础上的法律制度，在满足"法治"的要求方面可以不输于任何一个自由民主社会中的法律制度，尽管这并不意味着前者比后者更好。[24] 之所以如此，是因为法治仅仅是法律的内在价值或优长，就好比"锋利"（的特性）之于刀。锋利的刀就是"好"刀。[25] 刀之好坏与刀之用途的好坏被看成是截然不同的两件事。

问题是，区分法律的内在优长与法律所要实现的外在价值是一回事，在什么地方划定二者的界线是另一回事。对 Fuller 这样的法学家来说，Raz 的"法治工具论"是无法接受的。尽管其法律概念是程序性的，尽管其法治原则与 Raz 阐明的原则相去不远，他所关注的却是法律的道德性。在他看来，法治绝不只是一把可以被用于各种不同目的的锋利的"刀"。法治所具有的内在道德价值，限制了它的使用范围。比如，他认为，根据种族标准制定的法律就无法满足法律内在道德性的要求。[26] 更重要的是，即使是程序性的法治理论也包含了某种特定的人论，即假定人是能够理解和遵守规则，并且能为自己的行为负责的、具有个体尊严的能动主体。[27] 总之，在阐述了基本上相同的法治原则之后，两种不同的法律学传统转向了完全不同的方向。这种歧异对我们可能具有什么样的意义呢？

把上面两种理论置于中国历史、文化语境，我们很容易在其显而易见的共同性之外发现一些未经言明的共同预设。比如，当 Raz 谈到司法对立法和行政的审查权时，他已经假定了某种把这

---

[24] Raz, p. 211.
[25] Ibid. pp. 225~226.
[26] Fuller, pp. 156~161, 184.
[27] Ibid. pp. 162~163.

些活动区分开来的原则,而这个原则对中国政治和法律传统来说是相当陌生的。同样被他列为法治原则的"司法独立"则更是如此。尽管 Raz 力图将其法治概念尽可能广地推及历史上所有法律制度,但他所阐明的法治原则却在很大程度上是建立在现代法律制度的实践基础之上的。

  John Finnis,当代另一位重要的自然法理论家,正确地指出,法治(及其原则)并不只是一些规则和条目,它还涉及一系列复杂的**过程**与**制度**。比如,只是把官方制定的各种规则、决定、先例等印刷公布,并不足以实现法律**公布**(公开)这一原则,后者还要求有职业律师的存在,他们的职责就是通晓法律,而且能够在没有特别困难且不要求过高收费的情况下为所有当事人提供服务。Finnis 提到的他认为业已经历史经验证明的法治的制度还包括:司法独立,法院程序公开,法院对其他政府活动的审查权,法院对包括穷人在内的所有人开放并且容易进入。这样,法治(The Rule of Law)就与法律规则(a rule of law)区别开来。授权一个暴君为所欲为的规则可以是一条法律规则,一部宪法(a constitution),但它们肯定背离了**法治和宪政**(constitutional government)。[28] Finnis 并没有另外阐发一套法治原则,而是接受和采纳了已经 Fuller 甚至 Raz 阐明的原则,但他有力地证明了下面这一点,即法治,作为一种特殊秩序类型,不仅仅是**法律**的内在优长(virtue),而且也是**人类交往**的一种善德(virtue)。通过限制专断的权力,使之服从法律统制,通过把确定性、可预测性等引入社会生活,法治让每一个个人成为他们自己,也就是

---

[28] John Finnis, *Natural Law and Natural Rights*, Clarendon Press, 1996, pp. 270~272.

说，成为能为自己行为负责的、拥有自主和尊严的个人。[29]

本文采用的分析性概念

显然，上述不同法治理论之间的共同点比理论家本人愿意承认的更多。这一点并不奇怪，因为所有这些理论实际上是同一历史文化的产物。它们出于同样的经验，有同样的制度基础和实践背景，甚至，它们出于同一种思想传统，即西方近代自由主义政治和法律传统。[30] 因此，如果不是要深入上述理论之间的歧异与论争，我们可以满足于已经指出的二者之间的若干共同点：一种程序性或者形式化的法治概念，法治的若干基本原则，对法治

---

[29] Ibid., pp. 272~273. 值得注意的是，强调法律与道德的分野和从所谓"工具论"的立场去看法治，并不意味着否认法律以及作为法律之内在优长的法治与人类其他基本价值之间可能有的联系。比如，Raz 也指出，法律若要尊重人类尊严和人的自主性，就必须遵循法治的原则；有意漠视或者破坏法治则侵犯了人类尊严。(Raz, 221) 换言之，Raz 并不认为是否遵循法治在道德上面无关紧要。

[30] 这种传统可以直接追溯到霍布斯和洛克，当代许多有关法治的论辩也可以追溯到这两位古典作家。Michael P. Zuckert 仔细比较了霍布斯和洛克的法治理论及其在当代法治论争中的衍变，认为前者基于纯粹的"形式主义"，后者则不满于此，而有所谓"立宪主义的法治"。不过在另一方面，作者同时也指出，与当代的"洛克式"理论相比，洛克的最高立法者与霍布斯的主权者更为接近，不仅如此，洛克也比他的当代追随者们更强调法律与道德的分野。See Michael P. Zuckert, "Hobbes, Locke, and the Problem of the Rule of Law", in Ian Shapiro ed., *The Rule of Law*, pp. 63~79。这里，如果对本文所讨论的"形式主义"的法治理论做更细致的了解，我们也会发现，因为强调司法独立和司法审查权，Raz 的形式主义法治论实际很接近"立宪主义的法治"；同样，当代自然法传统的捍卫者之所以能够接受和赞同"形式主义"的法治理论，也是因为他们注意到法律过程与道德追求之间的区别及其重要性。关于这一点，参见 John Finnis 上引书，第 266~270 页。关于我们所讨论的这种强调可预测性和个人自主性的法治理论与当代自由主义之间的内在联系，参阅 Jeremy Waldron, "The Rule of Law in Contemporary Liberal Theory", in *Ratio Juris*, vol. 2 no. 1, March 1989, pp. 79~96。

的某种制度性理解和阐述，以及法治与其他一些基本价值之间这样那样的联系，然后，在此基础之上考虑适合于本文的分析性概念。这样做的恰当性乃是基于这样一种考虑：

首先，程序性或者形式化的法治概念把注意力集中于作为规则系统的法律本身，不失为对法律理论与实践的精辟总结，因此，尽管这是一个有争议的法治概念，但是它所阐述的基本原则却是其他政治和法律理论在讨论法治问题时无法回避的。

其次，由于其形式化特征，这样的法治概念在被应用于具有不同历史、文化背景的社会时（在这里是中国），既能够保持其基本意蕴，又能够对这些特定社会的历史背景和发展状况给予适当的考虑，并为法律和社会发展的多样性留出空间。

最后，通过对法治与法治所实现的社会价值之间关系的适当区分，人们有可能一方面理性地了解法治的基本原则以及法治的限度，避免对法治的盲信，另一方面又不忘记赋予法律制度特殊重要性的人类欲求。

总结起来说：

第一，我们将把法治理解为一套**原则**，它们包括 Fuller 和 Raz 列举的原则但不仅仅限于这些原则，比如，它也可以包括这样的原则：法律至上；法律面前人人平等；法律没有禁止的就是人们可以做的；法律上没有明确规定的行为不得被视为过犯而受到惩罚。

第二，我们也把法治理解为围绕这些原则建立起来的一系列**制度**，一种人们能够据以规划其长久生活、因而使人类生活变得可以预见和可以控制的制度框架。构成这一套制度的不只是相对完整的法律典章以及立法和司法体系，而且包括与之相配合的法律职业和法律教育，包括法律职业群体的职业素养，也包括使得一般当事人可以并且易于利用来实现其诉权的一系列程序和法律服务设施。

第三，我们还把法治理解为一种特殊的社会组织形式，一种特殊的**秩序模式**，它不但要限制专断的政治权力，促成统治者与被统治者之间某种可以预期的和稳定的互动关系，而且要使社会生活中的若干重要关系受**一般规则**的统治，以这种方式建立起法律的统治；最后，我们还把法治理解为一种**生活实践**和**认知过程**，它与人们对法律的经验、看法和态度有关，与某种特定的法律信念和法律文化样式有关。

根据上述理解，不但法律过程与道德诉求被小心地加以区分，而且整个法律世界都被从日常生活的自然世界中区分出来。这样一个人为构造的理性世界并不只是一些实质性规范的集合，毋宁说，它是由大量程序性规则和制度构造出来的理性空间，在这里，人们可以一种人为的和理性的方式来处理日常生活中繁复多变的关系和冲突。[31] 不仅如此，即使不能得到令人满意的结果，在通常情况下，人们仍然尊重和服从法律的权威，视之为冲突解决的最后途径。[32] 这样理解的法治与人类交往和社会生活的一些基本价值有着内在关联，其中最核心的价值即是通过法律

---

[31] 这里所谓理性，不只表现于以理性方式建构的合理的程序性制度方面，更表现在社会沟通与社会交往所奉行的公共理性原则上面。实际上，这种公共理性的原则和精神不仅是法治的基础，也是任何一个自由社会得以存续的必要条件。See Gerald F. Gaus, "Public Reason and the Rule of Law", in Ian Shapiro ed., *The Rule of Law*, pp. 328~363; Bruce A. Ackerman, *Social Justice in the Liberal State*, Yale University Press, 1980, pp. 3~11.

[32] 这样理解的法治概念，远不像人们通常以为的那样"浅"和"薄"(thin)，而且很显然，在中国实现这样的法治，要比改变和接受许多实质性的价值规范更难，因此也需要更长的时间。

所实现的自由,不仅是经济上的自由,[33] 而且是政治上的自由。[34]

　　在下面的讨论中,我们将会发现,这样一种法治概念不但在当代中国社会仍然有意义,而且可以被用来了解传统及其与现代社会之间的联系。换句话说,它既能够说明制度变迁,又能够说明社会发展的连续性。更重要的是,在其含义宽泛足以包容和说明不同社会和不同历史时期法律实践的同时,它仍然不失其内在价值,并因此而保有对过去和现在不同法律制度的评判力。当然,正如上面已经指出的那样,本文所引述的有关法治的论说,不但都建立在现代法律制度的实践基础之上,而且同出于近代自由主义传统,其中隐含了一套有关个人、社会与国家关系的假定,一些关于法律在现代社会中的作用、法律秩序的性质的预设,等等。这意味着,在把这样一种法治概念带入对中国社会历史与现实问题的分析中时,我们必须考虑到它的复杂性、多面性和特定历史背景,只有这样,我们才可能恰当地了解中国的法律现代化运动,了解中国的法治实践及其历史意义。自然,这种了

---

[33] 这是哈耶克的法治论所关注的核心问题。在他那里,市场经济、个人自由与法治,这三者之间具有不可分割的密切关联。参阅陈奎德:《海耶克》,东大图书公司1999年版,第71~81、142页。

[34] Raz 把通过法治实现的自由与政治自由明确区分开来,参阅 Raz 上揭,第220~221页,这种看法容有争论。因为,我们至少可以在区别于其他形式的自由(比如哲学意义上的自由)的意义上来谈论政治自由。孟德斯鸠曾经把政治自由定义为"做法律所许可的一切事情的权利",并且视之为一种(因为法律保障而获得的)"安全感"。[法]孟德斯鸠:《论法的精神》(上),张雁深译,商务印书馆1982年版,第154页。也是从孟德斯鸠那里,Shklar 引申出"恐惧的自由主义"(liberalism of fear)这样一种说法,这种自由主义所强调的不是"权利",而是免于恐惧。See Judith N. Shklar, *Ordinary Vices*, Harvard University Press, 1984, p. 235.

解同时也将加深和丰富我们对于法治理念本身的理解。

三、移植的法治？

主张从内在视角去理解中国的法治，自然要把眼光集中在中国社会内部的发展上面，但是一旦这样做，我们便不可避免地面临某种窘境。因为我们所说的法治，并没有从中国传统社会内部发展出来，相反，它可以被恰当地视为文化移植的产物，不仅如此，从西方社会引进现代法律制度和法治理念，最初甚至是一种迫不得已的选择。确切地说，当初清廷决定学习、引进西洋法律，革新中国政教法制，首先是为了取消西方列强在华的领事裁判权及其他不平等条约。问题是，在那些最初的动因消失之后，中国并没有回到传统的法制中去。尤其耐人寻味的是，一方面，通过移植方式（至少最初如此）在中国建立现代法制和推进法治，这件事本身始终困难重重；另一方面，在过去一百年里，中国人并非自始至终地致力于法治事业，而是在社会与法律发展方面进行了大胆甚至鲁莽的实验。但是最终，正如我们所见，对现代法制的要求，对法治理念的诉求，重又在中国社会扎根，取得了不容置疑的合法性地位。显然，这些变化不能只根据或者主要由社会的外部因素来解释。而要从内在方面解释这些变化，最好的办法是先对中国的法律现代化运动作一个简单的回顾。

大体上说，现代法律制度在中国的建立经历了两个阶段，第一个阶段是从20世纪初到1940年代，持续四十余年，第二个阶段由1980年代始，至今也有将近二十年时间。与这两个阶段相对应，有两次引介和学习西方法律制度（及思想）的热潮，也有两次大规模的国家立法运动。不过，就在这两个阶段之中和之间，中国社会经历了不止一次和一种革命：传统的帝制为共和国所取代，现代资本主义的发展被共产主义实践所代替。今天，人们又开始谈论"有中国特色的社会主义市场经济"。因此，人们有理由问，中国社会所经历的这些变化究竟有什么意义？它们对于上述两个阶段的法律改革有什么影响？如果假定这些社会变化具有重大意义，那是否意味着不同阶段的法律改革也相应地具有不同意义，应当分别地加以考虑和评估？或者，所有这些社会和法律的变革都只是同一历史进程的一部分，其意义应当置于某种统一框架内来了解？

对这些问题的回答，将使得我们不再只关注历史上那些轰轰烈烈的变革时代，不再只注意那些引人瞩目的改革家、立法者、政治宣言、法律典籍，而且注意变革以前沉寂的年代，探究导致变革的远因。而一旦这样做，我们就不难发现，清末法律改革的原因远不似表面看上去那样单纯，当代中国的法制工程也不简单是政治变革和经济改革的副产品，而且，在表面的断裂和脱节之下，这些时代不同背景不同内容不同的法律运动之间实际存在某种深刻的内在联系。

清末的法律改革

中国现代法律制度的建立始于清末，但是，清末的法律改革实际上只是一系列制度变革尝试中的一环。早在法律变革之先，清廷已经做了一系列改革的尝试，其中包括著名的洋务运动和戊戌变法。前者意在学习西方的科学技术，用以富国强兵；后者的目标是君主立宪，建立现代国家体制。从这里到全面引进西方法律政制，有一个政治与社会变革逐步扩大和深入、人们对外部世界的了解和判断也逐渐变化的过程，而这同时，也是一个中国社会内部危机不断加深的过程。当时，这些社会危机首先和直接地表现在19世纪中叶以降的一系列军事失败上面。最初是在对英国的两次鸦片战争中战败，然后是在与法、俄、荷、葡等其他西方国家的冲突中一再失利，结果导致一系列不平等条约的签订。起初，中国人把这些失败主要归结为双方在军事手段和技术力量方面差距悬殊这一事实（"船坚炮利"），因此把学习西方科学技术（"声光电气"）视为改变劣势和因应危机的有效途径。然而，1895年对日战争的失败使一些人不再相信这种策略的有效性。人们开始意识到，中国的问题不可能单凭技术改进来解决，还必须有国家组织的改造，社会制度的变革。这一想法直接导致了1898年的戊戌变法：一场以改变国家与社会制度为主要目标的改革。

从政治角度看，这次变法的失败和它的兴起一样迅即，但它在历史上留下的印记却不可磨灭。因为它提出的兴民权、立宪法、开议院这些主张，表明了一种通过吸收外来资源改造传统国家体制和构造新式国家的努力，而这样一种努力显然没有因为其政治上的失败而止息。就在戊戌变法失败四年之后，光绪皇帝下诏任命修订法律大臣，实施全面的法律改革，其内容包括设立修订法律馆，开设新式法律学校，译介西洋法律典籍，制定西式法典，新法当中，有两部是宪法性文件，即《钦定宪法大纲》（1908）和《重大信条十九条》（1911），这两部法律虽然距现代式样的宪法尚远，却可以被视为中国近代史上成文宪法的开端。

接下来的故事也是人们耳熟能详的。就在《重大信条十九条》颁布的同一年，爆发了以推翻帝制建立共和为目标的辛亥革命；八年以后，新文化运动兴起，政治批判扩大为社会批判、文化批判，对国家制度和社会制度的检讨变成对"国民性"的反思。"传统"与"现代"之间的分裂和对立日益突显。把清末的法律改革和继起的国家立法运动置于这一背景下考虑，其中所包含的取消西方列强在华领事裁判权的动机就变得不那么重要了。因为归根结底，这场改革只是19世纪以降中国人试图解决其面临危机的努力的一部分,是传统中国向现代社会转变过程中不得不迈出的重要一步。

要从内在方面去了解中国现代法律制度的建立,重述这段众所周知的历史虽然必要,但又是不够的。因为它仍然容易使人产生一种错觉,以为中国现代法律制度的建立,只是回应某外部挑战的结果,在这样的意义上,这套制度还是可以被看成是外部力量强加于中国社会的东西,与中国在同西方文明相遇以前社会发展的内在逻辑和要求无关。这种看法的危险在于,由于把这段历史变成仅仅是中国**对外关系史**的一部分,它可能忽略中国社会自身的问题和要求,因此既不能真正了解中国社会,也不能充分了解制度移植在中国社会中可能具有的意义。

在其最近出版的一本新书里,de Bary 教授特别讨论了中国历史上的宪政主义传统,他把这种传统的起源一直追溯到中华帝国早期,并着重描述和分析了宋(960~1279)、明(1368~1644)及晚清时期宪政思想的发展。[35] 中国历史上究竟有无所谓宪政主义的理念和思想,或者,我们到底可以在什么意义上谈论中国历史上的宪政主义,这些问题并非没有争议,不过,在进一步讨论这些问题之前,至少可以指出这一事实,即我们现在所谈的宪政主义或者晚清开始的中国近代宪政主义运动试图解决的某些基本问题,比如政治权力的合理分配与合法行使,权力之间的适度平衡,以及,对统治者任性专断的适当限制等,对于古代中国人来说并不是全然陌生的东西,相反,在长期的政治实践当中,他们发展出了一套观念和制度以解决这些问题,但是显然,即使在遭遇到强有力的外部挑战之前,这套观念和制度也并不是

---

[35] See Wm. Theodore de Bary, *Asian Values and Human Rights: A Confucian Communitarian Perspective*, Harvard University Press, 1998, pp. 90~117.

足够有效，足以解决它们所面对的严重问题。而实际上，到了19世纪下半叶，由于社会内部的变迁和外部世界的改变，这些问题变得更加严重，传统的解决问题的手段也显得更加不敷应用。就此而言，外部环境的变化未尝不可以被理解为一个契机，一种通过新的选择来解决**既有问题**的可能性。这里，如果我们不是把中国近代历史描写成对外关系史的一部分，而是相反，把后者视为前者的一部分，肯定更加恰当。

循着这样的思路，我们可以发现其他一些同样（如果不是更加）具有说服力的事例，它们揭示出的社会问题更具普遍性，更加日常化，以致不易为现代研究者所注意。

在清代社会的诸多变化当中，人口增长也许是最引人注意和最重要的一项变化。由于种种原因，中国历史上的人口长期保持在六千万以内。由宋至明，人口最多时达到一亿左右，而在清初二百多年的时间里，人口竟增长至四亿左右。如此巨大的变化不能不导致相关社会领域内的变化。历史家们发现，随着人口规模的迅速扩大，清代社会的商品经济和货币经济有了明显的发展，土地交易和土地的流转也甚为频繁，人口与资源之间日益紧张的关系加剧了社会竞争，并使得社会内部越来越动荡和不安定。这种情况表现在法律上面，便是诉讼频仍和地方行政的不堪重负。[36] 值得注意的是，这种情况又在很大程度上是因为制度供给不足所造成。一方面，大量民间纠纷的发生是因为"缺乏"一套与事实上的领有关系相分离的抽象权利的观念和权利保护制度（尤其是所有权制度），而后者的产生又部分是因为官府听讼并不

---

[36] 关于清代州县诉讼的情况，参阅［日］夫马进："明清时代的讼师与诉讼制度"，范愉、王亚新译，载王亚新、梁治平编：《明清时期的民事审判与民间契约》，法律出版社1998年版，第389~430页；黄宗智：《民事审判与民间调解：清代的表达与实践》，中国社会科学出版社1998年版，第165~174页。

以界定权利为其目标;[37] 另一方面,地方政府的设计原本不是为了对人民实施直接统治,亦不以促进经济发展为务,故其人力财力十分有限,尽管出于实际需要,地方政府的规模早已大大超出法律规限,但仍不足以应付实际的社会需要,相反,这种正式体制以外的发展同时带来许多新的弊端,因使固有问题更加复杂难解。[38]

对一个现代观察者来说,这些发生在清代中国的问题距现代社会生活并不遥远,因为它们有可能借助现代人所熟悉的办法来解决,比如,改变政府职能,改善法律制度,建立一套产权界定办法和权利保护机制,等等。自然,在像清代这样的传统社会与各式各样的现代性方案之间,并不存在简单和直接的联系,更没有目的论意义上的社会进化过程。但就传统社会内部的若干基本问题有可能借助于某种现代性方案加以解决这一点来说,我们确实可以说,它们之间有着某种内在关联。正是这种确信使我们认识到,19世纪中叶以降中国人在应付外部世界挑战过程中开始的现代化过程,可以而且应该从一个内在的方面来了解和把握。

历史的断裂与重续

20世纪上半叶,中国社会经历了一系列革命和战争,以致政权更迭频繁,政治生活严重地缺乏连续性。与此形成对照的是,建立现代法律体系的过程基本没有中断:前清新颁法律多数为北洋政府所沿用,南京国民政府的大规模立法亦不妨看成是完

---

[37] 参阅 [日] 寺田浩明:"权利与冤抑",王亚新译,载王亚新、梁治平编:《明清时期的民事审判与民间契约》,第191~265页;梁治平:《清代习惯法:社会与国家》,中国政法大学出版社1996年版,第127~140页。

[38] 参阅黄仁宇:《万历十五年》,中华书局1982年版,第153页。关于清代地方行政与正式制度乖离的情形,See Ch'u, T'ung-tsu, *Local Government in China under the Ch'ing*, Cambridge, Harvard University Asia Center, 1962.

成前清和北洋政府创立现代法制的未竟之业。不过，在中国（大陆）建立现代法制的这一连续性运动却在国家取得独立、政治归于一统之时中断。

1949年中国共产党取得政权之初，所有南京政府制定的法律均被宣告废止，而代之以新的共产党政权的纲领、法律、命令、条例、决议和政策。在接下来的几年里，一切与旧政权有关的制度、机构、人员、观念、理论，均遭到系统的批判和改造。[39] 人们期待并且相信，经过这样一番改造，一个全新的社会和一种全新的社会制度就将出现，这就是共产主义社会。在共产主义社会里，人们各尽所能，各取所需；没有阶级，也不需要权威和法律。当然，除了短暂的迷乱之外，人们并不认为共产主义社会已经到来。相反，他们被教导相信，在向共产主义过渡的现阶段，仍然存在着阶级和阶级斗争，存在着向旧社会倒退的危险。因此，无产阶级专政是必要的，作为无产阶级先锋队的共产党的领导不可缺少，体现和帮助实现人民意志和党的政策（在正统的理论里面，这二者被认为是一事之两面）的法律也是必需的。不过，法律既然只是被理解为阶级压迫的工具和贯彻党的政策的手段，其作用就可能被限制在单纯刑事政策的范围以内。因此，毫不奇怪，直到1980年代实行经济改革以前，中国社会在三十多年的时间里没有民法典，没有商事法，甚至长期没有刑法典，而在1960年代和1970年代，就是那些在1950年代建立起来的极为有限的法律机构和法律设施也大为减少：没有律师，也没有法学院；法院尚存，但已极度萎缩，只是由警察（公安部门）和其他组织构成的所谓专政机关中不甚重要的一部分。

---

[39] 关于这段法律沿革与改造的历史，我在其他地方有简略的叙述，见梁治平："法律实证主义在中国"，载《中国文化》1993年第8期。

这是一个完全建立在行政控制而不是法律统治基础上的国家，一个高度人治和把法律的运用降低到最低程度的国家。这不能不说是对上面描述的法律现代化运动的一个极大的反动。

然而，1980年代初，随着"改革开放"政策的实施，开始了中国现代法律运动的第二个阶段：先是恢复1950年代的法律设施和法律机构，重开法律教育，然后是大量颁布新的法律，制定庞大的立法规划。在过去的20年时间里，人们看到中国的现代法律制度在以惊人的速度发展，法律教育的规模迅速扩大，法律职业从业人员大量增加，中央及各地方立法机构活动频繁，各级立法数量激增，与此同时，通过各种形式的交流与合作，政府力图在立法、司法和法律教育等诸多方面引入和借鉴发达国家的制度和经验。总之，在将近30年的中断之后，现代法律运动重新在中国"扎根"，与之相关的制度、理念和原则如法律秩序、法治等，也重新获得合法性。这一发展似乎是回到30年前的发展方向上去，一个在清末法律改革中就已经奠定其基础的方向上面。

与清末法律改革似乎相反，我们现在正在经历的这次现代法律运动可以说是以一种"内部"事件的方式开始的。正因为如此，人们更要问，究竟是什么原因促成了如此巨大的转变。最常听到的解释是，在所谓"无产阶级文化大革命"中有过惨痛个人经验的差不多整整一代中国领导人，痛感没有法律保障的严重后果，因此在重新获得政治权力之后，他们发自内心地要求建立和健全法制。这个解释是真实的，尽管在揭示出重建法制的最初动机的同时，它也表明了这一运动可能有的局限性。不过，这显然不是唯一的解释。随着后来经济改革的展开，我们还常常听到诸如"市场经济就是法制经济"一类说法，这种说法把现代法律制度与以市场为导向的经济改革联系在一起，从而揭示出现代社会中法律秩序与社会生活相互联系的另外一个方面。这种解释也是真实的,但它也像前一种解释一样不能令我们完全满意。因为它们都缺少一种历史的和世界性的立场,这种立场要求我们把中国当下的法律改革放在中国近代史和世界近代史的大背景下来观察和理解。正是从这种立场出发,我们可以发现,尽管存在政治、经济以及社会发展方面的种种差异,中国历史上这两次法律改革远不是彼此孤立的事件,它们其实是同一历史进程中的同一事件。时间上的中断、发展中的反复、内容和背景上的差异等,最终只是确证了这一事实。

就表面的和直接的原因而言,清廷实行的一系列制度变革首先都源于它在军事上的失败,而这种失败之所以是难以避免的,又是因为那不只是清代中国对某个或某几个西方国家的失败,而是一种传统的农业文明和前现代社会组织在与现代工业文明和民族国家相遇和发生冲突时不可避免的失败。[40] 正是因为或深或浅地认识到这一点,晚清的改革才会步步深入,由最初的技能层面扩展到国家体制和社会制度的诸多方面。着眼于此,清末的变法以及后来的革命,都应该被看成是一种试图由传统社会向现代社会转变的连续性的努力,自清末发其端的现代法律运动因此也应当被看成是一个**现代性事件**。这样,我们就不难了解,正如世纪初的法律改革并不简单是迫于外部压力的偶然事件一样,1980年代的法律重建运动也不是孤立的内部事件。实际上,即使是1950~1970年代之间我们称之为"法律现代化运动之反动"的社会实践,也只有放在这一社会转型的背景下才是可以理解的。

---

[40] Giddens 指出:"民族-国家较传统国家远为有效地集中了行政力量,因此,即使是很小的国家也能够动员较前现代体制所能动员的更多的社会资源和经济资源。资本主义生产,特别是与工业主义联手时,极大地增加了经济财富和军事力量。所有这些因素的结合使得西方的扩张似乎不可抗拒。" Anthony Giddens, *The Consequences of Monernity*, Stanford University Press, 1990, p. 63.

因为，中国的共产主义实践从一开始就不是一个孤立的事件，它是一种对现代性的回应，只不过，它是以一种特殊方式来回应现代性的要求，即**以一种激进的反现代性姿态来推行现代化**。[41] 众所周知，这种尝试最终归于失败，这种失败虽然不像一个世纪以前那样直接导致"割地赔款"，但也同样严重。到1970年代末，政府也不得不承认，中国的经济已经濒于崩溃，社会发展更大大落后于世界发达国家。而比贫穷更严重的是，正统的意识形态已经开始失去其原有的统治力，与这种意识形态相联系的社会理想从根本上发生动摇，秩序瓦解，人心思变。这时，新一轮的社会变革势在必行。具有讽刺意味的是，在官方话语中，新的社会变革被定义为"四个现代化"。

晚清变法以"富国强兵"为目标，最近的"改革开放"以"现代化"为鹄的。它们都经历了同样的变化模式，即失败—反思—变革。虽然这两次变革的背景以及变革的具体内容不尽相

---

[41] 这种说法很像是一个悖论，但却是真实的。即使不考虑1949年以后中国政府为建立现代工业体系所做的努力，想想国家以诸如"科学"、"革命"和"社会进步"名义对基层社会组织尤其是家庭—传统社会最基本也最具重要性的社会组织—所进行的革命性改造，或者，一个比霍布斯所描绘的巨兽更加庞大和强大的无所不在的政治国家成长和扩张的历史，谁也不能简单地断言，中国的共产主义实践完全是一个反现代性事件。实际上，今天中国人的法治诉求针对的首先是一个极度膨胀的政治国家这一事实，而这两种现象——全能政治、全能国家和对法治的强烈诉求—本身都是近代以来中国社会中最可注意的现代性事件。遗憾的是，人们要么把这段历史不加区别地看成是中国现代化事业的一个阶段，要么简单视之为一种反现代性事件，或者，把它看成是一种改头换面的传统的延续，以至对于这一对当代以及未来中国社会都具有深刻影响的历史事件的复杂性，一直缺乏足够的认识和细致的了解。关于现代性在全球范围内的扩张及其在政治、文化等领域的表现，参见［以］艾森斯塔德："迈向二十一世纪的轴心"，载《二十一世纪》2000年2月号。

同，但它们却是同一主题的变奏，即在已经发生重大变化的世界中，通过吸纳新鲜经验，改造固有体制，寻求解决新旧社会问题的有效方案，并在此过程中完成从传统社会向现代社会的转变。显然，这一转变迄今尚未完成，作为这一转变之一部分的法律现代化运动仍在发展之中，宪政和法治依然是有待实现的理想。尽管在过去的一个世纪里，中国社会已经发生了重大变化，但是晚清时人们面对的一些基本问题，如维护民权（人权）、开启民智（教育）、保障民生（经济）、限制君权（政治）等，是人们今天仍然关心和谈论的问题，只形式和用语稍有不同。中国固然早已废除了帝制，但是公共权力的合理分配与合法行使依然是亟待解决的制度性问题；中国经济所面临的困境使人们痛切感到一套合理的产权制度的重要性；在新近有关修订宪法的要求里，承认和保护公民个人财产权成为一项重要内容；[42] 在最初无章可循的局面逐渐改变之后，人们开始感觉到，法律不良、有法不依、执法不严以及司法腐败至少是和无法可依一样严重的事情；人治还是法治，"权大"还是"法大"，这些问题甚至比过去更加严重地困扰着中国人。自然，不同时代人们讨论这些问题的方式及所用语汇不总是相同的，但是这些问题本身却始终或深或浅地植根于中国社会。这不仅意味着中国人曾经有一些处理类似问题的经验和办法，而且意味着他们会把这些经验一代又一代地代入社会实践当中。它们将成为在中国建立现代法律制度、实行宪政和法治的基础，当代中国法治实践的一部分。意识到这一点，我们就有必要对先前经常被作为历史上的消极和负面因素而遭到忽略的两个方面给予适当的注意。这两个方面就是"传统"和普通

---

[42] 相关的发展，参阅季卫东："中国宪法改革的途径与财产权问题"，载《当代中国研究》1999 年第 3 期。

民众的日常生活实践。

四、传统与现代性

把晚清变法理解为传统中国向现代社会转变的一种努力，把当代中国的法律改革视为这种努力的继续，虽然并不意味着无视一个世纪以来中国社会所经历的变化，但确实包含了一个判断，即法治是现代性事业的一部分，实现法治是中国现代化实践中的一项重要任务，自然，在这样的意义上也可以说，中国传统社会不是一个法治社会。问题是，中国同时也是一个有着悠久法律传统的社会，至少自秦汉（公元前3世纪）以降，历朝历代都有自己的法律典章，它们不但规模庞大，而且复杂细密，影响到社会生活的诸多方面。我们能够说传统社会的"法"与现代社会的"法"完全不同、毫不相干，以致在讨论中国当代法治问题时可以对这种传统不加考虑，或者，只是把它们置于一个与"法治"完全对立的位置上而视之为单纯的消极因素吗？当然，如果只是比较比如清代的和当代的成文法，人们也许会得出一种印象，即它们之间少有连续性可言。但是如果不是把法律传统仅仅看成是书本上的法律，而且把它们理解为一种行为、观念、态度，简言之，一种具有丰富经验内容的生活实践，我们就可能注意到传统与现代之间可能存在的极其复杂和微妙的联系。

作为一种规则体系的法律

在一种宽泛的意义上，法律可以被理解为一种运用**规则**和使人类行为受到**规则**统制的事业。[43] 在所有文明发展起来的地方，在所有社会生活复杂到了一定程度的社会，都会出现这样的事业和尝试。这是因为，规则具有一种简化复杂的社会生活、使之常规化的职能，它有助于去除社会交往中的偶然因素，帮助人们实现稳定的期待，为社会带来安全与秩序，而这些对无论作为个体的社会成员还是社会本身都是必不可少的，尽管在不同时代和不同社会，人们对规则的理解和要求以及规则被实行的严格程度并不相同。传统中国社会中的法律，至少在一种能够被接受的意义上，可以被恰当地理解为一种规则系统，[44] 历史上的法律制度也可以被看成是当时人们建立和运用这种规则系统长时期努力的产物。因此，不但规则、规则系统以及运用规则的技能和经验对于传统社会并不陌生，运用规则所要解决的问题和运用规则本身可能产生的问题，也早已为古代中国人所了解。因此之故，如果我们在不同社会和不同时代甚至不同类型的法律制度之间看到一些彼此相近的现象、表达、要求甚至原则，那是不应当感到奇怪的。

事实上，即使对中国古代法律传统稍有涉猎的人也会注意到，中国古代法律传统中的一些基本原则不会因为社会变迁而变

---

[43] L. Fuller 把法律定义为"使人类行为受规则统制的事业"，见 Fuller 上引书页 74 和 106；H. L. A. Hart 把法律理解为两种规则的结合，参见 H. L. A. Hart, *The Concept of Law*, Clarendon Press, Oxford, 1961；足见规则在法律中的重要意义。实际上，即使是对上述理论持批评态度的法学家如 Ronald Dworkin，也没有简单地否定规则的重要性，而只是把重点由规则本身转移到了对规则的解释上面。参见 Alan Hunt, *Explorations in Law and Society*, Routledge, 1993, pp. 301~305.

[44] 当然，在不同的社会和文化里，人们对规则的理解不尽相同，运用规则的范围，以及规则的作用和意义等，也不一样。与欧洲法律传统相比，中国法律传统倾向于更有弹性和更灵活地理解和运用规则。尽管如此，在这一传统内部，不但存在一个庞大的规则体系，而且不断出现关于如何对待和运用规则的论争。

得过时,相反,它们在今天甚至可见的未来仍然有效,自然,它们也完全合乎法治原则。在这些原则中间,最突出的即是人们称之为自然正义的那些要求:相同案件相同对待,不同案件不同对待;罪(与)刑相称;当事人不得裁判自己的案件;裁判者须无私无偏,秉公执法。[45] 这些贯穿于法律制度之中的原则,不但是制度设计的基础,而且也是人们提出自己主张和评价的重要依据。此外,在稍弱意义上,我们还可以提到人们今天归于法治的另一些原则,比如,法律公开(公布),法律不溯及既往,法律规定清楚明白、不自相矛盾,法律不要求不可能之事,法律相对稳定,[46] 等等。不管实际上这些原则被实现到什么程度,有一点可以肯定,那就是,在中国历史上,所有这些原则都曾被人们当作法律应当具有的品质加以关注和讨论,不仅如此,它们也都获得了不同程度的制度化,是历史上法律实践的重要部分。

人们可能要问,既然如此,为什么还认为中国传统社会不是一个法治社会,尤其是,如果法治的实现可以而且应当被理解为一个程度问题的话。对这一问题的回答将使我们意识到我们所谓法治的现代性特征,以及在一定程度上,在其起源处的文化特征。

---

[45] 保证罪刑相称、相当,可以说是中国传统法律的一种基本精神;仔细区分不同的案件,使相同案件得到相同处置,也是传统中国法律一以贯之的原则。它们都涉及人世间乃至宇宙间的秩序与和谐,涉及统治的合法性,也因此为人们特别关注。浏览一下收录了大量案例的清代文献如《刑案汇览》,人们对这一点会有深刻的印象。

[46] 自然,这里提到的事项并不是作为一套完整的法治原则来加以阐述,因此既不够明确,也不够完整,其具体实践更不够彻底。然而,这里想要说明的只是,我们今天所谈论的法治,就其具体内容而言,既不是中国法律传统中所完全缺乏的,也不是这一传统无法接受的和必须拒斥的。

传统的延续和演变

首先，以一系列前后相继的法典为核心发展起来的古代法律制度，远不似现代法律制度那样深入社会生活的所有重要领域，并在一些重要方面为人们提供行为规范。毋宁说，中国传统法律更像是君主发给国家官吏的一系列指令，指示他们在何种情况下对何种罪行给予何种刑罚。[47] 这种特点乃是源于传统法律的另一特征，即"法"与"刑"辄被视同一物，法即是刑。[48] 传统法律的这种品格在法律的运用范围与运用方式两方面都留下了深刻的印记，并因此使之区别于现代法律制度，而一种能够全面指导社会生活和为普通民众提供行为规范的法律制度，可以说是我们所理解的作为一种特殊秩序类型的法治的基础。

其次，中国传统的法律既是"道德之器械"，也是"行政上的一个环节"。就其规范性质而言，法律与其他社会规范没有明确的界分，就其活动方式而言，法律不具有自治性。这些转而加强了它的工具主义特征。传统上，法律始终被认为是"帝王之具"。君主不但在一切人之上，而且在法律之上。尽管这并不意味着君主总是可以或实际上总是为所欲为，这种关系却不能不对古代法律的性格和运用方式产生广泛和深刻的影响。中国近代思想史上最可注意的人物之一严复就曾痛切地意识到这一点。他在比较中国古代法家的法论和孟德斯鸠的法律思想时说，孟氏所谓法，是治理国家的基本制度，一旦确立，无论统治者与被统治者都要受其约束；法家虽然也劝君主运用法律，但他们所说的法，不过是刑罚而已。这种法只是为了束缚和驱迫被统治者，君主本

---

[47] 参阅［美］威廉·琼斯："大清律例研究"，苏亦工译，载高道蕴等编：《美国学者论中国法律传统》，中国政法大学出版社1994年版。
[48] 参阅梁治平："'法'辨"，载《中国社会科学》1986年第4期。

人则超乎法律之上，不但不受法律约束，还可以按照一己好恶去运用和改变法律。这种法不过是促成了专制而已。[49]

再次，中国古代法律的这种"工具主义"性格还有更深一层含义和原因。从一种外在的观点看，人类所有的法律都是为某些特定目的而制定出来，为实现某些可欲的目标而服务的。但是，从某种内在的观点看则未必如此。参与者可能因为比如宗教的（比如相信上帝是立法者）或者世俗的（比如某种法律形式主义）原因而把他们涉身其中的法律视为目的本身。在古代中国社会，法律并非没有形而上的根据，但是这种形上层面不具有超验意义。古代君主的合法性源于"天"或"天道"，法律的合法性则源于"天理"（和"人情"）。然而，正好比"天"不是具有意志的人格神一样，"天理"也不是超验的抽象规则。天道无形，但可以由自然变化、人世兴衰中察知；天理无言，却可以从纷乱杂陈的世事与人情中体察。这样，政治和法律合法性的两端——天理和人情，就汇合到了一处。这种天理-国法-人情的结构，[50] 在赋予法律（"国法"或者"王法"）权威性的同时，律的自主性也相应地受到限制。这种情形的结果之一是，没有单纯的法律事务，即便诉诸法律，人们也不必把法律解决视为最终的解决，因此，当事人的同意被看成是判决合法性的重要依据之一；原则上没有终局裁判；实质正义受到特别重视，程序正

---

[49] 参阅严复：《孟德斯鸠法意·卷二·按语》。在严复那里，对传统法制的这一观照，因其现代意识的反衬而显得格外突出。

[50] 参阅〔日〕滋贺秀三："清代诉讼制度之民事法源的概括性考察——情、理、法"，载王亚新、梁治平编：《明清时期的民事审判与民间契约》，法律出版社1998年版，第19~53页；又参见梁治平：《寻求自然秩序中的和谐：中国传统法律文化研究》，中国政法大学出版社1997年版，第9章"礼法文化"和第11章"法律的道德化"。

义的发展则受到抑制。最后，也是最重要的，整个法律世界被认为是**自然世界**的一部分，而不是一个通过理性人为建构起来的世界。[51] 法律世界与生活世界之间不存在严格的界分，事实与法律也没有明确的区分。它的一个附带结果，是在一定程度上降低了法律概念的抽象性和普遍性。

最后，中国古代法律是一种极富等差性的制度，这一特点固然反映了传统社会中常见的尊卑上下的不平等观念与现实，但更重要的是，这种等差性最终是在一种可以称之为"特殊主义"的社会结构中生长起来的，后者表现为一种由内向外、由己而人的"外推式"建构社会关系的方式。[52] 在这种社会关系结构中，不但尊卑上下，而且亲疏远近的等差性也受到强调，因使得规则的适用往往因人而异、因事而异。不仅如此，当尊卑上下的等级观念因为现代社会变迁而逐渐淡化的时候，亲疏远近的差异性观念并没有相应地减弱，即使在今天，"特殊主义"的社会关系模式依然有其生存空间，这种情形不能不视为对法治所要求的规则的普遍性的一种威胁。[53]

由上面的分析，我们可以注意到，一方面，因为同是运用规则和规则系统以解决人类社会某些基本问题的一种尝试，中国古

---

[51] 参阅梁治平：《寻求自然秩序中的和谐：中国传统法律文化研究》，中国政法大学出版社1997年版，第12章"自然法"。

[52] 费孝通先生称之为"差序格局"，见氏所著《乡土中国》。这是一个很传神的说法。实际上，这种社会关系的建构模式对正式与非正式制度的发展都具有重要影响。非正式制度方面的事例，参阅梁治平：《清代习惯法：社会与国家》，中国政法大学出版社1996年版，第120~126、153~166页。

[53] 我们可以由"关系"、"人情"、"面子"一类观念的流行程度测知所谓"特殊主义"模式的有效性。不过，这里需要指出的是，无论过去还是现在，即使是在社会内部也一直存在着"特殊主义"与反"特殊主义"的对抗。"铁面无私"、"一视同仁"始终是流行不辍的价值。

代社会的法与现代社会中的法并非没有相通之处，不同时代和不同社会的人因此也有可能分享某些共同的法律经验；但是另一方面，中国传统社会的法律实践在一些重要方面乃是基于与现代社会法律实践相当不同的原则，以致我们可以，而且应当把它与具有现代性特征的法治相区别。显然，意识到这一点对我们认识和了解当代中国的法治运动有着重要意义。因为，正如前面指出的那样，这场运动实际是一个世纪以来中国社会谋求现代化努力的一部分。改造旧的法律观念，塑造新的行为和认知方式，在改变原有社会结构的同时建立新的社会秩序模式，正是这一运动所包含的重要内容。不了解这一点，讨论当代中国的法治就没有意义。[54]

不过，一个基本的也是常常被人们忽略的事实是，这一现代法律运动既不简单是外在地强加给中国社会的，也不是由中国社会之外的其他人来主导和推行的，所有这些"改造"、"改变"、"塑造"和"建立"的任务都主要是由中国人自己、为了自己的利益去进行和完成的，而这个行动主体显然不可能在历史之外、完全摆脱历史和传统去创造历史。因此，我们实际上面对着一种包含自我矛盾的复杂局面。一方面，人们对通过运用规则来建构社会秩序的要求，人们对法律本身的正义和通过法律实现的正义的期待，以及，人们为实现这些要求和期待所做的可以说不屈不

---

[54] 在有关中国法治问题的域外讨论中，一般的看法认为，即使在经过20年的法律重建运动之后，中国社会仍然不是一个法治社会。可以注意的是，最近的一些文章强调法治本身是一种理想，法治的实现也只是程度问题，进而寻求在中国的语境中确定"法治"的概念，不过，有些看法显然走得太远，如认为在"规范"的层面上，中国不能被认为是一个没有法治的社会，而在制度实践的层面，考虑其政治的、经济的和社会的发展水平，现阶段的中国其实并不需要"法治"。See Michael W. Dowdle, "Heretical Laments: China and the Fallacies of 'Rule of Law'", in *Cultural Dynamics*, 11 (3): 285~314, 1999.

挠的努力，不但是历史上法律制度得以建立和实施的基础，也是今天推行和实现法治的不可缺少的资源。[55] 但是另一方面，使这些要求和期待变得活泼有力的同一种社会力量，无论是现实的利益、情感和冲动还是它们借以表达的形式，都可能包含一些与法治原则不相一致甚至互相抵触的东西。这意味着，为在中国实现法治所必须依赖的力量和主体，同时也是为了同一目的须要限制和改变的东西。

应当指出的是，从这里不能够简单地得出某种精英主义的结论，就像那种至今仍然是不言而喻的看法（更确切地说是一种潜意识）那样，认为在中国实现法治需要靠国家去改造社会，知识精英去教导民众。因为，那些与法治原则不一致甚至相抵触的传统，并不只是表现在民众身上，它们也影响着社会精英的行为和观念。不仅如此，在许多场合，正是社会的统治阶层乐于接受甚而有意识地利用那些虽然与法治原则相左但是便于其统治的"传统"。

我们可以发现，正像它（传统）既区别于现代又与现代保有某种内在的和复杂的联系一样，传统也以既相分离又相联系的方式在不同社会生活领域、不同层面和以不同形式发挥着影响。比如，在浅显的政治层面，法律工具主义显然是一种便于政治控制的意识形态，尽管今天看来，它已经遇到了强有力的挑战，甚至也不再符合统治者的长远利益。而在社会心理和认知模式的深层，克服法律工具主义的障碍可能不但来自统治者，也来自被统治者。把法律视为"专政工具"的固然是官方意识形态，但是这种教条本身的合法性也部分出于潜移默化地

---

[55] 这一类努力包括传统的、可以说从未中断过的鸣冤上访，也包括颇具现代社会生活特征的各种类型的诉讼。

为人民所接受的"法即是刑"的传统法律观。[56] 正统的意识形态宣称，社会主义国家法律是人民意志的体现，这种说法看上去与传统的法律理论截然不同。不过，仔细观察法律实践，我们会发现这种"民意"说与过去建立在"天理－人情"上的法律观实际是相通的。比如，基于同样的原因，今天的司法判决并不比过去的更容易摆脱舆论影响，而通过强调案情的特殊性和诉诸社会伦理和道德评价去影响司法判决，也一直被人们视为当然。[57] "信访"制度是一种重要的有着深厚社会基础的国家制度，但其存在往往以抑制法律的自主性活动为代价。因为它一面敞开大门，向民众提供一种在法律系统之外解决法律问题的途径，一面为对司法活动的行政性干预提供制度化的正当渠道。[58] 这种制度模式与传统的模式非常接近，因此，毫不奇怪，支持这种制度的社会心理和行为方式也与传统的相似：各式各样的上访鸣冤，各种形式的上层干预，舆论的介入，高层的批示，等等。许多动人的故事，如果改变其中人物的语言和服装，一定古今难辨。

---

[56] 毫无疑问，近20年来，民众（尤其城市居民）的法律意识已经有了相当大的改变，把法律视为某种权利保障机制，并且运用法律保护其合法利益的人显然越来越多。

[57] 把所谓"民愤"当作一项定罪量刑的标准、召开规模巨大的"公审大会"等，至今仍然非常流行。我在其他地方曾就相关案例做过简单的分析，详见梁治平："乡土社会中的法律与秩序"，载王铭铭、王斯福编：《乡土社会中的公正、秩序与权威》，中国政法大学出版社1997年版，第415~480页。

[58] 这种制度安排造成了一种可以称之为"怪圈"的恶性循环，即一方面，通过一套远比"上诉"制度广泛和复杂的制度性安排，法律的一部分目标可以更有效地得到实现（至少并且尤其是在现行体制之下）；但是另一方面，这一过程本身恰好是以牺牲法律的自主性以及法治据以建立的内在依据为代价的。关于这一点，我曾就一具体案例作过简略的分析。见梁治平："什么样的法治？"，载梁治平：《法治十年观察》，上海人民出版社2009年版。

文化变迁

人们有理由把这里讨论的问题归结为文化，而从文化角度考察中国近代以来的法治运动也确实能够帮助我们加深对这一主题的理解。但是，在被用来解释历史和社会现象时，"文化"不但经常被理解为一种支配性甚至决定性因素，而且被想象成一种静止不变的东西。这使得所谓文化解释变得无所不包，同时也使它失去了应有的解释力。实际上，文化也和其他社会现象一样经常处于变化之中，文化本身也需要解释。在当代中国社会，文化变迁的动因至少可以从三个方面去了解。

首先是一般所谓社会变迁。在过去100年里，中国社会经历了一系列引人瞩目的有时是戏剧性的变化，大至社会结构、国家制度，小至生活场景、器物服饰，无不发生深刻变化，这些变化自然会而且已经对中国人的行为方式、价值观念产生重大影响。20世纪80年代以来，与经济改革和市场发展相伴随，都市化进程的加快、大众传媒的崛起和国际资本的渗入，尤其深刻地改变着中国人的思想世界和生活世界。

其次是所谓**话语**的改变。实际上，自从"五四"新文化运动以来，中国社会经历了不止一场话语的革命。通过所谓话语革命，一整套新的概念、范畴和语汇被建立起来并渗入到社会生活的各个方面。今天，不仅民主、宪法、法治一类观念早已为中国人所熟知，**权利话语**也已经广泛进入到日常社会生活领域，成为人们常常挂在嘴边的语汇。当然，只是语言和概念的改变并不足以使社会生活本身发生根本改变，但是无论如何，**表达方式**的改变绝不是一件无足轻重的事情，因为它可以把一些新的内容带入到旧的场景中去，使旧的行为具有新的意义。自然，这里所谈论的并不是一个简单的和单向的过程，因为行为者也可以在运用新的表达方式的过程中改变其含义。[59]

最后我们可以提到**制度**因素。在许多情况下，我们讨论的所谓文化问题，其实不是或者不完全是文化问题，而是或者同时也是制度问题。比如上面谈到的信访制度和中国人常常不以法律裁判为终局裁判的态度指向，就不是单纯的文化问题和心理问题。尽管一方面，类似信访制度这样的安排可以在文化上找到某种正当性依据；但是另一方面，民众之所以倾向于同时也在法律之外寻求公道，也是因为法律制度的内在缺陷使其难以满足民众的正当需求。今天，这种缺陷包括：可以利用的法律设施不足，司法腐败常常妨碍实现公正，没有司法独立以致法律本身就缺乏权威，等等。这意味着，通过制度上的改善，有可能改变旧有的观念系统和行为方式。归根到底，法治是一种**生活经验**，它像任何其他生活经验一样可以在实践中逐渐获得、积累和改变。而历史和经验都已经表明，中国人，首先是中国的普通民众，从来都不缺乏对自己利益做出判断和根据环境变化调整其行为方式的**实用理性**。[60]

---

[59] 这种情形常常使问题变得相当复杂，容易让人们产生错觉，进而得出一些至少是简单化的结论。比如，人们做有关公民权利意识的调查和研究，通常只注意被调查被研究者是否使用"权利"这一用语，而很少去注意这一用语在具体语境中的确切含义。这种研究因此难以深入。

[60] 有人认为，"实用理性"是儒家思想传统的一个特征。见李泽厚：《中国古代思想史论》，人民出版社1985年版。我则更注意和强调体现于所谓小传统中的"实用理性"，相应地，我用这个词指普通民众当中一种基于日常生活经验的、实用的和根据环境变化而调整其目标和行为的理性取向，参见梁治平：《清代习惯法：社会与国家》和"乡土社会中的法律与秩序"。需要指出的是，讲求实用理性并不意味着变化无定，但是相对于某些制度性宗教传统，注重实用理性的文化传统可以说包含较多变化的可能。

五、国家悖论

上文讨论中国的法律现代化运动，已经涉及近代以来国家在历次法律改革中的重要作用。在那里，国家每每以一个单纯施动者的面目出现：它规划全局、制定法律、建立机构、培养人才、实施法律，领导和推动法律改革。但实际上，这个主导社会变革的国家本身也是被改造的对象。建立新国家和建立新法律从一开始就是同一历史事件的两面，此二者之间的关系，实较表面上看到的更加复杂。

和法律现代化运动一样，中国近代以来的**国家政权建设**也是现代化过程的一部分，而对传统国家实行改造的要求，同样是源于传统与现代性之间的内在紧张。换言之，在变化了的世界格局中，传统的国家模式和社会结构已不再具有其固有的有效性与合法性，而必须加以改造以适应新的社会需求。

关于中国传统的国家模式以及国家与社会的关系，曾经有两种流行的看法。一种看法认为，中国传统国家实行是专制统治（所谓"东方专制主义"），根据这种看法，君主以一己意志号令天下，国家对社会享有莫大权威，个人则无自由可言。[61] 与之相反，另一种看法认为，传统社会中国家的能力十分有限，个人并不直接生活在国家之下，也很少甚至完全不接触国家法律；社会秩序建立在礼俗、习惯和其他传统权威的基础上，个人实际

---

[61] 这种看法至少可以追溯到 18 世纪，由孟德斯鸠开其端绪。中经黑格尔、马克思，到 21 世纪的魏特夫（Wittfogel），一直流传至今，在 1980 年代的中国知识分子中间还可以听到强烈的回应。关于"亚细亚生产方式"和"东方专制主义"的讨论，可以参阅 Anne M. Bailey and Josep R. Llobera eds., *The Asiatic Mode of Production*, Routledge & Kegan Paul Ltd., 1981.

上享有相当大的自由。[62] 这两种见解各有根据,但都不具有充分的说服力。的确,中国历史上的君主并不为法律所限制,但那并不意味着他们能够为所欲为。同样,传统国家不同于现代国家组织,它对于基层社会的统治实际是建立在一种间接控制的基础之上。而在另一方面,个人虽然并不经常直接面对"国家",但他们也不是生活在没有国家和不需要法律的"社会"之中。关于这一点,我们可以借助于上文曾经提到的法律现象来加以说明。

如前所述,传统的法律规则,与其说是人民的行为规范,不如说更像是发给国家官吏处罚罪行的指示。不仅如此,许多在现代法律里被视为基本和重要的事项,在传统的法律制度中或者付诸阙如,或者只有远非系统的规定。然而,这种情形并不一定表明国家与社会之间的截然分裂,相反,它可能表明传统的国家和社会之间存在着另一种结合方式,一种建立在国家与社会、法律与道德、公域与私域之间无法明确界分基础上的有机结合。这种结合的好处之一,是国家与社会直接分享同一种意识形态,法律的"不足"可以礼俗来补充,政治统治所需的成本可以降到最低程度。[63] 但是,当中国在19世纪面临新的外部世界的挑战

---

[62] 这种看法导致中国历史研究中研究单位的改变,使研究对象由"国家"转移至"社区"(或社群)。实际上,这种改变可以被视为对此前以国家为基本研究单位之研究方法的反动。但是,这种反动也走得太远,因而引起当代学者的重新检讨。这种观点的一个代表是费孝通的《乡土中国》,三联书店1984年版。对其观点的检讨,见梁治平:"从'礼治'到'法治'?",载《开放时代》1999年第1期。

[63] 在这样的意义上,可以说中国古代的法律与习俗并不是截然可分的两种事物,它们更像是一个连续体的两端,尽管这并不意味着这个连续体同时也是一个同质体,内部没有空缺、矛盾和冲突。有关论述参见梁治平:《清代习惯法:社会与国家》,中国政法大学出版社1996年版,尤其"导论"部分。

时，其原有社会结合方式中的长处立刻变成了短处。国家动员能力不足，社会凝聚力不够，财政税收制度不合理，等等。所有这些都使得当时的中国无法有效地应对外部世界的压力和挑战，而人们一旦认识到这一点，国家制度和社会结构便不可避免地成为"改造"的对象。从洋务运动、戊戌变法，到辛亥革命、新文化运动以及后来一系列政治变革与社会运动，我们可以看到一种不曾中断的建立现代民族国家的努力。这种努力不但包括根据现代模式建立一套新的国家机器，重新界定和划分国家职能，并且依据新的原则实行统治；而且包括调整和改造国家与社会之间的关系，把国家意志有效地贯彻到基层社会，使国家能够对社会实行全面的监控和动员；最后，也是最重要的，它还包括对个人的改造，包括建立新的效忠对象和确立新的合法权威。[64] 而在此过程中，现代法律制度的引进和建立，实具有不可取代的重要作用。

法律为国家所用

首先，新的国家必须根据法律进行统治，这意味着，政治权力的基础不再是"天道"，也不再与家族的血统和姓氏有关，权力的合法性来源于法律（首先是宪法），来源于人民的同意。在这个意义上，新的法律是一种重要的合法性资源，它是国家的新面孔。

其次，新的法律体系不但包含了新的概念、术语、范畴和分类，而且体现了一套新原则，一种新的秩序观与世界观。这种新的法律制度被认为出于人类发展的某个更高阶段，是人类文明史上取得的最新成就。因此，新的法律，作为一种规范性资源，又

---

[64] 这些现象与措施本身即是所谓现代性的一项重要内容。

是未来新社会的样板。[65]

最后,新的法律还是一种垄断性资源,因为只有国家拥有创制和实施法律的权力,任何个人和私团体都不能分享这种权力。正是通过对法律的垄断,国家才可能将其意志贯彻到基层社会。在这一意义上,新的法律也是国家的新武器。[66]

现代法律所具有的这种多重含义,不仅令国家建设与法律建设从一开始就紧密结合在一起,而且使得国家在现代法律运动和法治事业中的地位变得微妙和暧昧起来。一方面,国家在整个现代化过程中居于核心和领导地位,现代法律制度不但要靠国家来建立,而且它本身就是现代国家发展的一部分,国家权力渗入社会和把法律设施推行到基层,实际上可以看成是同一件事情;另一方面,宪政要求根据宪法组织国家,根据法律行使权力,法治的实现更要求限制专断的权力,保证个人自由,而这些要求又只能通过法律的实施加以实现。问题是,在什么情况下,国家甘愿牺牲其统治上的便利,而主动或者不得不服从宪法和法治的原则呢?显然,人们对国家的期待和对法治的要求里包含了某种矛

---

[65] 从很早开始,人们就在谈论"进步的法律"(或上层建筑)与"落后的社会"(或经济基础)之间的矛盾。参见蔡枢衡:《中国法律之批判》,重庆正中书局1942年版,和氏所著《中国法理自觉的发展》,河北第一监狱1947年版;李达:《法理学大纲》,法律出版社1983年版。1949年以后,法律在社会中的作用固然大为减弱,但是,改造社会始终是中国共产主义实践的基本任务之一。今天,这种特殊关系仍然可以在比如"超前立法"这样的简单用语中看到。在理解最近二十年来的"普法"运动时,我们可以而且应当加上这一层意蕴。

[66] 作为主权者的国家,对外享有不可侵犯的独立和平等地位,对内则独享对合法武力的垄断,这本身即是一种现代性特征,如何使这样一个空前强大有力的政治"巨兽"(霍布斯的"利维坦")在行使其巨大权力的同时受到法律的约束,因此也成为一个重大而且棘手的现代性的问题。可以说,西方近代以来的政治理论和政治实践,无论立宪主义、法治还是分权与制衡,都是为了回答和解决这一问题而发展起来的。

盾：既要求用法律来限制国家权力，同时又把实现法治的希望寄托在国家身上。这种矛盾可以称之为"国家悖论"。在中国的法治事业中，这种矛盾从一开始就存在，而在今天尤为明显。

中国的现代化开始于国家、"民族"的危难之秋，以致"富国强兵"、"救亡图存"成为中国早期现代化的主要驱动力。这种特殊历史经验赋予国家一种独一无二的历史地位和历史使命，即国家不仅要缔造和保全"民族"，而且要改造落后的社会。由这里便产生了所谓"规划的社会变迁"。我们看到，这种规划的社会变迁模式在20世纪60年代和70年代发展到了极致。与规划的社会变迁相伴随，是一个国家权力不断向基层社会渗入的过程，一个社会中间阶层和组织日渐削弱、减少乃至消失的过程，这个过程的顶点，则是社会为国家所吞噬，以致在个人与国家之间没有任何中介。而当这种局面出现之时，法律也变得多余。政治上操纵的运动代替了日常规程，行政命令取代了法律规章。这时，国家固然可以被视为个人自由唯一可依赖的保护人，但同时，国家也是个人自由最大的威胁。

20世纪70年代末、80年代初，人们终于开始面对现实，承认失败，并着手包括重建法制在内的政治、经济和社会的改革。这时，中国人面对的是一个全能国家留下的遗产：一个没有社会的国家。尽管在经过20年的改革之后，旧有的民间社会在或大或小的范围内重又出现和得到发展，但我们仍然不能说中国社会业已摆脱了全能政治的影响，这不仅是因为宪政和法治还没有实现，国家依然习惯于不受法律限制地去干涉社会的和个人的事务，也不仅是因为社会依然弱小且残缺不全，社会中间阶层和组织的成长壮大尚待时日，而且是因为，国家依然保有对社会不仅政治上而且道德上的优势地位，因为人们依然习惯于国家对社会的广泛干预、控制、管理和统治，只不过，这种管理和统治的方式被认为应当从行政的转变为法律的。具有讽刺意味的是,即使是对政府经常持批评态度的知识分子,也常常对民间社会表现出深刻的疑虑和不信任。而当他们把比如农村家族组织和民间宗教的复兴简单斥之为"迷信"和"封建宗法势力"时,其论说竟与正统的意识形态完全一致。[67] 这种精英主义的意识形态使他们看不到"社会"可能有的作用和意义,也使他们的法治诉求很难逃脱由"国家悖论"所造成的困境。

引入社会之维

世纪初的一些政治家、社会活动家和学者注意到,传统社会中的个人虽然不像现时代的个人享有法律所保障的自由,但也不是没有自由。他们中有些人甚至认为,传统中国人享有的自由不是太少,而是太多了。这些人所说的自由,主要是指一种很少受到国家"横暴权力"干涉的相对稳定状态。[68] 这种相对稳定状态的获得与保持,确实不是依靠法律,而是出自当时特定的社会结构,即一方面,国家在社会事务中扮演一个相对消极的角色,另一方面,在个人与国家之间存在着形态多样的社会中间组织,这些组织的存在虽然并不是为了抵御国家意志和国家权力,但至少在客观上是国家与个人之间的一道屏障。在这个意义上可以说,传统中国社会中个人自由的保障主要不是来自于国家,而是来自于社会;不是来自于法律,而是来自于传统和习惯。值得注意的是,在欧洲古典政治理论中,社会,或者更确切说,市民社

---

[67] 这方面的例子甚多,不赘举。
[68] 在《乡土中国》一书中,费孝通区分了横暴的权力与教化的权力,认为乡土社会的秩序主要是建立在教化的权力的基础之上。其他人如孙中山或者梁漱溟谈到的传统社会中的自由,也可以在这样的意义上来理解。

会或曰公民社会[69]的存在，对于保障个人自由和政治民主具有重要意义。[70] 部分因为受到这种政治理论的鼓舞，中国研究领域中的一些政治学家、人类学家和历史学家对中国当代以及历史上国家与社会的关系问题产生了浓厚的兴趣，并热衷于发现和发掘中国的"市民社会"。[71]

把中国历史上的民间社会组织看成是所谓市民社会，这种做法是否有助于说明中国传统的国家与社会结构，以及，潜藏在这种研究背后的对一种实际是源于近代西方历史经验的政治理论的

---

[69] 在汉语学术界，civil society 一词并无统一译名，常见的译法有公民社会、市民社会和民间社会。有关的讨论，见王绍光："关于'市民社会'的几点思考"，载《二十一世纪》1991 年第 8 期。基于我对该词的理解，公民社会、市民社会和民间社会分别指示出 civil society 概念的不同侧面。在找到更恰当的术语之前，本文暂沿用"市民社会"这一表述，同时，用"民间社会"一词来概括一种传统的社会组织形式。对 civil society 概念的深入分析，见梁治平："'民间'、'民间社会'和 Civil Society——Civil Society 概念再检讨"，载《当代中国研究》2001 年第 1 期。

[70] 20 世纪 60 年代以来，市民社会的概念重新引起政治理论家们的关注，其理论内涵与实践意义也因此得到进一步地发掘。See Charles Taylor, "Invoking Civil Society", in Charles Taylor, *Philosophical Arguments*, pp. 204~224, Harvard University Press. 关于这一概念在中国语境中可能具有的意义，见注 69 王绍光文；又见石元康："市民社会与重本抑末——中国现代化道路上的障碍"，载《二十一世纪》1991 年第 6 期；梁治平："市场 国家 公共领域"，载《读书》1996 年第 5 期；以及梁治平："'民间'、'民间社会'和 Civil Society——Civil Society 概念再检讨"，载《当代中国研究》2001 年第 1 期。

[71] 这方面业已产生了相当数量的文献。专门的讨论，参阅 *Modern China*, vol. 19 No. 2, 1993 关于"中国的'公共领域'/'市民社会'?"的专题讨论。相关的评介，见顾欣："当代中国社会有无公民社会和公共空间?"，载《当代中国研究》1994 年第 4 期；杨念群："近代中国研究中的市民社会——方法及限度"，载《二十一世纪》1995 年 12 月号。近年出版的专门讨论中国公民社会的英文著作中，Gordon White 等著 *In Search of Civil Society*, Clarendon Press, Oxford, 1996, 概念清晰、资料翔实、分析和结论亦较中肯，最值得参考。

运用是否具有充分的理由,这些问题业已引起人们的注意和争论。[72] 但是不管怎样,社会与国家的关系问题确实涉及个人自由,这种关系的相对变化也不可避免要影响到个人自由,这一点是没有疑问的。因此,通过对历史经验的重新梳理和阐发,应当可以开启我们的思路,帮助我们重新认识和想象现实。这里,仅根据本文所关心的问题指出以下几点。

首先,要走出"国家悖论"的困境,有必要引入"社会"这一新的维度,因为仅仅依靠国家的善意和努力,而没有社会结构上的改变,尤其是社会中间阶层和组织的成长,法治的原则实际上很难实现。换言之,推进法治事业不单涉及法律本身,而且涉及社会组织与社会结构。

其次,就中国传统而言,市民社会的问题与法治问题相似,也就是说,它离我们既不更远,也不更近。在最一般的意义上,我们可以说,中国历史上始终存在着一个所谓"社会",一个有别于"国家"的"社会",尽管其具体形态以及它与"国家"的关系明显不同于比如欧洲历史上的"社会"与"国家"。中国历史上的"社会",借用传统的语汇,可以称之为民间。[73] 这种社会,就其性质而言,与欧洲近代的市民社会有很大的不同。

---

[72] 比如,黄宗智教授认为,"市民社会"是一个从西方近代历史经验中抽象出来的概念,这个概念在被应用于中国历史研究时预先假定了国家与社会的二元对立,因此是不合适的。详见黄宗智:"国家与社会之间的第三领域",载甘阳编:《社会主义:后冷战时代的思索》,香港:牛津大学出版社1995年版。对黄氏观点的进一步讨论,参见梁治平:《清代习惯法:社会与国家》,中国政法大学出版社1996年版,"导言"部分。
[73] 传统语汇中并没有现代意义上的社会一词,但正是"社"、"会"一类单字所指称的社会组织形式构成了当时人们所说的"民间"的重要组成部分,我们可以由此去了解传统中国的社会形态。有关"会"、"社"的研究,参见陈宝良:《中国的会与社》,浙江人民出版社1994年版。

因为它既不是在一个宪法的架构下面发展起来,也没有政治参与的意识和实践。然而,由于这样一个民间社会的存在,中国人对某种自我组织和自我管理的经验并不感到陌生。在这一意义上,传统的民间社会未尝不能成为现代市民社会生长的基础。

最后,虽然宣称中国传统的民间社会就是市民社会的做法失之武断,一定要在中国历史上发掘出市民社会的尝试也不尽合理,但是把市民社会的概念引入对当代中国社会发展的考虑,进而致力于建设和促成市民社会在中国的发展,这种努力却是合理的和可行的。不仅如此,由于上面谈到的原因,中国今天和未来的市民社会不可避免地要与历史上的民间社会发生联系,以致中国市民社会的发展,也像中国的法治的发展一样,既要立足于传统,又要超越传统。[74]

事实上,经过最近20年的社会发展,这种立足于传统又超越传统、发展中国的市民社会的想法已经不再是一种空洞的构想,尽管到目前为止,传统民间社会形式如家族、宗教和同业公会组织既未得到法律承认,其本身发展也远不能令人满意,但它们确已显示出不同寻常的适应力和影响力,并已引起人们的注意。当然,在那些秉有精英主义倾向的人(不管是政府的辩护者还是批评者)看来,传统民间社会组织的复兴首先是和混乱、无序、非理性、落后一类现象联系在一起的。它们的产生或者是因为政府能力不足,或者是因为国家政策有误,但是最根本的,还是因为广大民众的贫穷和无知。[75] 然而,恰恰是这种精英主

---

[74] Theodore de Bary 在他的新著中讨论了这一问题,参阅氏所著 *Asian Values and Human Rights*, pp. 13~15. 又见梁治平:"'民间'、'民间社会'和 Civil Society——Civil Society 概念再检讨",载《当代中国研究》2001 年第 1 期。

[75] 在论及农村家族组织、民间宗教活动和农村地区社会生活(包括法律生活)的官方文件、报刊文章乃至学者的论著中,充斥了这类精英主义的观点。

义的观念本身产生于对历史的无知和对于流行理论的缺乏反省。

在中国,建立民族国家的历史不过 100 年,彻底实行计划经济的历史也只有 30 年,但是这段历史经验业已对中国人尤其是中国的知识分子产生深刻影响。部分地由于这段历史的影响,我们对历史和传统的理解,对社会现实的把握,以及,对未来发展的构想,都受到极大的限制。[76] 我们忘记了,中国传统社会的经济从来不是由国家直接控制和计划的,相反,至少在一种传统意义上,中国社会的经济是市场性的:土地租佃和转让、商品生产和交换、自由选择职业、自由地流动和迁徙,所有这些在过去两千多年时间里,一直是居于主导地位的经济活动方式。[77] 与之相应,传统国家的职能十分有限,在经济之外,我们今天习惯于由国家控制甚至垄断的大量社会公共事务如教育、卫生、医药、宗教和社会公益事业很大程度上是由社会通过自发的联合方式来完成的。

20 世纪上半叶,尽管剧烈的社会动荡已经令传统社会结构发生不可逆转的改变,但是传统社会组织依然在一定范围内存在并发挥重要作用。而在后来的社会变迁中,当传统社会结构被从根本上破坏,新的政治力量和意识形态全面渗入和控制社会的时候,传统的观念和行为依然以自发的和零星的方式顽强地存在着,以致被社会的改造者视为对其政治理想和新社会的最大威胁。[78] 总之,一种由国家控制全部资源和规划整个社会生活的政治、经济和社会模式,不但是非常晚近的事情,而且是漫长的

---

[76] 这种情形在最近一个世纪以来的各种文化讨论和清算传统的运动中甚为常见。
[77] 参阅赵冈等:《中国经济制度史论》,台北联经出版公司 1986 年版。
[78] 从 1950 年代的所谓社会主义改造完成之后,直到 1970 年代末期,"割资本主义尾巴"一直是社会主义中国抵御"自发的"资本主义进攻的一项基本任务,而这种自发的资本主义被认为是"每日每时""大量产生"的。

中国文明史上一个极为短暂的插曲。事实上，1980年代农村经济改革中的许多"创举"，如土地承包制度、多种经营的经济形式等，不过是传统经济形式在新的社会条件下重现罢了，[79] 而在此前数十年的社会主义改造过程中，如果没有所谓落后的传统势力对于正统意识形态的顽强抵抗，后来的经济改革是否可能或者能否迅速取得成功都是可以怀疑的。

指出上述事实，重新评估过去100年尤其是最近50年来国家与社会关系的变化，并不是为了把流行的评价公式颠倒过来，把以前加于国家的信任和希望转移于社会，更不是主张回到传统的国家与社会关系模式中去。这样做的目的，只是要对至今仍然流行的看法提出质疑，并且把"社会"的问题重新纳入到我们对宪政、法治以及未来政治和法律发展的思考中去，而一旦我们这样去做，"社会"本身就将成为批判性思考的对象，如前所述，一个应当牢记的基本事实是，中国传统的民间社会不能被简单等同于近代市民社会，也不可能直接地转变为后者。这不仅是因为，传统的民间社会本身不同于我们所谓市民社会，而且是因为，传统民间社会的生长环境与今大不相同。而今天，我们不能漠视过去100年里已经发生的社会变迁，尤其是中国民族国家的形成，新的观念形态和文化形态的形成，以及在此过程中发生的社会的和心理的结构性变化。因此，中国当代市民社会的形成将是一个复杂的过程，不仅需要时间，而且需要参与者的明智判断和选择。

可以庆幸的是，过去20年改革的经验已经为市民社会的发

---

[79] 参阅周其仁编：《农村变革与中国发展：1978~1989》，香港：牛津大学出版社1994年版；梁治平："多元视野中的法律与秩序"，载《二十一世纪》1998年6月号。

展提供了多种启示和可能的选择。我们看到，一方面，旧的民间社会形态如村庄、家族和民间宗教组织的复兴在不同范围内和不同程度上起到促进社群利益和地方社会整合的作用。另一方面，新的市民社会萌芽也在各种社团组织的建立和当代社会运动如消费者运动、环境保护运动和劳工保护运动中逐渐形成。[80] 此外，我们还发现，当代市民社会的因素不只是在国家之外生成，而且也在国家与社会的结合部甚至国家内部形成。在此过程中，来自不同方面的资源被尽可能有效地调动起来，用来促成多少具有自治性格的社会组织和社会活动。这些社会组织和社会活动，无论新旧，并不必然是破坏性的社会因素，更不一定具有反对政府的倾向。但是，如果它们得不到认可，没有合法地位，甚至经常遭到政府部门的怀疑、猜忌乃至抑制和打击，其建设性的因素就可能受到限制。[81]

因此，重要的和有意义的问题是，如何改变人们首先是统治精英和知识精英对民间社会组织和社会活动的态度，促进政府部门与民间社会之间的沟通和了解；如何在此基础上通过运用法律

[80] 严格说来，发生在这些领域中的事件尚不能称之为社会运动，首先是由于具有相对自主性的社会空间的发展受到诸多限制，它们更多是以自发的形式出现，既缺乏良好的组织，也没有足够的联合意识，甚至，那些比较有组织力和号召力的参与者要时常检点自己的行为，以避免引起政府的猜忌和打击。尽管如此，这些每天都在发生的事件业已形成一定规模，成为一种不容忽视的社会现象。而且，我们也可以预言，随着经济改革的继续进行，相关的体制性（不但经济的而且政治的）调整将不可避免，在此过程中，社会空间将继续扩大，我们提到的这类社会运动也将得到进一步的发展。

[81] 农村地区家族方面的事例，参见钱杭："中国当代宗族的重建与重建环境"，载《中国社会科学季刊》（香港）1994年第1卷。当然，指出这一点并不是假定任何民间组织都是健全的，而是要说明，许多社会组织并不必然是"好的"或者"坏的"，它们的性质和作用是在一系列社会性互动的过程中形成的，正因为如此，政府对这些组织的态度特别值得关注。

去规范和调整民间组织与民间活动；如何改善民间组织和民间活动的状况，既尊重其自主性，又抑制其中可能损害个人和社会的不良倾向；如何通过民主方式，一面改造传统的民间社会形式，一面鼓励民间社会组织的政治参与，加强"社会"与国家之间的对话、沟通和连接；如何通过必要的法律程序建构一个理性的空间，并在其中开展国家与社会之间的富有建设性的互动，以及最后，如何在这一过程中，达成国家、社会与个人之间的适度平衡，完成转型时期的社会整合。这些，将是在中国实现现代化的一个重要途径，同时也是在中国实行宪政和法治的不可回避的道路。

六、法治的正当性

把法治理解为现代法律运动的一部分，则其正当性问题与在中国建立现代法律制度同时发生。

晚清，关于新法的性质及其与中国传统法律尤其是所谓礼教所体现的社会价值之间的关系诸问题，曾经发生激烈的论辩。然而，由于继之而来的两次重大历史事件，即推翻帝制、建立共和的辛亥革命，和以民主、科学为口号、旨在破旧立新、改造"国民性"的新文化运动，整个景观发生了戏剧性的变化。首先，作为政治革命的成果，一套基于现代政治原则的政治制度和国家组织开始被建立起来，政治参与的方式、途径和范围也发生相应的变化。其次，随着新文化运动的展开，新的价值观念和政治理念得以在更大社会范围内传播，民主、科学、宪政一类现代观念迅速成为占统治地位的意识形态。尤其自 1921 年袁世凯复辟帝制失败之后，共和制度和宪政理念的正当性愈发不可动摇，以至在新一轮的权力角逐和政治斗争中，"民主"和"宪政"成为不同政治力量经常运用的最方便也是最有力的武器。

1950年代以后，随着中国现代法律运动的中断，法治的理念也被抛弃。尽管从1954年到1978年，先后有三部宪法被制定出来，[82] 但是这些宪法实际上只是政策的表达，因此既不能规范政府行为，也不能保护个人权利。这一以极端的人治为特征的政治实验，如前文所述，造成了极其严重的社会后果，正是因为意识到这一点，国家领导人才在1970年代末改革伊始就重新提出了"民主与法制"的口号，并且很快制定了新的宪法（1982）。这时，法治的正当性问题再次被提出，只是，与现代法律运动前期的情形相比，人们现在所面对的情况已经有许多不同。

晚清围绕新法中若干条款的论争，基本上是一场上层精英之间的论争。其时，不但社会结构没有改变，政治结构也还不曾大变，以至于当时的论争主要集中于文化价值的层面。[83] 此后，随着现代国家政权与法律制度的逐步建立，早先主要被视为（文化）价值冲突的问题逐渐扩大到制度层面，成为政治的、法律的乃至社会的问题。[84] 然而，直到1940年代末，由于国家统一尚待完成，更由于社会结构的改变甚为有限，法律在政治生活与社会生活中的作用并不十分突出。1950年代以后，随着社会主义改造的逐步推行、计划经济的全面实施和全能政治的最终确立，个人、社会、国家的关系发生了结构性改变，这使得1980年代以来包括重建法制在内的改革不可避免地涉及整个社会，不

---

[82] 即1954年宪法、1975年宪法和1978年宪法。在此之前，还有一部作为临时宪法的《中国人民政治协商会议共同纲领》。

[83] 关于当时围绕新法与礼教的论争，参阅故宫博物院明清档案部编：《清末筹备立宪档案史料》，中华书局1979年版。

[84] 费孝通在《乡土中国》一书中谈到新的法律及法律设施推行下乡之后引起的社会问题。蔡枢衡和李达都把法律与社会的脱节作为其讨论的主题，参见注65。

但是所有的社会阶层，而且是社会的所有方面。这也使在中国推行法治所面临的问题比以前更充分和更清楚地表露出来。

今天，法治的正当性所面临的挑战可以被归结为由显而隐的三个方面。

首先，在最显见的层面上，法治所面临的威胁来自于"法治"被在政治上实用主义化和工具化。20世纪80年代以来"法制"（法治）口号的重新提出，可以被看成是国家寻求新的合法性的努力。过去数十年间政治实验的失败，尤其是指导这一实验的意识形态的失败，使得对一种新的具有合法性的意识形态的需求甚为迫切。而"法制"（法治），一种被认为与"改革开放"、市场经济、现代化以及"社会进步"观念联系在一起的秩序模式，确实具有替代旧的意识形态的功效。这种转变的背景使得当下轰轰烈烈的法律改革运动同时具有两种彼此矛盾的倾向：一方面，因为强调依法治国，法律制度的建设和法律观念的传播均有明显的进步。更不用说，在中国历史上第一次如此大张旗鼓地宣传"法治"，无疑使更多的中国人（不仅是政府官员和学者，而且是普通民众）比过去有更多的机会去思考和亲近法治的理念。但是另一方面，由于"法治"所具有的意识形态色彩，它又容易被工具化，成为一种装点门面的招牌，有名无实。比这更糟糕的是，由于"法治"不能被认真地对待和实施，人们将对法律改革乃至法治本身产生怀疑、甚至失去信心。这正是今天日益严重的"司法腐败"现象给予人们的警示。

其次，较政治上的实用主义和权宜之计更深一层的对于法治的挑战来自于社会变迁本身。在传统社会，个人并不直接生活在国家的监控之下，法律规则与其他社会规范之间以及与个人生活经验之间的裂痕和冲突也不十分显著。而在现代社会，随着官僚体制的扩展和社会制度的理性化，法律在变得无所不在因此也越来越重要的同时，也变得越来越技术化和疏离于个人社会经验。此外，由于现代社会生活的日益复杂化，尤其是福利国家的出现，行政规章和自由裁量在规则系统中的空间也有扩展之势。这两种变化趋势都对法治理念提出挑战。[85] 中国在由传统社会向现代社会的转变过程中，不可避免地面临同样的问题，不同的只是，中国的现代法律运动有一个文化移植的背景，中国的社会变迁是一种规划的社会变迁，因此，在这里，法律与个人经验的疏离不仅是技术性的，同时也包含了文化冲突的成分；而国家在社会变迁过程中的主导角色，尤其是全能政治实践中国家与社会关系的失衡，既令人们对法治的要求格外迫切，也使得法治的实现特别困难。最后，由于没有经历 19 世纪自由放任的资本主义发展阶段以及与之相应的"法治"，中国社会所面临的要求法治的挑战便成为一种"后法治"时代的"前法治"危机。换言之，中国社会必须同时面对和解决某些其他社会在不同历史阶段分别遇到和处理的问题：既要实现真正的法治，又要在缺乏法治经验的情况下适应当代社会的复杂性；既要清算全能政治的遗产，又要充分肯定现代国家在社会发展过程中的重要性。

最后，也是最难为人们意识到的，是法治在所谓文化层面上遭遇的挑战。它涉及人们观念中法律的性质与功用，涉及人们对规则的看法，也涉及人们对法律与正义的关系的看法。正如我们所见，传统中国人并不一般地否认法律、规则及其与正义的关系，相反，他们常常诉诸法律和运用规则，肯定法律与正义之间的内在联系。只不过，法律在人们的心目中并不据有至高无上的

---

[85] See Roger Cotterrell, *The Sociology of Law: An Introduction*, Butterworths, 1984, pp. 168~187. 这种变化成为当代许多围绕"法治"问题展开的讨论和论争的重要背景。See William E. Scheuerman, *Between the Norm and the Exception*, MIT Press, 1997.

地位，规则如果妨碍结果的公正，就可能被违反甚至遭到抛弃。同样，为了实现实质正义，人们经常漠视和牺牲必要的程序。在这样一种传统中，法律当然被视为手段，并且仅仅被视为手段。与现代法治理念扞格不入的就是这种根深蒂固的法律工具主义传统。

从理论上说，上面提到的所有这些挑战都不是不可克服的，实际上，当下的法律改革和制度调整也可以被理解为建立法治秩序的一种努力。显然，循着同一方向还有许多工作可做，比如，提高立法质量、加强程序保障、提高法官素质、改善法学教育、扩大律师行业、加强司法对行政的监督，等等。但是，如果我们的视野仍然限制于法律制度之内，而不能扩大到政治制度、社会结构和文化形态诸方面，如果我们只强调国家在法律改革中的核心作用，而不注意具有相对自主性的社会的发展，特别是，如果我们只关注法治本身而不重视民主制度建设，则法治所面临的挑战很可能难以克服，在中国建立法治的理想也将长久地虚悬。

民主的法治

在讨论法治概念的时候，我们有意识地引入形式化和程序性的法治理论，以便将法治与民主制度和其他可以通过法治来实现的社会价值区分开来。这样做的目的，是要更好地了解法治的性质、功能和限度，了解不同制度设计和制度安排之间的关系。正如我们所见，在中国建立法治秩序的要求有其内在根据，但是单靠国家去推动法律建设，并不能达到实现法治的目标。要实现法治，必须有民众的参与，必须有一个国家"之外"的多元社会的存在。易言之，法治的实现与民主制度的发展有密切关系。一种健全的民主制度将有助于克服法治所面临的挑战，确立法治的正当性。

在政治方面，民主的这种重要性是显而易见的。今天，中国的法治事业最直接最明显的挑战来自于"司法腐败"，因为它直接动摇了人们对法律的期待和信念，威胁到法治的正当性，不仅如此，它还塑造了一种有害于法治的生活经验，使国民难以摆脱传统非法治甚至反法治的认知模式，因此也很难了解和享有法治的优长。而所谓"司法腐败"之所以如此有害，恰恰是因为这种现象具有深刻的制度根源。"司法腐败"表现为滥用权力，也源于对权力的滥用。而在缺乏对权力的合理分配和制约的地方，滥用权力的倾向可以说是不可避免的。在过去20年里，我们看到，人们通过比如人民代表大会和公共舆论监督机制，与滥用权力和腐败现象进行了顽强的斗争。我们不能说这种斗争没有奏效，但是很显然，这种努力的结果非常有限。因为，已有的民主机构如人民代表大会，由于缺乏真正广泛的民主基础，也由于受现行政治体制限制，并不能充分行使其依法享有的监督职能。一般舆论监督，更因为资源与空间甚为有限，不可能对政治权力形成有力的制约。更不用说，迄今为止，民主参与的方式仍然受到很大限制。但是，从民众对滥用公权、以权谋私现象的憎恶里，从人们在极为有限的空间内通过民主方式与这类现象进行不懈的抗争中，我们不但可以确知大众对于民主参与的热情，而且可以期待广泛的政治参与对权力制约产生的积极影响。只有到那一天，人们才可能把法律与公正联系在一起，才可能尊重法律，相信法治。

民主参与也有助于弥合法律与个人经验之间的裂隙。一方面，通过加强基层社会的民主制度，提高社区自治程度，推动社会的多元发展，人们可以更多地管理自己的事务，从而缩小社会规范与生活经验之间的差距。另一方面，广泛的民主参与，尤其是对立法和司法过程的民主参与，有可能大大缩小目前存在的法律与社会生活之间的严重脱节。如前所述，这种脱节部分地源于近代以来的社会变迁：一方面，国家在"改造"社会的过程中常常要"超前立法"，另一方面，在变革时期，社会生活的迅速变化又经常造成"法律滞后"。这两种情况下法律与社会的脱节都因为立法中的所谓"长官意志"而加强。在现行体制下，立法程序虽然较以前细致和合理，但基本上仍然保持着一种"计划型"的和非民主的特点。由于缺少沟通渠道，个人的和团体的利益以及一些地方性利益得不到适当的表达，更难对立法产生影响，相反，行政部门在保有大量规章制定权的同时，还以各种方式影响立法，力图维护其部门利益。在1980年代以来因为社会转型和制度变革引起利益重新分配的条件下，这一现象尤为突出。与立法方面的情况相比，司法方面民主参与的途径更为有限，虽然法律很早就建立了人民陪审员制度，但是这种制度始终流于形式，并不能真正发挥其作用。因此，即使只是利用现有制度，司法的民主化程度也将大大提高。

最后，广泛的民主参与本身就是一种新的和有益的生活经验，而当这种经验与人们对法律的新的经验结合在一起的时候，法治的正当性就会牢固地建立起来。可以注意的是，作为"五四"新文化运动的口号之一，民主的理念比法治的概念更早为中国民众所了解，部分地因为这个原因，在过去的一个世纪里，"民主"的口号远比"法治"更加响亮，也更容易亲近，以至人们有理由认为，民主的正当性在中国有着更为坚实的基础。然而，这并不意味着民主制度在这里遇到的问题比较法治所遇到的更少或者更容易克服，实际上，民主制度所面临的挑战和法治所面临的一样严峻。虽然在过去20年里，以市场化为基本内容的经济改革促进了利益的多元化和利益表达的正当化，同时也激发了人们自我管理和政治参与的热情，但总的来说，一个具有多元性和自主性的社会以及一种与这种社会内在地结合在一起的民主制度不仅没有建立起来，而且还面临种种难以克服的制度上的障碍。其中一个突出的问题，恰恰是法治不存。[86]

法治的民主

在强调了民主制度的发展对于实现法治的重要意义之后，我们不能够忽略这一关系的另一面，即宪政和法治对于一种健全的民主制度的不可或缺的重要性。

从历史上看，民主和法治之间并不一定存在互为条件的关系，在特定条件下，一种民主制度可以存在于一个没有法治的社会，相反，一个法治社会也可能不需要公民的政治参与。[87] 然而，正如我们所见，这至少不是当代中国社会所面临的情况。在中国，法治的目标必须在广泛政治参与的情况下才可能实现，同样，真正的民主制度的发展不能没有法治的保障。这不仅是因为，公民依法享有的政治自由如言论自由和结社自由本身即是实行民主制度的基础，也不仅是因为，在现代社会，包括民主制度在内的所有重要的政治和社会实践均不可避免地借助于法律的形式来表达，并因此而获得制度上的保障，更是因为，中国近代尤其是最近五十年以来的民主实践，以一种无可辩驳的反面形式向我们证明，没有法治的民主不仅缺乏制度保障，不能够持久，而且容易被滥用而变得畸形，甚至产生灾难性的后果。史无前例的"无产阶级文化大革命"就是这样一个显明的例证。

自然，人们可以说，"无产阶级文化大革命"期间实行的所

---

[86] 现行宪法和法律中有关公民自由的各种规定，因为缺乏必要的制度安排和程序保障而难以充分实现，而这些基本的社会、经济、政治和公民权利对于发展无论市民社会还是民主制度来说，都是必不可少的。

[87] 前者可以举古希腊的雅典为例，后者可以1997年以前的香港为例。

谓民主并不是真正的民主，而不过是在一种激进的民主口号掩盖下的受到操纵的虚假的民主。的确如此。但这只是证明了民主可以被滥用这一事实。最耐人寻味的是，这一假民主之名实行最激进的政治实验的历史时刻，也正是中国历史上法律被漠视、个人自由和尊严被牺牲最严峻的时刻。这段历史经验向我们揭明，没有法治所保障的个人自由，民主可能被利用、滥用和扭曲到何种程度，社会秩序与个人尊严可能蒙受怎样可怕的损害。这段历史还提醒我们，民主和法治所保障的利益和价值不同，它们各自要求的条件也不同，因此，即使在一般情况下，我们也必须考虑它们二者之间既互相支持又互相制约的微妙关系。

　　的确，民主和法治指向的目标并不相同。民主的要义是公民的政治参与，是自我管理和多数原则，而法治的基本旨趣是限制专断的权力和保障个人自由。虽然在一方面，享有基本的个人自由是公民政治参与的前提，而公民通过政治参与又可能进一步拓展个人自由的空间；但是另一方面，这两种目标之间又可能存在某种内在紧张。因为，民主的多数决定原则既可能受多数人自我利益甚至激情的左右而令少数人利益蒙受损害，也可以在追求集体性目标的同时忽略甚至牺牲个人权利。[88] 在中国的语境里，这种情形尤为突出。在传统的价值序列里，国家利益、社会利益、集体利益都无可置疑地优先于个人利益，为满足前者，常常可以牺牲后者，同样，相对于多数（尤其是所谓"大多数"），少数人的利益和权利总是被置于某种次要位置。近代以降，这种价值排序并没有因为政治革命或者社会变迁而改变，相反，它在

---

[88] Jon Elster 仔细区分了运用多数原则可能侵犯个人权利的几种情形，并提出了用来对抗多数原则以保护个人权利的制度安排，后者包括立宪主义、司法审查以及分权与制衡。See Tom Elster, "Majority Rule and Individual Rights", in Stephen Shute and Susan Hunley ed., *On Human Rights*, Basic Books, 1993.

持续多年的"救亡"运动和后来的共产主义革命运动中得到延续甚至强化。因此，毫不奇怪，我们熟悉的对民主的要求可以是"人民当家作主"，"大多数人的利益"，"群众"自治，"社会"监督，等等，但是绝少涉及个人自由和个人权利，而在民主实践中，以民主方式侵犯个人权利之事，无论过去还是现在都屡见不鲜。此外，我们还注意到，在缺乏法律制约的地方，基层社会的民主同样是脆弱的和容易被人利用和操纵的，其结果，社区自治有可能蜕变为某种地方势力的"独立王国"，在那里，个人也许可以较少受到国家的直接干预，其代价则是一种新的依附地位。[89] 显然，在这两种情况下，法治都是绝对必要的。

法治与民主的另一种区别是，法治要求国家的直接介入，民主却可以由公民自己去实行。相应地，法治的实施更具有统一性，民主的实行则更具有分散的和多元的特点。当然，这并不是说，法治是一种国家事务，民主只是社会的组织原则，与国家无关。作为现代社会的一种基本政治制度和国家组织原则，民主当然也是国家事务。但是在比如基层民主或者社区自治方面，我们确实可以看到，民主与法治的内在紧张有时表现为国家法律与社会自我管理实践之间的潜在冲突。毕竟，法治不仅仅是一种秩序原则，它还包含许多有具体内容的规则；它不只是要求人们遵从法律，而且要求人们满足一些具体的要求。问题是，什么样的要求是合理的？什么样的法律对于社会的健康发展是有益的？

以往，"新"国家通过"超前立法"去改造"旧"社会，因此有所谓"规划的社会变迁"。这种模式的一个潜在的危险是，国家试图包揽全部的社会事务，以所谓"理性"代替传统，

---

[89] 实践中，这种情形甚为普遍，只是形式与程度不同而已。著名的"大丘庄"案不过是其中的一个著例罢了。

用人为的规划去取代自生的社会秩序。就在不久之前,这种危险曾经成为现实。而在今天,通过基层民主实践和加强社区自治,社会有可能从以往人为造成的束缚中间逐渐解放出来,成为和国家同等重要的社会发展的动力源。

那么,在通过法治保障个人权利,包括维护公民各项民主权利,和通过民主实践提高公民自我管理能力和社区自治程度之间,在相对统一的国家立法和具有地域的、文化的、族群的和社会与经济发展多样性的多元社会之间,[90] 什么样的原则是可能的和适宜的?如果社会是多元的,如果我们坚持多元社会的原则,法治应当怎样?法治可以是多元的吗?或者,法治如何容纳多元?作为一种制度化的规范体系,法律应当从什么地方开始,在哪里止步?国家与社会的关系应当怎样?公域与私域的界线在哪里?

显然,这些问题并不容易回答。不过,如果我们着眼于活生生的现实而不拘泥于僵化的教条,如果我们在关注现在的同时也把过去和未来引入视野,如果我们在国家之外也看到社会,在社会当中也看到个人,我们就有可能保有某种创造性地想象和建设未来的能力。比如,我们不但可以想象一个多姿多彩的多元社会,也可以想象一种充分反映和维护这种多样性和丰富性的法治,这种法治不但可以容纳"一国两制"(甚至"一国多制")、地方自治和民族自治,而且将为这种多样性提供真正有

---

[90] 即使是在今天,中国社会内部规范性知识以及与之相关的社会秩序的多样性也是一个不容忽视的现实,相关的讨论,见梁治平:"乡土社会中的法律与秩序"。

效的制度保障。[91] 同样，我们也可以想象一种处理多数与少数、集体与个人之间矛盾与冲突的原则，根据这种原则，在主要涉及集体性事务和利益的时候，应当尊重通过民主程序表达的多数人的意志，在主要涉及个人事务时，则应以个人意志为优先。法律既不应假民主之名任由多数人牺牲少数人的权利，也不应从一种僵硬的个人权利的立场出发，无视历史传统、地方习俗和多数人意志。法律应当为社会中的每一个成员提供尽可能多的选择和尽可能大的活动空间。这样一种原则或者可以称之为"当事人原则"。[92]

与近代以来欧美国家的经验不同，中国的民主不是在一个已经建立起来的宪政制度框架里面逐步得到发展。我们必须同时解决民主和法治这两个问题，这不仅是因为我们对此二者的需要同样迫切，而且是因为我们不可能在不考虑另一项事业的情况下单

---

[91] 人们注意到，在长期为"中央与地方"关系问题困扰之后，现在有人开始谈论所谓"行为性联邦体制"现象，进而讨论实行联邦体制的可能性。另一方面，在坚持中央集权体制的同时，政府出于政治与经济方面的考虑所实行的经济特区实验和"一国两制"，实际上已经把多元性带入到当代的政治和法律架构之中。因此，所谓多元的法制或者多元架构下的法治绝不是不可想象的。接下来的问题是，如何真正实现多元化原则，如何使得已有的民族自治和地方自治变得名副其实，如何推广成功的经验，使中国未来的政治、经济和法律制度既能与社会的多样化发展保持协调，又能够切实保护个人自由与个人权利。

[92] "当事人原则"着眼于利益的主体，因此与个人主义原则不同，但从另一个方面看，即使是多数人的决定也应当出于集体中每一个人的选择，而且也不应侵害少数人的权利，就此而言，"当事人原则"又与个人主义原则相通。实际上，强调社会中每一个人对其生活的选择和这种选择的不可替代性，并不一定导致个人与社会之间的截然分离。至少，古典作家在论述自由主义原则时，并没有虚设一种独立于社会和在社会之外思考、活动和选择的个人。当代一些自由主义者基于对古典自由主义的这种阐释发展了自由主义理论。See Will Kymlicka, *Liberalism, Community and Culture*, Clarendon Press, Oxford, 1991.

独地完成其中任何一项事业。不过,民主与法治的这种相互依存关系并不要求某种一次性的成就,否则,无论民主还是法治都永无成功之日。实际情况是,法治的目标可以通过渐进的改善而逐步接近,民主制度也可以不同方式和在不同范围内推行和发展。而当这两种制度形式在实践中结合在一起,就会产生积极的和建设性的结果。

七、结语:社会转型与文化重建

许多人用"社会转型"一词来描述 1980 年代以来中国的社会变迁,这固然不错,但是根据本文的看法,我们现在所经历的这场变化实际上只是一个世纪以前开始的一场更大的社会变迁的一部分,本文把这场已经延续了一个世纪之久的规模巨大的社会变迁称为社会转型。

我们已经谈到这场社会转变的主题,谈到直接引起这场转变的社会危机。读者或许已经注意到,这不是寻常意义上的社会危机,因为它不只是发生在社会的某一方面或领域,也不只限于某一社会阶层。这是一场"整体性危机",[93] 它涉及整个社会,整个文明,涉及社会与文明的重建和寻找新的自我认同。我把这种危机理解为内在的,并不是要否认外部世界的影响,而是要强调,不仅造成危机的重大社会问题出于社会内部,而且面对和试图解决这些问题的行动主体也出于同一社会,促使他们行动的利益、情感和欲望无不植根于这个社会的历史、传统和日常生活之

---

[93] 这种说法强调某一社会危机极其深刻的精神性,一种全社会所经历的死而后生的经验。详见[美]伯尔曼:《法律与宗教》,梁治平译,商务印书馆 2012 年版。在为该书写的译者序言当中,我讨论了近代以来中国社会所经历的所谓"整体性危机"。

中。外部世界的变化构成了这一社会变迁的背景,它暴露出这个社会固有的问题,刺激人们思考和行动,不仅如此,它还为这个社会的变化提供了新的可能性,并以这种方式融入这个社会的发展之中。

把中国的法律现代化运动置于这样一个所谓社会转型的宏大图景之中,我们将得到什么样的印象呢?

首先,作为现代性方案的一部分,宪政,法治,以及现代法律制度的建立和完善,已经为近代以来的历史证明是必要的,它不但有历史的依据,而且,更重要的是,反映了这个社会的现实需要。尽管如此,在中国实现法治仍需要付出艰苦的努力,因为它本身也是一项复杂的事业,不仅涉及原则和制度,而且涉及认知方式和生活经验。

其次,虽然当代中国社会迫切地需要法治,虽然法治的逐步实现可能为人们带来巨大的好处,但是它不可能包罗所有的社会领域,也不能够解决所有的社会问题。对于一个公正的社会来说,法治只是其必要条件而非充分条件。而在今天的中国,法治的目标本身也要借助于法律以外其他社会制度和社会实践的发展才可能达到。意识到这一点,我们在讨论法治问题时就会一面把注意力集中于法治的基本原则、制度结构和作用机制,一面考虑法治在整个社会转型、文化重建过程中的位置,考虑法治与社会发展和制度变革其他方面的相互联系。

再次,尽管中国的宪政运动已经有将近 100 年的历史,而且今天正在进行的法律改革有可能把我们带入一个法治事业的新阶段,中国的法治仍然面临严重的挑战。这种挑战部分来自于现实生活中的利益冲突,部分来自于社会变迁本身,部分来自于心灵的积习,但是不管怎样,它们都不是不可克服的。本文力图证明,一个多元的、理性的和能够自我调节的社会的存在和广泛的政治参与是推动法治事业、确立法治正当性的一条重要途径。

最后，本文还试图说明，中国社会不仅需要通过民主实现的法治，而且需要法治保障之下的民主。法治与民主的相互支持有可能通过保持其内在紧张的办法获得实现。所谓"当事人原则"，就是为了达成国家、社会与个人之间的健康互动关系和适度平衡。这里，我无意否认国家在现代社会生活中的重要性，问题是，国家应当扮演恰当的角色，否则就可能造成灾难性的后果。因此，如何创造一种必要的条件，一种有效的制度安排与社会结构，实现国家、社会与个人之间的适度平衡，应当是未来几十年内中国政治、法律与社会的理论和实践的主要任务。

处于社会转型时期的中国社会正面临一系列重大问题，要及时和恰当地解决这些问题不仅需要明智的决断，而且需要想象力和创造力。此刻，中国社会的未来是不确定的，这是一个开放的未来，我们必须自己去创造它，也就是说，我们必须自己去确定现代中国的含义。这就是所谓制度建构，这就是所谓文化重建。在这一天到来之前，我们不能够确知最后的结果，不过有一点应当是确定的，那就是，我们既需要一个强有力的和守法的国家，也需要一个健康而有活力的社会，更需要无数享有自由与尊严的个人。为此，我们既需要法治，也需要民主。法治与民主的有效结合，是实现中国统一和稳定的制度保障，也是文化重建的制度基础，而通过推行法治，加强公民意识，提高公民的政治参与能力，和在新的政治与社会实践中积累新的生活经验，使理性的精神融入整个社会，逐步建立起一个现代的、多元的和理性的社会，应当是社会转型时期的重要目标。

关于最高人民法院发布司法解释的权力的四个问题的简析和建议

范思深*

本文将探讨四个问题，涉及最高人民法院发布司法解释的权力及重要角色，并建议这四个问题在未来立法中加以解决。

作为一位长期观察最高人民法院的外国学者，我将这些司法解释的特征总结为——它们超越了法庭裁决的范畴，具备了"准立法"的功能。而作出法庭裁决是许多全国性法院的职责。我不会就"这一功能是否符合中国法律"这一问题展开辩论，因为诸多中外学者对此已进行过探讨。然而我认为这些学术辩论并没有直视一个广为中国法律界所熟知的事实：这一功能于中国法律体系的运转至关重要，而且多年来最高人民法院一直行使这一准立法功能。

本文着重论述对司法系统以外人士而言很重要的四个独立问题。文中我将对其重要意义做出解释，并建议在未来的《人民法院组织法》的修订工作中涉及这些问题（如尚未涉及）。这四

---

* Susan Finder, www.supremepeoplescourtmonitor.com.

个问题是：①司法解释起草阶段的公开咨询[1]不充分；②最高人民法院在颁布其所称的"司法文件"[2]时，法律基础并不明确；③最高人民法院、最高人民检察院，连同其他无权发布司法解释的机构发布的准立法并不具备明确的法律基础；④地方法院裁决缺少清晰的法律基础和程序。这些均是任何一种法律制度之下的根本性问题，涉及透明度且在立法过程中将奠定长期司法实践的基础。

未来立法解决这些问题很关键，因为作为中国这个居世界领先地位的大国的最高一级法院，最高人民法院的司法行为必须要与其地位相匹配。

一、问题的背景

随着对外开放的不断加深和与外界越来越多的互动，中国形成了复杂的经济，并经历急剧的社会变迁，这意味着大量纠纷在相关立法出台之前或者尚未充分立法之前就被诉诸法院。中国学者深知，起草法律过程之缓慢和修订已颁布法律之困难决定了立法机关颁布的法律规定不能充分满足中国法律界的需求。因为中国是一个存在巨大经济和社会差异的庞大国家，一些法院，特别是那些经济高度发达地区的法院，它们需要在相关国家立法颁布到位之前的很多年里处理大量新型案件。

正是因为这个原因，最高人民法院充分运用了其解释法律的权力，并于2007年颁布了《最高人民法院关于司法解释工作的

---

[1] "公开咨询"（public consultation），下文按《最高人民法院关于司法解释工作的规定》的文本表述——"向社会公开征求意见"。——译者注

[2] "司法文件"（judicial documents），在相关正式法规中称作"公文"。——译者注

规定》[3]（以下简称《司法解释规定》），以确立司法解释的程序。鉴于本文读者对最高人民法院解释法律的权力已非常熟悉，在此不再赘述。然而该《司法解释规定》并没有充分探讨最高人民法院的实际操作，或者说没有充分满足社会和经济中不同部分的需求。这就意味着，在国家立法、司法解释和地方立法不充分时，地方法院已经发布了地方性规则处理本地出现的疑难问题。

相比目前的需求，规管最高人民法院和法院系统的目前立法是不足的，这点在中国司法系统、律师界和学界（以及中国司法制度的海外观察人士）内已是多年共识。全国人大常委会最终认识到这一点，并且已经开始《人民法院组织法》的修订工作。

鉴于上述及以下原因，修订《人民法院组织法》或通过未来其他相关立法解决这些问题变得势在必行。

二、司法解释起草缺乏透明度

第一个问题是起草司法解释的过程不透明，或者说透明度不够。如下所述，这一问题应该通过扩大向社会征求意见的范围加以纠正。

《司法解释规定》明确规定，就最高人民法院（在实地调查后）制备的司法解释草案公开征求意见时，多年来的主要方法是向一群经过挑选的政府部门、机构和专家征求意见，而向社会公开征求意见则是补充性的。《司法解释规定》第17条和第18条对此制度说明如下：

第17条：起草司法解释，应当深入调查研究，认真总结审判实践经验，广泛征求意见。

---

[3] 参见链接：http://www.law-lib.com/law/law_view.asp?id=194506。

涉及人民群众切身利益或者重大疑难问题的司法解释，经分管院领导审批后报常务副院长或者院长决定，可以向社会公开征求意见。

第18条：司法解释送审稿应当送全国人民代表大会相关专门委员会或者全国人民代表大会常务委员会相关工作部门征求意见。

"广泛征求意见"这一条款并没有法律定义，但却有大量支持它的实际做法。"广泛征求意见"被理解为向相关政府和其他机构征求意见，而不是为了提供向所有相关机构或个人征求意见的咨询渠道。

从我的研究（以及《司法解释规定》）来看，起草司法解释通常通过如下三个步骤进行，视相关事宜的内容、难度和敏感性而定，具体的当然会有所变化。这三个步骤是：①最高人民法院起草小组完成司法解释草案后，通常会将其送到下级法院征求意见。②起草小组也会将草案交送一个由特邀人士组成的小组征求其评论，这个特邀小组可能包括受该法律解释影响的部委和来自研究机构和大学的专家。③有时司法解释起草者会邀请地方法院在判案中运用草案，将其作为一个地方法院法规加以适用，从而"测试"该解释草案。

近年来，像亚洲开发银行这类国际机构为最高人民法院起草司法解释提供了技术帮助。起草司法解释的过程类似于耶鲁大学中国法律研究中心的 Jamie Horsely（她就中国的公共参与问题发表了许多论述）所描述的起草其他立法的过程。她评论说：[4]

然而在传统上，中国领导人总是通过对受信任的政府官员、学者和其他被认可的专家进行选择性咨询，并辅之以用以确定人

---

［4］ 参见 http：//www.law.yale.edu/documents/pdf/Intellectual_Life/CL-PP-PP_in_the_PRC_FINAL_91609.pdf.

民"意愿"的精心安排的"实地调研",来制定法律和政策。

根据《司法解释规定》第17条,"向社会公开征求意见"是一个可选步骤。第17条是对以前规定的改进,因为以前并无特定框架允许向社会公开征求对司法解释的意见。

这意味着,只有在司法解释"涉及人民群众切身利益或者重大疑难问题"时,且必须得到法院主管领导内部批准,由常务副院长或院长作出决定,起草小组才能向社会公开征求意见。[5] 然而,这一架构与以下各项不相符:①立法的基本原则,其强调透明和公开咨询;②在中国正与美国、欧洲和其他地区谈判中的双边投资协议项下中国政府的未来承诺;③十八届三中全会阐明的中国政府的未来政策趋势,《十八届三中全会公报》强调立法领域更多的公众参与和更高的透明度。

最高人民法院已经就如下若干司法解释向社会公开征求过意见。我举两个公开咨询不充分的例子,列明原因,并提出未来改进的方法。

2003年年末,最高人民法院首次就《婚姻法》发布的第二个司法解释正式向社会公开征求意见。这本身已是巨大成就,尤其是在这么做尚无清晰法律基础的情况下。可能是,在起草这部最适合彼时中国国情的法律规定的过程中,司法解释的起草者有可能看到了向社会公开征求意见的好处。

过去几年,最高人民法院发布的向社会公开征求意见的司法解释草案涵盖如下领域:①金融租赁合同;②销售合同;③互联

---

[5] 《最高人民法院关于司法解释工作的规定》第17条:"……涉及人民群众切身利益或者重大疑难问题的司法解释,经分管院领导审批后报常务副院长或者院长决定,可以向社会公开征求意见。"

网版权；④船舶扣留及司法拍卖；⑤即期担保[6]。

最高人民法院就司法解释没有或不充分地向社会公开征求意见。如果最高人民法院仅仅是"广泛征求意见"，但并未进行公开咨询或公开咨询做得不够，那么司法解释本身的质量将受到影响。这意味着，司法解释所确立的法律规定并没有达到它应该具备的功能，因为司法解释应该将最适合彼时中国国情的法律规定加以定形。

在下面两个例子中，司法解释对诸多跨境司法问题形成了实际影响，这些问题会影响到中外当事人，包括受益于公开征求意见的公司和个人。这两个例子是：1. 关于《中华人民共和国涉外民事关系法律适用法》的司法解释；2. 有关独立保函争议的司法解释。

关于《中华人民共和国涉外民事关系法律适用法》的司法解释，是最高人民法院未经发出公开征求意见稿而颁布司法解释的一个例子。广为中国法律界所熟知的是，这部法律及其司法解释涉及大量中国法律冲突（法律选择）问题。这部法律的立法目标是：基于国际原则，为中国设计一整套法律冲突（选择）的规则。该司法解释确认了如下领域的法律规定：①中国法律约束性条款的含义；②中国的冲突法规则在香港特别行政区和澳门特别行政区的适用性；③"涉外"的含义。

这些看似理论性的问题实际上影响到了大大小小的中国公司和个人、跨国公司、与中国公司打交道的外国公司，以及仲裁的中外当事人。发表在中外法律和学术出版刊物上的有关这一司法

---

[6] 关于这部分内容详见拙文：http://supremepeoplescourtmonitor.com/2013/12/22/the-court-misses-an-opportunity-to-consult-the-public-on-the-demand-guarantee-interpretation/.

解释的论文数量即反映了这一法规的重要性。

另一个是最高人民法院公开征求意见不够充分的例子,涉及关于独立保函纠纷审理的司法解释草案。2013年12月6日,最高人民法院发布了一份向社会公开征求意见的司法解释草案[7](以下简称《独立保函司法解释草案》),征求意见的期限是9天。9天的期限并没有违反最高人民法院自己的规定,(如上所述)《司法解释规定》并没有设定征求意见的期限。在这个案例中,最高人民法院错过了就某一对国内和国际具有重大商业影响的司法解释真正进行公开征求意见的机会。

由于中国公司在世界经济中所扮演的积极角色,《独立保函司法解释草案》对很多外国和中国机构都很重要。中国的银行常常为中国承包方、出口商和投资商开具独立保函给外国公司。

即时担保(常称独立保函)常用于建筑、工程和其他项目,项目所有人会要求承包商为其履约提供担保。担保通常由银行提供,因此如果承包商违约,项目所有人便会很容易获得赔偿。

大型建筑或工程合同通常要有独立保函的担保。在海外承揽业务的中国建筑和工程公司通常从中国国内银行取得这类担保。独立保函的使用和违约状况日增,原因在于中国建筑和工程公司在中国以外的承包市场所占份额日益提高,履约出问题时外国项目所有者就独立保函提出赔偿要求,而中国公司则会寻求避免支付。项目出现问题时,中国公司常常在中国诉诸法院,尝试止付担保。最近大成律所合伙人的一篇文章就描写了他为一家巴基斯

---

[7]《最高人民法院关于审理独立保函纠纷案件若干问题的规定(征求意见稿)》。——译者注

坦项目的所有人打官司的经历。[8]

由于下级法院面临独立保函诉讼审理数量日益增长的情况，而中国又缺乏这方面的立法，最高人民法院起草了关于独立保函的司法解释。

《独立保函司法解释草案》涉及中外银行和项目所有人，包括：①独立保函是否应适用于国内交易；《担保法》对此持否定态度，但是一位知名中国律师就此撰文提供了进一步讨论[9]。②在审理独立保函纠纷时，法院是否可以审查相关交易。（司法解释草案第27条说明，在涉及第18条所描述的欺诈等情形时可以，法院应该能够对相关交易进行有限审查）③法律和中国强制性法规对独立保函的适用性；（合同双方商定的法律，以及如果独立保函未有明确条款，保证人经常居住地的法律适用；关于为外国当事人提供担保的强制性规定适用）④独立保函项下拒付的诉讼程序。

从报纸报道可以判断，最高人民法院向由经挑选的个人、机构和单位组成的征求意见小组征求意见。最高人民法院第四民事审判庭是负责涉外案件和仲裁的部门，该部门致力于研究此司法解释超过两年时间，在2012年和2013年组织了几场闭门研讨会讨论草案。与会专家包括：①商务部专家；②中国国际经济贸易仲裁委员会专家；③北京仲裁委员会专家；④顶级中国律师；⑤可能还有中国主要银行和国有企业的代表。

我认为最高人民法院不向社会公开征求意见的原因可能包括：①最高人民法院人士认为他们自己及其专家群体可以充分把

---

[8] 参见：http://www.mondaq.com/x/211888/charges+mortgages+indemnities/Trial+Practice+of+Foreignrelated+Independent+Guarantees+in+demand.

[9] 参见 http://blog.sina.com.cn/s/articlelist_1409766077_10_1.html%29.

握这个问题，并不需要广泛征求意见；②公开征求意见需要最高人民法院工作人员花费更多时间筛选出有帮助的提案。

对于第二个司法解释草案，最高人民法院本可为中外利益相关方设定一个足够长的公开征求意见的时间段，供其提供对草案有意义的咨询意见。针对中国机构开具独立保函时常出现的问题，利益相关方本可有机会审阅和考虑草案，并就这个主题和"国际标准"——《国际商会见索即付保函统一规则》对比。[10]

中国政府正分别与美国和欧盟进行双边投资协定的谈判。2012 年《美国双边投资协定》[11] 包括一个纳入这类双边投资透明责任的司法解释的框架。这些责任要求立法机构（尽可能）给利益相关方机会，对"整体适用中央一级政府的法规提案"予以评价。WTO 就此有管辖权。

如果中美（以及中欧）之间最终商定的条款足够广泛，囊括投资方面的司法解释，那么这将最终在中国引发法规修订，以达到有关司法解释透明度的要求。

中外个人和企业将从更透明的司法解释中受益。有了更适合中国现阶段发展情况的法律规定，最高人民法院和整个法院系统也都将从中受益。中外学者已经呼吁最高人民法院提升公开征求意见的程度。

不充分公开征求意见的危险体现在最高人民法院颁布的法规不合适、无法操作，以及与实际操作或国际惯例不接轨。由于中国已经成为世界经济大国，因此需要给所有相关方，不管是国内

---

[10] 参见 http：//www.iccwbo.org/About-ICC/Policy-Commissions/Banking/Task-forces/Uniform-Rules-for-Demand-Guarantees-（URDG）/.

[11] 参见 http：//www.ustr.gov/sites/default/files/BIT%20text%20for%20ACIEP%20Meeting.pdf.

还是国际，公司还是个人，提供与其他主要经济体的法规相若的法律规则。

此外，这一做法与十八届三中全会精神不符，《十八届三中全会公告》要求立法方面更多的公众参与。

最高人民法院应该思考其他主要经济体法院系统的实践，以及中国在行政机关法律方面的要求，例如：美国联邦法及程序[12]，其中规定，通常向公众提供6个月的意见征求期；欧盟也有类似要求，详见其网站；香港特别行政区也有类似程序，要求司法机构发布咨询文件，就对法院规则的建议修订咨询公众意见。

未来的立法（或者最高人民法院规则）应该要求最高人民法院在特定时间段内按特定程序进行公开咨询。我建议最高人民法院内部应设研究小组展开研究，或者最高人民法院审查当地法院规则及对当地法院规则进行公开咨询的主要管辖权要求。从这一点上看，这个研究小组要了解国际通行的惯例，并知道其中哪些惯例适合中国法院在就公开咨询制定自己的法规时可考虑参考。作为全球大国的最高一级法院，最高人民法院要发挥重要作用，因此这是最高人民法院要考虑的重要问题。

三、最高人民法院司法文件透明度不够

本部分内容考察最高人民法院颁布的司法文件透明度不够的现象，并以最近一份对国内外当事人有重要影响的司法文件为例展开论述。

---

[12] 参见 http：//www.uscourts.gov/RulesAndPolicies/rules/about－rulemaking/how－rulemaking-process-works/overview-bench-bar-public.aspx#step-2。

1. 最高人民法院颁布的司法文件问题

《人民法院公文处理办法》[13]（以下简称《办法》）将"法院公文"定义为："人民法院的公文是人民法院在审判执行工作和司法行政工作过程中形成的具有特定效力和规范体式的公务文书"（这一定义和《党政机关公文处理工作条例》的定义类似）。该定义进一步说明："法院文书是传达贯彻党的路线、方针、政策，执行国家法律，发布司法解释，……的重要工具"。

对法律解释，《办法》作如下表述："诉讼文书、司法解释等人民法院特定法律公文，依照法律、法规、司法解释的相关规定处理"。这意味着最高人民法院视司法解释为法院的"特定法律公文"。

尽管中国宪法将解释法律的权力赋予全国人民代表大会常务委员会，但是根据 1981 年全国人大常委会的决定，法庭审判中涉及法律、法规适用等问题的法律解释的权力被赋予最高人民法院，而最高人民检察院也被授予权力解释检察工作中涉及法律、法规具体适用的法律。《人民法院组织法》重申将解释法律的权力赋予最高人民法院。两个机构的解释都被认为是"司法解释"。《司法解释规定》将司法解释限于如下四种类型：①解释（特定法律领域的整套法律规定，与特定案例无关）；②规定（根据立法精神为司法管理需要而形成的条例或意见）；③批复（对下级法院"请示"事项的答复，与特定案例相关）；④决定（废止或修改现行司法解释的文件）。《司法解释规定》也提到司法解释可以由最高人民法院和最高人民检察院联合颁布，并且要求公开作出司法解释。《司法解释规定》也规定法官可以援引司

---

[13] 参见 http://www.chinalaw.gov.cn/article/fgkd/xfg/sfwj/201309/20130900391480.shtml.

法解释作为法院判决或裁决的依据。

阅览最高人民法院公报、最高人民法院的官方网站和失效的司法解释和司法文书的清单，可见如下几个现象：①存在一种被标识成"司法公文"的文件（定义不明）；②最高人民法院会同行政机关，如公安部和司法部，联合发布文件，这一类型的文件包含规范性规定。这一做法的理据在于，只有在行政机关官员的所属机构与法院联合发布法律文件之后，他们才有可能遵守该法律文件，并且要求其下属机构也遵守；③诸如"会议纪要"和"意见"等被归类为党和政府的官方文件的文件，[14] 也以这种类型形式发布，或者在最高人民法院网站的其他地方公布，似乎具有规范性条款的特征。这是因为其中很多条款有下级法院应该"实施该规定"或者"以其为指导"的用语。

在最高人民法院认为并无拟定的法律足以基于其进行司法解释时，有些规范性文件似乎处理了新出现的问题或现象。在我看来，其他规范性文件与现有党的政策关系更密切，且更不那么技术化。

尽管《办法》指定了向国内外发布公文的两种形式，但并未要求最高人民法院所有规范性文件必须公开，不论是在广泛或是在有限范围内公开。

《办法》提及法院公文的保密类型和保密级别，以及如何处理这些文件。此外网上搜索结果表明，有些法院公文如"会议纪要"从未公开发布，但却通过非官方渠道如律所网站和博客进入公共领域。

对观察者来说这似乎意味着，最高人民法院把司法解释视为一种类型的公文，而中国的法院在判案时，除了引据法律和现行的司法解释，还经常依据并非"司法解释"的各种公文，尽管这种情

---

[14] 参见 http://www.gov.cn/zwgk/2013-02/22/content_2337704.htm。

况——根据一些曾经担任过法官的人士的意见——从判决或裁决的表面上看并不明显。然而，这些规范性文件并没有被要求公开。

这意味着，任何一方当事人，不管是中国人还是外国人，是公司还是个人，都不敢肯定法院所依赖的法律规定在案件审理过程中被披露给他们。当然，这并非在每宗案件中都是一个问题，但在新的或敏感的领域则很可能是问题。不过，这就把问题导向公平和正当程序等基本概念上去了。

2. 一份非公开的司法文件在国际上被公开

最近的一个例子涉及一份具有国际意义的非公开的司法文件，这份文件最终于2013年秋天在国际上公开。

2013年9月初，最高人民法院发布《关于正确审理仲裁司法审查案件有关问题的通知》（法［2013］第194号）（以下简称《司法审查通知》）。这个通知涉及中国国际经济贸易仲裁委员会与其前分会——上海国际经济贸易仲裁委员会（上海国际仲裁中心）和深圳国际经济贸易仲裁委员会（深圳国际仲裁院）之间的分立，因此涉及数千家公司及其律师，这些公司签订的合同包含有关中国国际经济贸易仲裁委员会上海或深圳/华南分会的仲裁条款。

《司法审查通知》并没有在最高人民法院和全国法院系统的网站公布，但其文本却通过地方律师协会[15]得以扩散，并且最终在北京大学的"北大法律信息网"发布，从而成为各律所通报和其他中英文[16]出版物的话题。

---

[15] 参见 http：//www.szlawyers.com/info/9319ad7e005244329eca89d81a4aa4ef.

[16] 中文参见 http：//www.9ask.cn/blog/user/jnwang/archives/2013/354729.html；英文参见 http：//www.lexology.com/library/detail.aspx？g＝e6c9adbf－ed 12－4079－ab46－8253cb2e4734；http：//www.pinsentmasons.com/PDF/Developmentof-CIETAC%27sJurisdictionalDispute.pdf.

因为《司法审查通知》并非司法解释，所以不需要公开。如上述律所客户通报所述，《司法审查通知》要求某些下级法院的司法委员会考虑适用某些有关中国国际经济贸易仲裁委员会分立的裁定，并且逐级上报至最高人民法院。这些新程序影响了这些案件诉讼人的权利以及上海国际仲裁中心和深圳国际仲裁院仲裁程序的当事人或潜在当事人的权利。然而，相关法规并不要求公开最高人民法院的全部规范性文件。

由于缺乏透明度和特定程序，该《司法审查通知》成为国际和国内批评的众矢之的。

3. 为公开司法文件确立明确的规则

最高人民法院领导层正在要求下级法院提高透明度。其实最高人民法院也需要将注意力转向自身的文件问题，并考虑在哪些方面提高透明度。因为这将成为其（如其口号所称）迈向"大力加强公正司法　不断提高司法公信力"目标的一个举措。

过去两年最高人民法院大力推动司法制度领域更高的透明度，最近又敦促法院保证公众对司法信息享有知情权和监督权。2013年春，最高人民法院组织了一个关于司法公开的会议，但会议并未涉及司法解释，而涉及了司法决定领域的透明度。近来最高人民法院发布了一系列司法裁定，但并未发布这些裁定所依据的法规。在这一领域，最高人民法院应当考虑如何建立规则，让公文形成的透明度更高。

4. 从民商法领域开始

所有规范性法律文件一旦制定就应该公开，这一规定要确保得到实施，这是一个国内外和国际机构应该鼓励最高人民法院做出积极改变的领域。最高人民法院应从容易做到的地方开始。民事和商事领域是允许进行广泛公开咨询的最容易的法律领域。透明度原则、法院依法办事原则、中国即将承担的国际责任，以及十八届三中全会明确的诸原则,这些都要求更高的透明度。

四、地方法院规则应该得到承认并在中国司法制度中发挥作用

第四个问题已经被中外学者、律师和法官讨论多年。地方法院,特别是省级法院会发布程序性和实质性的地方法院规则。中国的律师在地方法院为诉讼当事人代理案件时,会把查阅地方法院规则作为其准备工作的一部分。这些地方法院规则使用各种各样的名称,包括"意见"、"规定"或"裁判指引"等。这在我看来,是中国法院立法应该向国内实际做法和国际实践看齐的第四个领域。

最高人民法院和最高人民检察院已经规定地方人民法院不得制定在其各自司法管辖区普遍适用的,或涉及法律适用问题的"指导意见"、"规定"等司法解释性文件。[17]

然而,地方法院制定司法解释文件已经多年,并且还在持续进行,如2011年的《上海市高级人民法院关于一审知识产权案件管辖的规定》。还有其他最高人民法院和最高人民检察院允许省级法院发布的审判文件,如2010年《最高人民法院关于规范上下级人民法院审判业务关系的若干意见》。这些地方法院规则在中国司法制度当中占有重要的一席之地。有时地方法院规则中实体法领域的立法并不充分,所体现的问题在全国范围内不算重要,但在地方层面上却非常关键,于是一些地方法院法规就解决了这样的特定问题。一个例子就是《深圳市中级人民法院关于涉外商事审判若干问题的裁判指引》[18]。这一地方法院规则涉

[17] 参见《最高人民法院、最高人民检察院关于地方人民法院、人民检察院不得制定司法解释性质文件的通知》。
[18] 参见http://www.szcourt.gov.cn/ArticleInfo.aspx?id=6702。

及"三来一补"条款。"三来一补"是一种多年来对深圳（或者广东其他地区）经济发展非常关键的出口加工贸易形式，但并不具全国性重要性。

其他方面，在最高人民法院发布全国性法规之前，地方法院在最高人民法院指导下采纳某些法规，这是一个实验之举。这种情况屡见不鲜。目前的一个例子涉及家庭暴力的法规制定。[19]最高人民法院正会同福建、湖南和重庆等地的地方法院，寻求针对家庭暴力问题的共同应对办法，很可能会发布地方法院规则。

一方面是重申地方法院不得制定地方规则，另一方面是地方法院系统需要这类规则，并且多年来在实践中一直在制定这类规则。这些规则应该具备一致性和透明度，这是很紧迫的需求。

如上所述，这是一个最高人民法院应当参照国际惯例制定自己规则的领域。国际惯例是，允许地方法院制定规则，但必须与国家层面的法规保持一致（或者在联邦国家，地方政府法规必须和州一级法规保持一致），且这些规则必须向公众公布。

未来立法（或最高人民法院法规）应该允许地方法院向社会公开征求意见后制定当地法院规则。我建议最高人民法院应有一个研究小组展开研究，或者最高人民法院审查当地法院规则及对当地法院规则进行公开咨询的主要管辖权要求。从这一点上看，这个研究小组要了解国际通行的惯例，并知道其中哪些惯例适合中国法院在就公开咨询制定自己的法规时可考虑参考。

五、结论

随着中国的全球重要性日益提高，作为中国最高一级法院，

---

[19] 参见 http://fjcourt.gov.cn/Page/Court/News/ArticleTradition.aspx?nrid=76fd111f-3881-4e91-a360-596ee1d5df8d.

最高人民法院必须跻身于世界，并且应该按照反映其重要地位的规则来运作，这是一个紧迫的需求。出于这些原因，支持重新起草《人民法院组织法》或其他未来相关法律的研究人员要关注国际惯例，考虑以上每一个问题，思考这些惯例中哪些可以加以改造以适用于中国，思考当前这个国家所需的透明度、法制化和其他需求。为此我建议：①司法解释起草要包括公开咨询；②最高人民法院在出台司法文件或规范文件时要有法律基础；③最高人民法院、最高人民检察院，连同其他无权发布司法解释的机构发布的准立法要有法律基础；④地方法院规则要具备明确的立法框架和基础。

（傅诚刚译）

宪法司法化的"误区"?
——从"宪法司法化"的话语悖论看国家转型的宪政悖论

强世功

一、导言

2001年,山东省高级人民法院在"齐玉苓诉陈晓琪等侵犯姓名权、受教育权"案(以下称"齐玉苓案")中根据最高人民法院的"批复"[1]直接援引《中华人民共和国宪法》

---

[1] 在中国政府管理体制中,"批复"是上级指导下级工作的一种重要方式,不仅上级政府部门采用"批复"来解答和指导下级部门的工作,而且非政府组织(比如行业协会)也采取这种方式,甚至领导个人也采取"批复"或者"批示"的方式来表达自己对所请示的问题的看法或处理意见。在法院体系中,下级法院在遇到问题的时候,往往以正式"报告"或者"请示"的方式征求最高人民法院(有时候也经常包括上级法院)的意见。这些问题包括具体法律的理解和适用问题、没有法律规定的新问题、法律规定与地方的具体实际相冲突的问题以及法院在行政管理中出现的问题等。对于这些问题,最高人民法院研究之后往往会以"审判委员会"的名义以"法律解释"的方式提出具体处理意见,这种意见就称为"批复"。尽管从法律程序上讲,这种"法律解释"仅仅应当对于提出该问题的具体案件或者事项具有约束力,但由于这些请示通常都是针对一般性的法律问题,"批复"往往对其他的法院也有相应的约束力,而且由于最高法院的"司法解释"具有类似法律的规范性效力,因此,最高人民法院的"批复"实际上具有规范性法律文件的性质。在这个意义上,《最高人民法院关于以侵犯姓名权的手段侵犯宪法保护的公民受教育的基本权利是否应承担民事责任的批复》(2001年6月28日最高人民法院审判委员会第1183次会议通过)中主张的"陈晓琪等以侵犯姓名权的手段,侵犯了齐玉苓依据宪法规定所享有的受教育的基本权利,并造成了具体的损害后果,应承担相应的民事责任",不仅适用于齐玉苓案中,而且会适用于以后其他类似的案件中。

(1982)(以下简称《宪法》或宪法)中"公民享有受教育的基本权利"判决原告胜诉,[2] 由此,引发了最高人民法院应当引用宪法作为审判依据的所谓"宪法司法化"的讨论,[3] 该案被称为可以和美国的"马伯里诉麦迪逊"(Marbury v Madison)相媲美的"宪法司法化的第一案"。[4] 就司法判决引发公共讨论或者辩论而言,这个案件并不是第一次。事实上,1999年底由"刘燕文诉北京大学"一案引发的公共辩论的热烈程度和影响的广泛程度差不多超过了本案。[5] 尽管如此,本案有着其他任何案件所无法比拟的重要性,因为这个案件引用的司法判决中触及了宪法问题。[6]

尽管关于"宪法司法化"的讨论仅仅局限在话语的层面,但是,如果我们不是将话语理解为语言学上的言语或者言说行

---

[2] 《中华人民共和国宪法》(1982年)第46条:"中华人民共和国公民有受教育的权利和义务。"
[3] 有关"宪法司法化"讨论的文章参见"公法评论"(www.gongfa.com)中的"宪法司法化"专辑。本文中的相关引文如果没有明确注明出处的皆引自该网站。
[4] 吴兢:"宪法与公民直接对话",载《人民日报》2001年9月5日。还有人认为这"在宪法司法化的历史上不啻为一个里程碑"。林维:"宪法的生命",载《中国青年报》2001年9月5日。
[5] 有关"刘燕文诉北京大学"的相关讨论,参见《北大法律周刊》(1999年第4卷第3期)的"刘燕文诉北大专题"(http://chinalawinfo.com/flzk/flzk15.htm)。
[6] 当然,普通案件中不讨论宪法问题并不意味着这些案件不涉及宪法问题,问题的关键在于如何从一个普通的司法案件中揭示出其中涉及的或者隐含的宪法问题。比如,苏力就从"贾桂花诉北京电影制片厂"这一普通的民事案件中揭示出其中所涉及的"言论自由"这一宪法问题。参见苏力:"《秋菊打官司》的官司、邱氏鼠药案和言论自由",载苏力:《制度是如何形成的》,中山大学出版社1999年版。

为，理解为一个反映性的社会表达，而是理解为一种建构性的实践，[7] 理解为建构社会事实的力量，或理解为一种社会实践的特殊方式，一种和"非话语实践"相对应的"话语实践"。[8] 那么，和"刘燕文诉北京大学"相联系，这个案件的讨论不仅对于深化我们对宪法的理解、培养整个社会的宪法意识具有重大的意义，[9] 而且随着政治体制改革的深入和宪法时代的到来，这样的讨论对于廓清宪法的政治理想以及围绕这个政治理想创设的国家机关，尤其是全国人大及其常委会与最高人民法院之间在宪法解释和违宪审查问题上复杂的内在关联，无疑具有重大的意义。[10] 一句话，该案引发讨论的重大理论和现实意义必须放在

[7] 关于话语与社会事实之间的关系，参见〔荷〕冯·戴伊克：《话语 心理 社会》，施旭、冯冰编译，中华书局1993年版。将话语理解为一种反映性的社会事实的表达，从而通过对司法话语的研究来研究中国司法制度的范例，参见贺卫方："通过司法实现社会正义：对中国法官现状的一个透视"，载夏勇主编：《走向权利的时代》，中国政法大学出版社1995年版，第209~284页。关于（与法律话语密切相关的）法律知识作为一种反映性力量和建构性力量的不同看法的讨论，参见〔美〕吉尔兹："地方性知识"，载梁治平编：《法律的文化解释》，三联书店1994年版。

[8] 基于知识/权力的观点，福柯将话语理解为一种权力，一种社会力量，由此，话语不再是简单的语言学中的话说或者言语关系，而是一种重要的权力支配关系，话语就是一种实践，而其他的社会实践，比如社会制度的建构等反而构成了一种与话语实践相对应的"非话语实践"。

[9] "刘燕文诉北京大学案"之所以引起法学家的广泛关注就在于该案中已经隐含地宣布了"正当法律程序"（due process of law）的宪法原则，以及司法判决作为先例的约束力的判例法问题。而齐玉苓案事实上进一步推进了上述宪法问题，尤其是法学家、法官和公共舆论已经触及的"司法审查"问题。

[10] 事实上，我曾经指出随着立法时代的终结和司法时代的进展，中国的改革将会迎来一个"宪政的时代"，在这个时代中，全国人大常委会和最高人民法院争夺宪法解释权将是国家政治权力资源在改革中的一次重新配置。参见强世功："中国距判例法有多远"，载《21世纪经济报道》2001年2月12日；强世功："WTO与中国的司法改革"，载《最高人民法院报》2001年3月16日。"宪法司法化"的呼声无疑可以看做是最高人民法院有意识或无意识地触及宪法解释权的一个重要组成部分。

中国的宪政理论和宪政运动的背景下理解。[11]

然而，正是在这个背景下，我们会发现在"宪法司法化"的讨论中存在着内在隐蔽的话语悖论或者紧张，这种紧张不仅体现在不同话语之间的"表面共识",[12]更重要的是体现在话语内容与话语策略之间的悖论，这种悖论已经使宪法司法化的讨论陷入了理论和方法上的误区。如果我们对于这种话语悖论没有一个清醒的认识，那么我们的讨论就无法进一步深入下去，"宪法司法化"的讨论就很难演变为一个对宪法问题和宪政问题持久的学术研究讨论，而只能成为一种凑热闹、赶时髦的"泡沫话语"。因此，通过对这种话语悖论的分析，我们不仅可以探寻摆脱这种话语悖论的理论途径和方法论上的途径，从而警惕宪法司

---

[11] 概略地说，1980年代以来中国的宪政运动主要集中在政治民主化方面。90年代以来，尤其是"依法治国"写入宪法之后，通过法治来促进民主的宪政方略被学者和社会所普遍接受，参见季卫东："中国：通过法治迈向民主"，载《战略与管理》1998年第4期。事实上，在关于"宪法的司法化"的讨论中，许多人都意识到其中的宪政意涵。参见姜明安等："宪法司法化四人谈"，原载《南方周末》(http://www.gongfa.com/xianfasifahuasirentan.htm)。陈云生认为"宪法与宪政的一个重要发展趋势""就是宪法权利司法化势头的形成与发展"，陈云生："宪法权利司法化及私法保护"，载《法制日报》2001年8月19日。尽管如此，许多学者对通过宪法司法化的制度构造来推动宪法发展在理论上和制度操作上表示怀疑，参见童之伟："'宪法司法化'引出的是是非非——宪法司法适用研究中的几个问题"，载《法学》2001年第11期；沈岿："宪法统治时代的开始？——'宪法第一案'存疑"，载北大法律信息网（http://chinalawinfo.com/research/academy/details.asp? lid=2599)。

[12] 话语讨论中的"表面共识"主要是指大家在使用同一个概念的时候，表面上说的是同一个东西，但是，彼此用这个概念指称不同的内容，这样尽管讨论在话语层面上依然可以进行下去，但是，彼此并没有形成共识。在本文中，我所说的"表面共识"就是指大家在讨论"宪法司法化"的时候，无论是赞成还是反对，好像在谈论同一个东西，但其实对这个概念本身所指称的具体法律制度持不同的看法。

法化讨论中的可能误区，而且能从法律社会学的意义上明了我国宪法制度和宪政进程中面临的悖论，从而给宪法学的研究提供一些新的问题意识，为宪政改革提供一些可能的线索。

正是基于上述考虑，本文第二部分就专门分析宪法司法化讨论中在"宪法司法化"这个概念的"表面共识"下形成的不同理解，即"宪法司法化"究竟是法院援引宪法审理具体案件的问题，还是国家政治权力之间制约平衡的问题；究竟是法院依照宪法原则或者一般的道德原则来审理具体案件的司法判断问题，还是由独立的司法机关通过解释宪法来审查法律法规是否违宪的违宪审查问题。这两个不同的问题对于宪政具有完全不同的意义。如果不清楚这种表面共识，在这个涉及宪政的核心问题上，宪法司法化的讨论有可能将一个宪政问题转化为一个司法判断的问题，从而降低了进一步深入讨论问题的可能性。本文的第三部分主要分析了宪法司法化讨论中所表现出的"话语内容"与"话语策略"之间的悖论。由于采取了法律政策学的论证策略，整个讨论大都关注一些宏大话语或者抽象的宪法理念，而忽略了对宪法文本的认真解读，使得在讨论宪政问题宪法司法化中，真正的宪法缺场了。"宪法缺场"表明这次"认真对待宪法"的讨论意味着大家仅仅认真对待"宪法理论"，还没有认真对待"宪法文本"，把宪法当作抽象的理念，而不是具体的法律。忽略宪法文本而空谈宪政恰恰有可能走入宪政的误区。本文的第四部分从法律社会学的角度分析了上述话语悖论的根源，即国家转型过程中所面临的种种宪政悖论。在最后的结论中，本文指出如何从国家转型的意义上理解上述悖论。

二、"违宪审查"还是"司法判断"

"宪法司法化"这个概念是由王磊教授最先提出,[13] 正是在齐玉苓案所引发的讨论中,这个还躺在书本里的概念变成了公共话语,被记者、法官和法学家所广泛使用。如果我们除去在公共话语中赋予这个概念的种种想象和感情色彩,而是从一个法律概念的角度来分析,那么这个概念含义究竟是什么?究竟是指将宪法作为法律渊源并由法官在司法审判中直接援引宪法条款的"司法判断"(judicial judgment)问题,还是由法院对与宪法相抵触的法律法规进行"违宪审查"(constitutional review)问题。[14] 这两个不同的概念所指会把宪政引入到不同的政治制度的建构之中。因此,我们首先就要廓清这两种不同概念的含义,然后再来看宪法司法化的话语是如何有意无意地模糊二者的差别的。

---

[13] 参见王磊:《宪法司法化》,中国政法大学出版社2000年版。
[14] 我在这里试图区分"司法审查"和"违宪审查"两个不同的概念。在英文中,尤其在美国,judicial review(司法审查)与 constitutional review(违宪审查)的含义是一致的,"司法审查"就是普通法院宣布与宪法相抵触的法律无效的违宪审查。但是,有些国家(比如法国)并不是由普通法院来承担违宪审查职能。就中国的具体实践而言,我也希望区分这两个概念,由于中国法律规则体系的存在,法院在司法实践中面临的不仅仅是法律、法规等与宪法相抵触的问题,而且是规章、法规等与法律相抵触的问题,而后者在司法实践中尤其严重。因此,本文中我试图用上述两个概念来区分这两个不同的情形,"司法审查"用来指法院用"上位法"来否定"下位法"效力的问题,尤其是用法律审查行政法规与地方性法规,并宣布后者与前者相抵触的话无效。而用"违宪审查"专门指根据宪法来宣布立法机构制定的法律无效,在美国这项职能由最高法院来承担,由此,美国所说的司法审查就是违宪审查。但是在,在其他的国家,比如法国、德国等,这项职能就由其他的机构而不是普通法院来承担。至于如何确立我国的违宪审查制度,还需要进一步深入的讨论。

(一)"违宪审查":国家权力分配的宪政学说

在宪法司法化的讨论中,齐玉苓案往往被附会为中国的"马伯里诉麦迪逊"案,[15] 那么,我们首先就要搞清楚"马伯里诉麦迪逊"案中所涉及的"司法审查"究竟意味着什么。众所周知,马歇尔在1804年的"马伯里诉麦迪逊"案中确立的原则可以用一句经常被引用的话来概括:"司法机关的职责范围就是确定法律到底是什么"。[16] 这意味着由司法机关来确定宪法到底是什么。由此,最高法院对宪法的解释就具有了宪法的效力,最高法院由此可以依据宪法来宣布立法机构或行政机关制定的法律或法规因为与宪法相抵触而无效,这就是人们所说的"司法审查"(judicial review),这样的司法审查其实也就是"违宪审查"。

尽管我们可以从历史的或者政治的角度来理解这个案件,[17] 不过,正如汉密尔顿所言:"司法部门即无强制、又无意志,而只有判断。"[18] 然而,人们在理解这个案件的时候,仅仅记住了司法审查的教条,而忘了马歇尔是如何运用司法判决来证明司

---

[15] 需要指出的是,这种附会往往是新闻媒体的操作,严肃的法学家们不会主张这样的看法,但是,在话语分析中,法学家在媒体上的言论(不同于法学刊物上写给法律同行的法学论文)与新闻媒体的操作往往是纠缠在一起的。所以,本文的分析中并不严格区分法学家专业讨论和新闻媒体上的公共言论。

[16] [美]马歇尔:"马伯里诉麦迪逊",黎军译,载《中外法学》2000年第1期。个别译文略有改动。

[17] 苏力:"制度是如何形成的",载苏力:《制度是如何形成的》,中山大学出版社1999年版。

[18] "行政部门不仅具有荣誉、地位的分配权,而且执掌社会的武力。立法机构不仅掌握财权,且制定公民权利义务的准则。与此相反,司法部门即无军权、又无财权,不能支配社会的力量与财富,不能采取任何主动的行动,故可正确地断言:司法部门既无强制、又无意志,而只有判断;而且为实施其判断亦需要借助于行政部门的力量。"[美]汉密尔顿等:《联邦党人文集》,程逢如等译,商务印书馆1997年版,第78篇,第391页。

法审查的合理性,是如何做出这个合理的"判断"的。以至于我们仅仅关心某些制度,而忘了为什么要设立这种制度,这种制度的政治哲学基础是什么。因此,我们有必要分析一下马歇尔在该案判决中常常被我们所忽略的法律推理。

在该案中,马歇尔所要解决的一个核心问题是:"一个与宪法相抵触的法案是否能成为国家的法律?"[19] 为了解决这个问题,马歇尔首先从美国宪政的基本原则开始论述,重申了《独立宣言》中所公布的人民为了保护自己的基本人权而建立政府的原则:"人们享有一种原初权利来为他们未来的政府确定他们认为最有利于其自身幸福的原则,正是基于这些原则,整个美国的国家结构才得以确立。……如此确立起来的原则是基础性的。这些原则由以产生的权威是至高无上的,……这些原则被设定为永恒不变的。这些原初的、至高无上的意志组织起政府,并授予不同部门各自的权力。它可能到此为止,也可能进一步确立起各部门不得逾越的某些限制。"

在这个宪政原则的基础上,马歇尔尤其强调美国成文宪法的重要意义,因为成文宪法意味着立法机关的权力是严格受到宪法控制的,由此重申了美国宪法的第二个原则,即有限政府的原则:"立法机关的权力被界定并受到限制;而且,由于是成文宪法,这些限制是不应该被弄错或被遗忘的。如果这些限制随时可能被它们所要限制的人超越,那么对权力加以限制的目的是什么呢?对这些限制予以明文规定的目的又是什么呢?如果这些限制无法控制他们想要加以限制的人,如果被禁止的行为和被允许的行为对政府来说,都必须承担同样的责任,那么,有限政府与无

---

[19] [美] 马歇尔:"马伯里诉麦迪逊",黎军译,载《中外法学》2000 年第 1 期。个别译文略有改动。

限政府之间的就没有什么区别了。"

如果说美国的宪政原则是一个有限政府,那么,"由此推出一个显而易见、毋庸置疑的结论:要么,宪法制约着任何与其相抵触的立法行为;要么,立法机关可以通过普通法案来修改宪法。在这两种选择中,没有中间道路可走。宪法要么是一种优先的、至高无上的法律,不能被一般法案修改;要么与一般法案处于同一层次,并与其他法律一样,立法机关可以随时加以修改。如果前种方式是正确的,那么与宪法相违背的立法法案就不是法律;如果后种方式是正确的,那么成文宪法以人民的名义限制这种本质上无法限制的权力则只能成为一种荒谬的企图。"由此,马歇尔得出了美国宪政的第三个原则:"与宪法相抵触的立法法案都是无效的。每一个成文宪法都坚持这种理论,同时在法院看来,它也是我们社会的基础原则之一。"

正是在阐述了上述三条宪政原则之后,马歇尔才考虑"如果与宪法相抵触的立法法案是无效的,这种无效的法案是否还能约束法院,并促使法院适用它呢?或者换句话说,尽管它不是法律,是否能形成一个把它当作法律来适用的规则呢?"在这个时候,马歇尔才从普通法的原则出发,认为"司法机关的职责范围就是确定法律到底是什么。那些将规则适用于具体案件的人,必须详细说明并阐释该规则。如果在两个法律之间存在冲突,法院必须决定适用其中哪一个来做出判决。……如果法院尊重宪法,认为宪法高于立法机关制定的其他普通法律,则应适用宪法而不是普通法案来解决这两者都可以适用的案件。"

由此可见,司法审查不是简单的司法机关解释宪法的法理学问题,而是如何解决宪法与法律相冲突的"违宪审查"问题,是一个涉及宪政原则或者国家权力的宪政结构的根本问题。违宪审查的理论基础在于成文宪法所确立的有限政府的原则和为了保护公民权利才建立政府的社会契约原则。马歇尔的思想就是联邦党人的思想，就是主张"所有对宪法以及立法机关制定的任何法律的解释权应属于法院。……每逢立法机关通过立法表达的意志如与宪法所代表的人民意志相违反，法官应受后者，而非前者的约束，应根据根本大法进行裁决，而不应该根据非根本法裁决。"[20] 因此，所谓司法审查其实是分权制约平衡机制中的一个环节，由此才产生司法审查反民主的"反多数难题"（countermajoritarian problem），即非民选的少数法官凭什么否决代表多数的国会所通过的法律？[21] 总的说来，司法审查作为一种违宪审查不是一个简单法理学说，而是一个政治学说，是一个涉及基本宪政结构和宪政原则的学说。

（二）司法判断：援引法律的法理学

尽管司法审查涉及了宪政的基本结构和基本原则，但是，就司法过程中使用的具体法律技术而言，其实和普通的法律适用技术一样，涉及一个"司法判断"（judicial judgment）问题。司法判断在法理学中是一个重要的但却经常被我们忽略的一个概念。为了说明这个概念的深刻意涵，我们要必要重温柯克那段经常被人们所引用的名言。在柯克主张国王詹姆斯一世不能审理案件，法律案件必须由经过专业训练的法官来审理的时候，柯克指出："的确，上天赋予陛下非凡的天才和超群的禀赋，但是，陛下并没有学过王国的法律，那些涉及臣民们生活、继承、财产、不动

---

[20] [美] 汉密尔顿等：《联邦党人文集》，程逢如等译，商务印书馆 1997 年版，第 78 篇，第 393 页。

[21] 这个问题最先是由 Bickel 提出来的，从此以后，美国宪法学说中重要任务之一就是解决这个难题，几乎所有著名的宪法学家都参与了解决这个问题。See Alexander M. Bickel, *The Least Dangerous Branch*: *The Supreme Court at the Bar of Politics*, Indianapolis: Bobbs-Merrill Educational Pub., 1962.

产方面的法律不是由自然理性所决定的,而是由技艺理性和法律的判断所决定。法律是一门艺术,一个人只有经过长期的学习和经验才能获得对法律的认知。"[22]

在这段著名的论述中,柯克区分了两个概念,一个就是"自然理性"(natural reason),另一个就是"技艺理性"(artificial reason)或者"法律的判断"(judgment of law)。前者是每一个人都具有的一个认识事物的能力,而后者却是经过长期的学习研究,尤其是社会实践之中获得一种智慧,这就是他所说的"技艺理性"或"司法判断"。这意味着法官在案件的判决中运用的不是三段论式的逻辑推理,而是一个在后天的特殊实践中获得的如何在具体的案件中体现普遍原则的能力,这种特殊能力就是"司法判断"。因此,在司法过程中,一个案件是不是合乎法律依赖法官对案件的事实以及法律规则和原则的理解来做出最终的判断。法律解释过程并不是一个简单的三段论式的法律推理过程,不是一个类似于科学真理的发现过程,而是运用实践理性酌情考量的判断过程。在这个过程中,所谓的"审慎"、"均衡"和"中庸"都成了法官在司法判断中的重要德行。[23] 当一个案件没有明确的法律规则怎么办?当一个合法的判决可能与普遍的道德或者社会观念发生重大分歧怎么办?这些问题都涉及了司法判断的问题。因此,司法判断就意味着在司法过程中的法律推理必须考虑社会的、政治的、道德的等各种因素,而不是仅仅考虑法律规则的三段论推理。[24]

在一个具体案件的司法判断过程中,一个法官究竟根据什么

---

[22] 参见[美]爱德华·S.考文:《美国宪法的"高级法"背景》,强世功译,三联书店1996年版。(引文根据英文翻译)
[23] [美]波斯纳:《法理学问题》,苏力译,中国政法大学出版社1994年版。
[24] [美]本杰明·卡多佐:《司法过程的性质》,苏力译,商务印书馆1998年版。

样的规则来解决案件,取决于不同的法律制度对法律渊源(legal sources)的具体规定。一般说来,法律渊源包括由国家正式颁布的法律、法院形成的判例、传统中形成的习惯、通行的道德或者伦理原则等。[25] 这里的关键在于:法院能不能使用立法机关制定的严格意义上的实定法(positive law)之外的其他道德的、宗教的或者政治的一般性原则?这个问题其实是"判例法"的问题,即法官可不可以在没有实定法具体规定的情况下,根据一般的原则或者情理来发现法律或者创设法律的问题。

一般说来,在古典的社会形态中,无论是古代中国法、还是西方历史上的罗马法、教会法和普通法,法官都可以适用实定法之外的道德或者政治原则,这不仅是西方悠久的自然法传统,而且也是中国自古以来"以礼入法"的传统。正因为如此,在普通法传统的国家,法院可以引用自然法原则或者宪法进行司法判断,宪法依然是法官在司法判断中可供选择的法律渊源。但是,这种司法判断的传统本身不能构成司法审查,它也没有任何涉及政治权力制约平衡的宪政意涵,在这方面,英国就是一个典型的例子。中国古代的法官尽管可以依据天理和人情这些一般的道德原则审理案件,但是,并不意味着一个法官可以根据儒家道德宣布国家颁布的律法无效。也许正是因为这个原因,尽管美国早期的司法判决受到柯克学说的巨大影响,但是马歇尔在阐述司法审查的原则的时候,对于美国法律传统中所熟悉的这个柯克传统只字不提。因为马歇尔将法院理解为一个权力制约平衡的宪政结构的重要组成部分,而不仅仅是法官援引一般法律规则的普通法传

---

[25] John Chipman Gray, *The Nature and Sources of the Law*, Gloucester, Mass.: Peter Smith, 1972.

统问题。[26]

如果说判例法传统的国家法院在司法判断过程中可以适用实定法以外的原则，那么，对于成文法传统的国家来说，法院一般情况下并不鼓励适用实定法以外的原则，在严格的法律实证主义的主张中，法院只能严格适用法律。由此带来一个法理学问题："宪法是不是立法机关制定的法律？"如果宪法不是立法机构制定的法律，那么就不能由普通法院来适用宪法。这就是成文法传统的国家（比如法国和德国）中总是要设立特别的法院或者其他机构来解决违宪审查的原因。

（三）宪法司法化：宪法也是"法律"

如果我们在概念框架上区分了"司法审查"与"司法判断"，那么，我们就可以以这两个概念框架作为话语分析的参照系，来分析学者和法官们在使用"宪法司法化"这个概念的时候，究竟是指由法院根据宪法宣布立法机关制定的与宪法相抵触的法律无效呢，还是指法官仅仅在法律没有具体规定的情况下根据宪法的一般原则来审理案件呢？也就是说，我们所说的"宪法司法化"究竟是指"司法审查"还是仅仅指"司法判断"？无疑，就"齐玉苓案"而言，该案以及最高法院的"批复"仅仅涉及"司法判断"问题，与违宪审查意义上的司法审查没有任

---

[26] 尽管在司法判断的法律技术问题上，美国沿袭了英国的普通法传统，但是，美国将这种传统运用在全新的政治基础之上，即美国坚持"人民至上"或者"宪法至上"，而不是"议会至上"，作为宪法审查的司法审查制度就是将普通法法律技术运用到解决国家权力分配的宪政问题上。See Larry D. Kramer, "The Supreme Court, 2000 Term-Foreword: We the Court," 115 *Harv. L. Rev.* 4 (2002).

何关系,[27] 在由这个案件所触发的争论中,司法审查问题已经和宪法司法化的问题纠缠在一起了。因此,我们首先来分析法官的话语。

1. 宪法司法化作为援引宪法的司法判断。在齐玉苓案件引起广泛的争议的时候,与这个司法解释有关联的黄松有法官就这个案件发表了自己的看法。他明确提出了这个案件所引发的问题:"公民在宪法上所享有的受教育的基本权利能否通过诉讼程序获得保障和救济?或者说宪法是否可以作为法院裁判案件的法律依据而在裁判文书中直接援引?"[28] 这意味着宪法司法化的问题就是法院能不能将宪法作为法律渊源而在司法判决中直接加以援引的司法判断问题。在他看来,"所谓宪法司法化,就是指宪法可以像其他法律法规一样进入司法程序,直接作为裁判案件的法律依据。"[29] 正是从这个角度出发,黄松有法官认为"宪法在我国的法律适用过程中实际上面临着十分尴尬的处境:一方面它在我国法律体系中居于根本大法的地位,具有最高的法律效力,是各种法律法规的'母法';另一方面它的很大部分内容在我国的司法实践中被长期'虚置',没有产生实际的法律效力。"[30] 究其原因就在于"宪法在我国司法实践中一直没有正式作为法院裁判文书的法律依据而被直接引用。"实现宪法司法

---

[27] 尽管许多学者都清晰地认识到了这一点,但是,就本文所关注的话语分析而言,该案属于"非话语实践"的层面,因此并不构成本文分析的要点,本文分析的不是这个作为"非话语实践"的案件本身,而是分析学者们围绕这个案件所形成的话语。

[28] 黄松有:"宪法司法化及其意义——从最高人民法院今天的一个《批复》谈起",载《人民法院报》2001年8月13日。

[29] 同上。

[30] 同上。

化就意味着"在司法实践中可以逐步将宪法引入诉讼程序,直接作为法院审理案件的法律依据而在裁判文书中援引。"如果说黄松有法官的主张是从我们宪法的现状、依法治国下保护公民权利的迫切性等一般的理论问题出发来阐述这种宪法司法化的合理性和必要性,那么,宋春雨法官更是从司法判断中的法律推理角度出发,细致地分析了在齐玉苓案中援引宪法完善侵权法体系的法理依据。[31] 这两位法官的论述从一般理论到具体的法理,从原理到技术相互呼应,形成了从司法判断中援引宪法的角度来理解"宪法司法化"的最直接的、最核心的话语。在这样的话语中,并没有宪政意义上的违宪审查问题。[32]

从法院在司法判决中可否引用宪法作为法律依据的司法判决角度来理解"宪法司法化"不仅是这个概念在字面上的基本含义,也是围绕这个话题的讨论中形成的基本共识;不仅是新闻媒体中传统的大众的一般理解,[33] 也是一些法学家们的专业化理解。和其他的学者一样,曾经首次提出宪法司法化的王磊教授就坚持这种主张。在他看来,"宪法司法化"的基本含义就是宪法和普通法律一样应当被法官适用于具体的审判活动中,其法理依据就在于"宪法首先是法,其次才

---

[31] 宋春雨:"齐玉苓案宪法适用的法理思考——受教育权的性质与公民基本权利保护的法律研究",载《人民法院报》。
[32] 正如蔡定剑指出的,从最高人民法院民一庭庭长黄松有对记者的谈话中可以看出,他们对这个《批复》以及就此发表的观点是比较谨慎的,他所说的宪法司法化实际是指宪法在具体案件中的直接适用,并没有涉及违宪的审查问题。参见姜明安等:"宪法司法化四人谈",原载《南方周末》(http://www.gongfa.com/xian fasifahuasirenton.htm)。
[33] 所谓宪法司法化,就是"宪法可以像其他法律法规一样进入司法程序,直接作为裁判案件的法律依据","以宪法的名义保护受教育权",载《中国青年报》2001年8月15日。

是根本法,否则,我们如果只是提宪法是根本法,而忘记了宪法的基本属性是法,其结果只能是将宪法束之高阁,使我们感觉不到宪法的存在。"[34] 因此,实行宪法司法化就是为了让"让老百姓尝尝宪法甜滋味"。[35]

2. 宪法司法化作为一种违宪审查。就在宪法司法化受到广泛支持的时候,这个概念也受到了质疑。这种质疑除了从宪法和成文法的角度来质疑这个案件的合理性之外,更主要的从司法审查的角度来指出了不同的看法。比如乔新生教授就提出质疑:"这种直接依据宪法进行裁判的司法行为能否被称为'宪法司法化'?假如在现实生活中确实遇到了法律或行政法规没有明确规定,或者虽有规定但不能适用,而不得不援用宪法做出裁决的情形,我们能否将此称为'宪法司法化'呢?"[36] 在他看来,所谓的宪法司法化应当是指法院根据宪法来审查立法机关制定的法律是否违宪的违宪审查问题,而最高法院在这个案子中涉及的不过是对宪法进行司法解释的问题,尽管他认为这种解释由于将宪法权利和民事权利割裂开来而不可取。这种对宪法司法化的理解与上述将宪法司法化看做是司法判断中援引宪法的观点截然对立。

正是从司法审查的角度,许多学者认为齐玉苓案并不是真正意义上的宪法司法化的案件,这个案件仅仅具有符号或者象征的

---

[34] 王磊:"感觉宪法的存在",载 http://chinalawinfo.com/research/lgyd/details.asp?lid=632.
[35] 王磊:"让老百姓尝尝宪法甜滋味",载 http://www.sinolaw.net.cn/fxyj/xswc/03/xs031904.htm.
[36] 乔新生:"评一则改变中国宪政的司法解释",载 http://www.gongfa.com/qiaoxsxianfasifahua.htm.

意义。[37] 但是，从这个案件出发可以思考如何建立中国的违宪审查制度问题。[38] 对于这种宪法司法化引发的关于违宪审查的思考，就是将宪法司法化首先理解为援引宪法进行司法判断的学者或法官也都已经意识到了。尽管黄松有法官主张宪法司法化仅仅是援引宪法的司法判断，但是他在不经意的一句话中指出："1803年美国联邦最高法院在审理治安法官马伯里诉麦迪逊一案时，首席大法官马歇尔在该案的判决中宣布：'立法机关制定的与宪法相抵触的法律无效。'由此开创了宪法司法化的先河。"[39] 从逻辑上看，这显然自相矛盾。但是，正是在这种矛盾的地方，我们可以看到所谓的宪法司法化其实已经隐含了解决法律与宪法相抵触的违宪审查问题。因为从作为司法判断的宪法司法化到违宪审查仿佛只有一步之遥。因此，连提出宪法司法化概念的王磊教授也指出，如果宪法能被法官适用，那么很多侵犯公民基本权利的行为就有了处罚的依据；另外也是很重要的一点，如果确定了法院的司法审查权，一个违宪的法规，就可以通过法院的审查来废止，法院可以宣布它无效而不适用。[40] 在这个意义上，所谓的宪法司法化不仅被看做一种援引宪法的司法判

---

[37] 参见张志铭："也谈宪法的司法化"，载 http：//www.gongfa.com/zhangzmxianfasifahua.htm；姜明安："宪法司法化四人谈"，前注11引文。

[38] 李步云："建立违宪审查制度刻不容缓"，载 http：//www.gongfa.com/libyweixianshencha.htm；袁骁乐："试论我国违宪审查制度的建构"，载 http：//www.gongfa.com/yuanxlweixianshencha.htm；费善诚："试论我国违宪审查制度的模式选择"，载 http：//www.gongfa.com/weixianshenchamoshifei.htm；季卫东："合宪性审查与司法权的强化"，载《中国社会科学》2002年第2期；王禹："齐玉苓案所引发的宪法思考"，载 http：//www.gongfa.com/wangyuqiyuling.htm.

[39] 黄松有，前注28引文。

[40] 王磊，前注35引文。

断，而且是一种违宪审查权。

3. 话语共识：表面的与实质的。从上述对围绕宪法司法化的话语进行的简单分析中，我们可以看到，尽管从齐玉苓案出发，讨论者们将眼光集中在"宪法司法化"的问题上，但围绕"宪法司法化"的话语，他们从"司法判断"和"违宪审查"这两个不同的角度形成了基本的概念分歧。如果按照我所提供"司法判断"与"违宪审查"这两个分析性的概念框架作为参照系，我们可以发现在宪法司法化的话语中，人们使用不同的术语来理解这对概念，我将这些明确区分的概念列入下表：

司法判断	违宪审查
宪法司法化	司法审查〔41〕
司法解释	宪法司法化〔42〕
司法审查〔44〕	宪法诉讼或违宪审查〔43〕
宪法规范的运用	司法审查或违宪审查〔45〕

从这个列表来看，人们在使用"宪法司法化"这个概念的

---

〔41〕 同上。
〔42〕 乔新生，前注 36 引文。
〔44〕 季卫东，前注 38 引文。
〔43〕 王禹，前注 38 引文。
〔45〕 尽管厄诺斯做了这种区分，但是，他将二者皆归入"宪法司法化"的概念中："宪法在司法中的适用包括两种情况：一是对抽象性的、普遍的法规进行违宪性审查；即通常所说的司法审查。二是在具体案件中适用宪法规范做出判决。"事实上，黄松有法官也隐含了这种看法。参见黄松有，前注 28 引文；厄诺斯："宪法的司法化及其控制"，载 http：//www.gongfa.com/xianfasifahua.htm.

时候，其实内容的所指有着根本的区别，这种明确的区分有助于人们在讨论中达成共识。但是，在大多数的讨论中，由于这种概念的歧异，尤其是人们在使用"宪法司法化"的时候往往含糊地同时包括这两种不同的内容，尤其是在媒体的公共话语中，并没有严格地区分这种不同的内容所指，导致人们在宪法司法化的讨论中，无论是支持宪法司法化，还是反对宪法司法化，往往因为概念含义上的误区而陷入混战之中。因此，宪法司法化话语中形成的共识有时仅仅是概念上的表面共识，而有时分歧也仅仅是概念上的表面分歧。这使得无论在赞成宪法司法化方面还是反对宪法司法化方面都并没有形成有效的对话，尤其是不同立场之间并没有进行严格意义上的对话和交锋，往往是每个人在自己的概念框架中自言自语。

尽管如此，如果说真正理想的科学语言是不可能的，如果说语言的目的不是概念的科学界定，而是在具体语境下的使用，[46] 那么正是在这种使用中，正是在这种概念的歧义中，我们可以看到围绕宪法司法化的话语中形成的实质性共识。当然，这种实质性的共识不是存在于"概念"上的共识，而是存在于概念所指称的具体内容的共识，就像"dog"与"狗"是两个不同的"概念"，但在使用中指称的差不多是同一个东西。尽管存在着宪法司法化的概念分歧，但至少人们对三个基本的内容达成了共识：

第一，尽管齐玉苓案件本身可能不是一个真正的宪法诉讼案件，但是，作为一种符号象征意义，它可以促使人们关注中国的宪法问题，引发整个社会对用宪法保护公民权利的重要性的关注。

第二，宪法不应当仅仅理解为一种政治纲领，而必须同时被理解为法律，如果不是全部，至少一部分应当可以被法官加以解

---

[46] [英] 维特根斯坦：《哲学研究》，陈嘉映译，上海人民出版社2001年版。

释；如果这种解释不能进行违宪审查，至少在法律、法规没有规定的情况下可以援引，以保护公民的基本权利。

第三，必须考虑建立中国的违宪审查制度，能否采用司法审查是涉及政治结构的重大课题，需要认真对待。

如果我们将这三个基本共识用一句话来概括的话，那么就是"认真对待宪法"。[47] 尽管人们对具体的宪法条文可能不很清楚，但是差不多人人都知道宪法是国家的根本大法，是国家最高的法律，是治国安邦的总章程。这些话是任何关于宪法的宣传中都要使用的基本表述。既然我们已经把宪法抬得如此高，为什么还要说"认真对待宪法"呢？那是因为以前的认真对待不过是把宪法当作政治纲领，像宝贝一样束之高阁，使得宪法成了不食人间烟火的东西，与人们的生活无关。[48] 而现在，认真对待宪法不是作为政治纲领来对待，而是作为法律条文来对待。宪法作为一种法律必须以一种可见的方式在社会生活中来展现它作为根本法的最高权威地位。一句话，宪法必须加以法律化，宪法必须和民法、刑法等部门法一样，被看做法律的一种而不是政治纲领性文件，必须和普通的法律一样成为司法机关在司法判断中认真考虑的对象。[49] 因此，我们可以说，宪法司法化的话语所形成的真正的实质性的共识就是"从法律的角度来认真对待宪法"。

---

[47]　张千帆："认真对待宪法"，载《法制日报》2001年12月2日。
[48]　参见江平等："宪法司法化四人谈"，前注11引文。
[49]　当然，对"宪法司法化"持谨慎、怀疑态度的人们认为，在司法判断中到处使用宪法的话，将会降低宪法的地位，参见蔡定剑等："宪法司法化四人谈"，前注11引文；或者宪法司法化会导致宪法诉讼的滥用，参见沈岿，前注11引文。

三、"宪法缺场"的话语悖论

既然在宪法司法化话语中形成了"从法律的角度来认真对待宪法"的基本共识,那么无论坚持或者反对"宪法司法化"都必须面对一个问题,那就是我们的宪法中是如何思考和规定宪法司法化或违宪审查制度的呢?正是在这一点上,我们看到在宪法司法化的话语中,所谓"认真对待宪法"这种实质性的共识其实也是一个表面共识,因为对于"如何认真对待"的问题上,可以有两种不同的对待方式,一种就是把宪法看做需要解释的法律规则加以认真对待,通过对宪法规则的法律解释来思考宪法司法化的问题;另一种就是把宪法作为社会规范来对待,从政治经济和社会文化的角度来思考宪法司法化的问题。也就是说,在宪法司法化的话语中,究竟是采用"法律政策学"的方法来论述宪法司法化,还是采取"法律解释学"的方法来论述宪法司法化,这两种不同的话语策略所得到的效果也是不同的。为此,我们首先在分析框架上廓清"法律政策学"和"法律解释学"以及这些对待法律的不同路径对于宪法的不同意义,然后我们再来分析宪法司法化话语中的论述策略。

(一)"法律政策学"与"法律解释学"

首先需要说明的是,我这里所说的"法律政策学"不是一个狭义上的将法律作为社会政策的学说主张,[50] 而是一种广义上的法律主张。这种主张将法律看做社会系统的一种,看做与政治、经济和社会文化密切关联并相互作用的社会规范,看做受其他要素影响并服务于其他要素的工具,因此,法律政策学就是一

---

[50] 这种狭义的主张构成了法理学中的"法律政策学派",参见[美]博登海默:《法理学:法哲学及其方法》,邓正来译,中国政法大学出版社1999年版。

种法律工具论。从这个意义上,我们通常所说的自然法学派、政治哲学中的法律实证主义、[51] 历史法学派的主张和法律与社会研究都可以属于我所说的广义的"法律政策学"或"法律工具论"。与此相比较,所谓"法律解释学"既不是一种解释法律的具体法律技术,也不是关于法律解释的学说,[52] 而是对待法律的一种方法和态度,这种态度将法律看作是一种自足的法律规则体系。它并不关心法律与其他社会要素的关系,而是关注这种法律规则体系本身。任何法律之外的其他要素只有"翻译"为法律规则才是可以理解的,任何其他社会制度乃至国家都是由法律所建构起来的存在。[53] 在这个意义上,法理学中的法律实证主义传统、注释法学的传统和概念分析法学的传统都属于这种广义的"法律解释学"的范畴。

尽管将如此众多复杂且相互矛盾的学说纳入如此简单的两个概念中可能包含着巨大的风险,但是,我关心的不是这些学说的具体主张,而是关注它们对待法律的方法,以及与这种方法相一致的共同的立场和态度。

---

[51] 我在这里要区分法理学中的法律实证主义和政治哲学中的法律实证主义。前者尽管主张法律是主权者的意志,但是,这种主张主要在于阐明法律规则本身,以便将法律与其他的社会规范区分开来;而政治哲学中的法律实证主义主要阐述这种决定法律的政治力量,这种力量如果不是强者的意志,就是至高无上的主权者的意志,这种主权者或者是君主(霍布斯),或者是人民的公意(卢梭),或者是统治阶级的意志(马克思)。

[52] 传统的法律解释往往是一种司法技术,但是,随着哲学解释学的理论进入法学界之后,法律解释往往变成了一门理论或者学说。将法律解释理解为一种司法技术或者理解为一种理论视角,参见梁治平编:《法律解释问题》,法律出版社1998年版。

[53] [奥]凯尔森:《法与国家的一般理论》,沈宗灵译,中国大百科全书出版社1996年版。

一般说来，法律政策学都采用了"法律的外在视角"，[54]也就是说从法律的外部来看待法律，这种视角关注的与其说是法律本身，不如说是"法律与……"，这种视角或者方法不仅看到法律与其他社会现象的关系，更主要的是将法律现象和法律规则还原为其他社会现象。这种"法律索引论"从法律入手索引到法律背后更大的支配法律的力量。与这种法学方法相一致，法律政策学有意识无意识地将法律看作是一种特殊的工具，而采取了一种工具主义的立场。法律既是一种反映性力量，又是一种建构性力量。法律不是反映普遍自然法的原则，作为实现普遍价值追求的工具，就是反映社会经济发展的需要，促进社会经济发展的工具；不是反映历史文化意识形态，成为捍卫民族文化的工具，就是反映统治阶级的意志，成为维护统治阶级利益的工具。因此，法律政策学的理论主张一般都会诉诸哲学、历史、社会学、政治学或者经济学的宏大话语的叙述策略。

相反，法律解释学采取了"法律的内在视角"，将法律规范或者规则本身看作是唯一关注的对象。在注释法学的视野里，整个世界就是一个法律的世界，任何经济、社会、政治、文化等等的要素只有转化为法律才是可以理解的，这种方法不仅将吵嘴打架等日常小事理解为"侵权之债"，而且将国家本身都理解为一种法律规范。在这个意义上，法律就是一门独立的科学，与其他学科没有直接的关联，研究法律不需要了解法律赖以存在的社会经济状况或者文化意识形态，而只需要关于科学的研究方法，这种研究方法就是发现法律真意的法律解释技术，这种科学方法关注的是法律规则本身的意涵，至于这种意涵服务于什么样的目

---

[54] 关于法律的"内在视角"和"外在视角"的区分，参见［英］哈特：《法律的概念》，张文显等译，中国大百科全书出版社1996年版。

的，这不是法律解释学所要关注的对象，而是法律政策学关心的对象。因此，法律解释学尽管也服务于某种道德、政治、经济或社会文化的目的，但是，这种服务是通过法律规则的内部的解释完成的，而不是通过法律外部的规则变化完成的。因此，法律解释学采取的不是宏大话语，而是法律规则的小心翼翼的解释和法律推理。

如果我们将两种不同的法律主张或法学方法放在社会转型的背景之下，就会看出这两种主张之间的巨大差别。一般说来，当社会的发展与既有的法律发生紧张甚至矛盾的时候，法律政策学就会主张革命或者变法的立场，从法律的外部来寻找变法的力量和合法性，因此，法律政策学是法律批判和法律变革的一个重要力量。相反，法律解释学则希望维护法律本身的权威性和稳定性，希望通过法律内部的解释来开辟新的可能性。因此，法律解释学是建立法律权威和法律秩序的重要力量。

（二）宪法是"工具"还是"教义"？

如果我们分别从法律政策学和法律解释学的角度来看来宪法的话，那么就会发现这两种不同的法律主张或者法学方法对于确立宪法的权威而言具有完全不同的意义。

从法律政策学的角度来说，宪法作为法律依然不过是社会政治经济力量的反映，因此，在法律政策学的视野中，宪法不是至高无上的，在宪法之上还有更高的政治理想。宪法也不是最具有权威的，因为在宪法之上还有更高的主权意志或者说人民意志。在这个意义上，宪法虽然在法律体系中可能是最高的法律，但是宪法依然是某种工具，是实现政治理想或者阶级意志的工具。[55]

但是，从法律解释的角度看，宪法就是最高法律规范，而且是一切法律规范的渊源，其他法律规范都是从宪法这个"基本规范"中引申出来的，[56] 任何其他的法律规则只有在获得宪法这个规则的认可之后，才能具有法律规则的效力。[57] 在这个意义上，宪法就可以理解为一种教义，和最高的权力源泉是同一的。就像上帝的意志体现在《圣经》中，真主的意志体现在《古兰经》中，人民意志就是体现在宪法之中，因此，就像作为上帝和真主在人间的代言人，牧师和阿訇把《圣经》和《古兰经》作为至高无上的教义，小心翼翼地阐释这些教义的意涵，"人民代表"作为人民的代言人就只能将宪法作为教义，只能解释宪法而不能超越宪法之上。如果说在宪法之外还有什么人民的意志，那么至少在法律解释学看来，这显然是一种自相矛盾的说法。

在一个转型社会中，这两种不同的对待宪法的态度就体现在要不要认真对待"宪法文本"的问题上。如果认真对待宪法文本，那么就要通过解释宪法文本或根据宪法规定修改宪法来拓宽

---

[55] 在自然法传统中，这种最高的理想被看作高级法，宪法尽管可以作为高级法的体现，但是，这些高级法本身依然构成对宪法的批判或者监督。在美国宪法中，这种高级法可以被称为"不成文宪法"，Thomas C. Grey, "Do We Have an Unwritten Constitution?", 27 *Stanford Law Review*, 703 (1975); Thomas C. Grey, "Origins of the Unwritten Constitution: Fundamental Law in American Revolutionary Thought", 30 *Stanford Law Review*, 843 (1978); 或者被看作"隐秘的宪法", George P. Fletcher, *Our Secret Constitution: How Lincoln Redefined American Democracy*, Oxford University Press, 2001; 或者被看作"薄宪法", Mark Tushnet, *Taking the Constitution away from Courts*, Princeton University Press, 1999, 而在马克思主义的学说中，宪法不过是捍卫阶级利益的工具。

[56] 凯尔森，前注 53 引书。
[57] 哈特，前注 54 引书。

对宪法的理解，从而使宪法能够容纳社会发展变化的内容。否则就是坚持推动社会发展的政治理想或者人民意志的至上性，或采取公然违宪的做法，或采取将宪法虚置起来的做法，或采取不断地修改宪法、废除宪法并制定新宪法的做法。这两种不同的态度所导致的社会效果完全不同。这种坚持变法立场的法律政策学不可能确立宪法的真正权威，也无法确立稳定的宪政秩序，近代以来法国和德国宪政的历史大体如此，近代中国的宪政运动也说明了这一点；相反，采取法律解释学的立场将宪法看做是神圣的教义，由此将社会的变迁都纳入到宪法的框架中，从而捍卫了宪法的神圣地位。美国用一部宪法来囊括二百多年巨大的社会变迁，就是依赖这种法律解释学不断确立的宪法的神圣地位。[58]

(三) 宪法司法化的话语悖论

如果我们从法律政策学和法律解释学这两种不同的法律主张和法学方法来分析宪法司法化的话语，就会发现关于宪法司法化的分歧不仅在于宪法司法化这个概念本身的不同意涵，而且在于宪法司法化的主张与宪法文本之间的不同关系。也就是说，无论在何种意义上坚持还是反对宪法司法化，这种主张的依据是什么？是宪法文本依据还是社会政策依据？如果说要"认真对待宪法"的话，那么这里所谓的"宪法"是"宪法理念"，还是"宪法文本"——《中华人民共和国宪法》(1982年)。

1. 宪法司法化的政策依据。主张法院在司法审判中应当引用宪法作为司法判断依据的话语中，这种主张的合理性往往诉诸

---

[58] George P. Fletcher 认为美国宪法就被看作是一种宗教教义一般神圣的文本，这不仅体现在一个权威的法律文本，而且主要体现在美国法律人对宪法不断的解释以适应社会发展的需要，他认为西方法律中除此之外还有《法国民法典》和《德国民法典》也具有类似的神圣地位。George P. Fletcher, "Three Nearly Sacred Books in Western Law", 54 *Arkansas Law Review*, 1-18 (2001).

改革话语或者意识形态的话语,这种话语的政策导向为坚持宪法司法化提供了正当性。黄松有法官论述宪法司法化的正当性就集中体现了法律政策学的这种宏大话语策略,他认为:随着社会的进步和时代的发展,宪法的权威日益受到人们的尊重。江泽民同志1999年1月30日在中共中央召开的征求党外人士对修改宪法部分内容的意见的座谈会上提出:"我们要采取更加有力的措施,加强宪法实施的有效保障,包括健全宪法实施的具体制度,开展对宪法实施的经常性检查监督,及时地纠正违反宪法的现象,切实把宪法的各项规定落到实处。"落实宪法内容的一个重要方面就是将宪法直接引入司法程序。江泽民同志在今年"七一"讲话中完整系统地阐述了"三个代表"重要思想,对人民法院的审判工作具有重大的指导意义。肖扬院长近日在全国高级法院院长座谈会上指出:"维护最广大人民的根本利益是人民法院工作的出发点和归宿;依法保障和促进先进生产力的发展是人民法院的根本任务;弘扬先进文化,促进社会主义精神文明建设是人民法院的基本职责"。"三个代表"重要思想对人民法院的审判工作提出了更高的要求,也为我们走出在宪法实施问题上的各种误区提供了重要契机。解决我国宪法实施问题的一个重要内容就是实行宪法的司法化。宪法司法化是马克思主义法学不断发展完善的内在要求,是江泽民同志"三个代表"重要思想在法院审判工作中的重要体现。我们一定要以宽广的胸怀、开阔的视野,立足中国的国情,顺应法治发展的潮流,与时俱进,勇于创新,打破在宪法实施问题上的保守观念,不断探索符合现代审判规律内在要求的法律适用新模式。[59]

在这段话中,黄松有法官采取了法律政策学的话语策略,把

---

[59] 黄松有,前注28引文。

它作为坚持司法判断意义上的宪法司法化主张的主要论证策略。这种政策性宏大话语包括两个方面：

首先，是党和国家领导人的讲话中所体现出的党的和国家的政策。比如江泽民同志关于"切实把宪法的各项规定落到实处"的指示，江泽民同志的"三个代表"思想，最高法院院长的讲话。这些政策合法性又与马克思主义的法律意识形态保持了一致。只有在这种政策的基础上，宪法才能实现司法化。

其次，是适应社会发展的变法话语。宪法要符合"社会的进步和时代的发展"，人们对待宪法的观念也已经随之发展，已"顺应法治发展的潮流，与时俱进"。在宪法应当符合社会发展的理论背景上，这种宏大话语自然主张对宪法进行创新和改革，"打破在宪法实施问题上的保守观念，不断探索符合现代审判规律内在要求的法律适用新模式"。当然，这种适应社会发展的变法话语也是因为党和国家的改革政策才获得了合法性话语地位。因此，这两种话语都是将宪法作为一个体现党和国家的社会政策的工具。正是依赖这些社会政策上的依据，才会出现要求打破旧的宪法观念，树立新的宪法意识。

这种法律政策学的话语策略不仅为司法判决意义上的宪法司法化提供了理论依据，也为违宪审查意义上的宪法司法化也提供了理论依据，正是这种法律政策学的话语使得法学家们提出建立中国的违宪审查制度，这种建议又和修宪的变法思想紧密联系在一起。

在这种法律政策学的话语策略中，尽管反复强调宪法对于时代的重要性或者说随着时代进步而落实宪法的重要性，但是这种宪法是抽象的宪法，而不是具体的宪法，不是《中华人民共和国宪法》这个具体的宪法文本。如果以宪法文本为依据的话，那么由此而来的问题就是：如果要落实宪法实施，就要看宪法中是不是规定了宪法的司法化。如果宪法中没有规定宪法司法化，那么，是不是意味着根据社会政策的需要和改革发展的需要，可以采取违宪的方式实现宪法的司法化？看来，宪法司法化的叙说遇到了一个宪法上的难题。

2. 宪法上的难题。这个宪法上的难题被反对宪法司法化之说的童之伟教授抓住了。他认为，"有非常多的证据表明，法学界和法律界中有为数不少的人在这个问题上实际奉行的是双重标准：在讲到直接适用宪法保护公民基本权利时，其中的基本权利是中国宪法中规定的权利；在讲到直接适用宪法的机关的地位、权限时，他们心目中的宪法却往往不像中国的宪法，而更像美国的宪法，似乎只有中国法院取得美国法院（法国、德国等其他西方国家的法院的地位都不行）那样的地位和职权，中国宪法中规定的公民权利才能实现。"[60] 他进一步指出，"我们不能指望最高法院用超越或突破宪法架构的方式解决宪法适用不充分的问题。……中国的最高法院的地位和职权不能同美国的联邦最高法院比，中国最高法院的司法解释也不可能有美国联邦最高法院宪法判例那样的地位和作用。"在童之伟教授看来，不仅违宪审查意义上的宪法司法化与我们现行的宪法是矛盾的，而且司法判断意义上的宪法司法化也与宪法中规定的法院的职权是不相符合的。一句话，宪法司法化无论在哪一种意义上都是违宪的。那些比童之伟教授温和的反对意见尽管在原则上支持司法判断意义上的宪法司法化，但依然反对违宪审查意义上的宪法司法化，认为

---

[60] 童之伟，前注11引文。

这种制度与我们现行的宪法制度是不一致的，甚至有违宪的嫌疑。[61]

尽管反对宪法司法化在话语叙述中都会以宪法司法化主张违宪作为理由，但是，即使这种反对意见也不是严格的从宪法文本出发，采用法律解释学的方法来证明这种违宪。[62] 相反，与他们所反对宪法司法化主张一样，他们也同样采用法律政策学的论证策略。童之伟教授对宪法司法化主张的批评不是集中在对宪法条款的解释上，而主要是从法律社会学的角度来分析了中国社会转型中的"司法抢滩"问题，并从政治立场的高度来批评这种现象，认为宪法司法化"意味着主张将现在由全国人大及其常委会掌握的宪法监督实施权和全国人大常委会掌握的宪法解释权都转移到最高法院手中，意味着可以对全国人大或其常委会的立法进行合宪性审查，意味着最高国家审判机关取得与最高国家权力机关相同或平等的宪法地位。一句话，意味着根本改变我国的政权组织体制。这已不是有没有'大胆突破传统观念的勇气和决心'的问题，而是要不要从根本上突破现有宪法架构的问题。"[63] 除了这种政治立场上的批评，他还批评在讨论宪法司法化中法学家和法官"自我膨胀"，"以为找几个人在流行媒体上炒作一番，暗度陈仓形成一两个司法解释，就可以实现'司

---

[61] 沈岿教授就已经提到了"宪法司法化"在宪法上的困难，那就是中国采取的类似"议会至上"原则的"人民代表大会制"。他认为化解这种困难的方式是通过强化行政诉讼来解决，"在具体的普通法律缺位或者含糊而当事人提出行政行为违宪时，可尝试用宪法直接规范行政机关的行为。"参见沈岿，前注11引文。
[62] 当然也有一些例外，北大宪法行政法博士生王禹就从《宪法》中的具体条款的分析来提出不同的看法。参见王禹，前注38引文。
[63] 童之伟，前注11引文。

法革命'。顺便提一句,在这方面,有些媒体的做派是先认定一种倾向,然后组织人发表赞同这种倾向的言论,对不同的看法则一概排斥在版面之外。这很不好。"[64]

3. 宪法的缺场。无论是主张宪法司法化还是反对宪法司法化,围绕宪法司法化展开的话语叙述都采取了法律政策学的论证策略,都关注的是社会发展的问题、政治正当性的问题,而不是采取法律解释学方法来认真地解释宪法条款的具体含义。因此,在这场关于宪法司法化的讨论中,真正的宪法"缺场"了。

对于宪法司法化的主张者来说,我们有必要从宪法解释学的角度来追问:当宪法司法化推动者主张实施宪法的时候,怎么实施宪法中规定的全国人大常委会"解释宪法"的职权?[65] 在宪法所赋予的人民法院的职权中,是不是包括了人民法院的宪法解释权?是不是在没有法律和行政法规的情况下,法院都可以援引宪法来保护公民的宪法权利?比如说,当边远落后地区的乡政府没有建立小学的时候,当事人是不是可以依据宪法和义务教育法来起诉乡政府剥夺了宪法中规定的公民受教育权,法院是不是可以根据宪法和义务教育法要求乡政府建立一所小学呢?如果这样的话,法院是不是侵犯了宪法规定的乡政府"管理本行政区域内的行政工作"[66] 的职权呢?是不是任何一级法院,包括派出法庭,都可以在司法判决中援引宪法作为判决依据呢?

对于宪法司法化的反对者来说,我们也有必要从宪法解释学的角度来追问:宪法规定人大常委会"解释宪法"的含义是什么?这是不是意味着宪法中就已经排除了司法机构对宪法的解

---

[64] 同上。
[65] 《宪法》第 67 条第 1 项。
[66] 《宪法》第 107 条第 2 款。

释？宪法中明确规定的人民法院"行使审判权"[67]的具体含义是什么？这种宪法上规定的"审判权"是不是隐含了其他的为了实现这种权力所必需的"隐含权力",[68]比如说"解释法律"的权力？《人民法院组织法》中规定最高人民法院具有"解释法律"的权力，这里的"法律"是不是包含了"宪法"？《宪法》序言中明确指出："本宪法以法律的形式……"是不是承认了宪法就是一种"法律"？人民法院的权力是宪法明确规定的，还是全国人民大会赋予的？如果说我国的政治结构是全国人民代表大会至上的话，那么是不是意味着全国人民代表大会可以剥夺人民法院的司法审判权呢？宪法中以明确列举的方式规定人民代表大会的职权是不是意味着对其权力加以严格而明确的限制呢？

正是由于宪法的缺场，使得上述从法律解释学角度提出的宪法问题并没有在宪法司法化的讨论中得以阐明，我们依然不清楚我们的宪法是如何以直接或者间接的方式来规定与宪法司法化相关的种种问题的。一句话，我们仅仅知道一些抽象的概念，而不知道具体的可以操作的法律规则的具体规定。正是由于法律解释学方法的缺失，使得坚持宪法司法化的主张暴露出了宪法上的弱点，从而被戴上了违宪的帽子；同样，反对宪法司法化的主张也

---

[67]《宪法》第 126 条。
[68] "隐含权力"的学说是马歇尔在 McCulloch v. Maryland（1819）案件的判决中提出的。在该案中，马歇尔认为"我们永远不要忘记，我们正在阐释的是一部宪法。"宪法不同于其他法律的地方就在于它的抽象性，它不可能详细规定所有的内容。因此，必然有些内容是明确规定的，有些内容是隐含规定的。他认为宪法中对于国会的权力是明确列举的，但是，对于"实施权力"的手段则是以隐含的方式规定的。只有是为了实现宪法所规定的这些权力，国会才可以采取必要的实施手段。当然，马歇尔对这种手段作了比较宽泛的解释，他认为："任何适合于这些目的的手段，任何直接用来实施宪法规定的政府权力的手段，它们本身也都是符合宪法的。"

只是表面上振振有词,但是缺乏宪法上的充分证据,给人留下了扣政治帽子的嫌疑。然而,法律解释学方法的缺失,其问题不仅仅是围绕宪法司法化的法律主张的薄弱,毕竟这些主张的宣传意义大于法律上的实际意义。但是,这种法律解释学方法的缺失,意味着我们说所的"从法律角度认真对待宪法"主张陷入到了话语悖论中。

尽管我们说"从法律角度认真对待宪法"是宪法司法化的话语中所形成的共识,这个共识的目的是为了将宪法从"束之高阁"的政治纲领降低到法律操作的层面上,但是,从我们上面分析的宪法司法化中普遍采取的法律政策学的话语策略来看,所谓降到"法律层面上"仅仅降到了法律政策学的政治意识形态的话语层面上,并没有降到法律解释学的规则操作层面上。宪法依然处在宏大话语所包围的论述中,而不是处在具体操作法律规则的法律解释的问题中。所谓"认真对待宪法"不过是在认真对待宪法观念或宪法原则,而不是认真对待具体的宪法条款,由此"宪法司法化"的实质性主张与话语层面上的"宪法政策化"形成了明显的悖论。一方面要在法律层面上认真对待宪法,另一方面恰恰在法律解释的层面上忽略了宪法;一方面要将宪法从政治纲领的地位上降下来,另一方面又将宪法重新放在政治纲领和社会政策的层面上加以叙述。

四、国家转型的宪法悖论

既然宪法司法化讨论的目的在于将宪法从束之高阁的政治纲领转化为可触摸可操作的法律,那么为什么在这种讨论中,真正的宪法缺场了呢?为什么法学家甚至是宪法学家都不关心具体的宪法文本呢?为什么那些宪法司法化的主张者对宪法中白纸黑字明文规定的全国人大常委会的宪法解释权保持沉默呢?为什么法官在坚持宪法司法化的时候不是从宪法中寻找依据，而要在政治意识形态的宏大话语中寻找合法性呢？宪法司法化中表现出来的这些话语悖论绝不是某个法学家或者某个法官个人的问题，而恰恰反映了支撑这些话语的国家权力结构处在转型之中，正是在国家转型的背景中，我们不仅可以理解宪法司法化的话语悖论，而且可以看到未来宪政所面临的复杂而艰巨的任务。

1. 最高权力机关的悖论。在我们的宪法中，全国人民代表大会及其常务委员会是国家的"最高权力机关"。[69] 当然，这个最高权力机关并不意味着"拥有除了把男人变成女人或女人变成男人之外的一切权力"，因为全国人民代表大会及其常务委员会的权力是由宪法所明文限定的，其他国家机关的设置和职权范围也是由宪法所赋予的，而不是由全国人民代表大会所赋予的。因此，我国的人民代表大会制度并不是英国的"议会至上"体制。尽管如此，宪法依然给全国人民代表大会以及常委会赋予了广泛的职权，其中包括立法权，国家领导人的选举权，审查、质询和监督权，修改宪法权，解释宪法权，宪法监督权等。但是，在最高权力机关的具体运作中，宪法规定的上述权力大多数是一些纸上的权力，在实际中并没有得到有效的运用。由此，最高权力机关成了公认的"橡皮图章"。

在最近 20 年来，全国人大及其常委会的作用发生了明显的变化，从以前所谓的"橡皮图章"变成了一个"有质地的橡皮图章"。[70] 但这种努力并没有改变其"橡皮图章"的形象。就立法而言，尽管一个国家的最高权力就是表达人民意志的立法权，但是全国人大及其常委会的立法工作不是自主的立法，而是

---

[69]《宪法》第 57 条。
[70] 周旺生："中国立法五十年"，北京大学法学院工作论文，2000 年。

围绕党的中心工作进行立法。尽管立法中采取了专家立法的方法，但是专家立法往往是"戴着脚镣跳舞"，无法突破有关机关甚至个人规定的条条框框，[71] 由此遭到了法学家或者公共舆论的批评。[72] 并且立法过程中也没有任何立法听证程序之类的制度以便让人民代表参与其中，人民代表仿佛是举手投票的机器。就政府监督而言，监督很大程度上流于名义，而针对法院广泛采取的"个案监督"制度由于不是监督法官收受贿赂等腐败行为，而是监督法官对具体案件的判决。这种监督不但没有制止司法腐败，而且增加了司法腐败的新的可能性，与司法独立的精神是相背离的，由此遭到了法学界的批评，并且这种制度是否符合宪法也值得怀疑。[73] 而对政府工作的审查变成了对政府"工作报告"的审查，这种审查变成了一种人民代表们是否满意的信任投票，变成了一项民意测验工作。就宪法规定的法律审查权而言，尽管宪法明文规定全国人大常委会有权撤销同宪法、法律相抵触的行政法规和地方性法规，[74] 但是，全国人大常委会很少履行这项违宪审查的职权来撤销行政机关和地方政府的不符合宪法的法规，比如，对于国务院规定的限制人身自由的劳动教养，尽管受到了很大的批评，全国人大及其常委会从来没有对这种行政法规的是否违宪进行过审查。相反，全国人大常委会在立法问

---

[71] 同上。
[72] 一个典型的例子就是制定《合同法》时，保留了大量的行政性强制合同，就此遭到了法学界和公众一致批评，参见梁慧星："合同法的成功与不足"，载《中外法学》1999年第6期，2000年第1期；另外一个例子就是公共知识界和媒体对修改婚姻法的广泛批评，参见李银河、马忆南主编：《婚姻法修改争论》，光明日报出版社1999年版。
[73] 对个案监督制度的合宪性的质疑，参见沈庆中："对人大行使监督权的思考"，载 http://www.chinajudge.com/rmht/rmht10.htm.
[74] 《宪法》第67条第7、8项。

题上采取"绥靖政策",任由行政机关和地方立法机关制定与基本法律、法律甚至宪法相冲突的种种法规和规章,引起令出多门、法律规章相互冲突和立法中部门保护主义和地方保护主义等弊端。

总之,一方面由于没有采取直接选举制度,人民代表的素质太低,人们并不认为全国人大及其常委会真正代表了人民,这从根本上影响了全国人民代表大会及其常委会在公民心目中的形象;另一方面,在一些人民群众真正关心的重大问题上,全国人大及其常委会并没有做出有力的回应。[75] 所以,尽管宪法规定全国人大常委会有权解释宪法,但是人们并不认为全国人大及其常委会有能力理解宪法,有能力根据宪法来保护公民的基本权利,有能力依照宪法对法律、行政法规和地方性法规进行违宪审查。在这个意义上,尽管宪法中规定了全国人大常委会的解释宪法权,但是,人们认为这种权力就像其他宪法上规定的权力一样,都是一些纸上的权力,由此人们普遍将保护公民的宪法权利的希望寄托在生机勃勃的法院。

2. 法院:公民权利的保卫者。与暮气沉沉的国家最高权力机关相比,人民法院目前处于生机勃勃的活跃状态之中。尽管在国家的权力结构中,法院并不是地位显赫的机关。但是,在这二十多年来,法院不断地通过自己的努力来改变自己的形象和地位。

尽管公开审判林彪集团和"四人帮"集团带有一定的政治审判色彩,但是,从那时起,法院在社会生活的地位越来越重要。随着市场经济带来的整个社会的转型,传统的价值观念和权

---

[75] 比如说,在腐败问题上,由于没有各级人大审批的公共财政制度,使得政府腐败成风;而且重大的国家建设项目并没有经过人民代表的充分论证,以前的三峡工程如此,而目前巨大的南水北调工程甚至没有经过全国人大及其常委会的批准等。

利义务关系也面临着重建和转型。在这个时期，人民法院所承担的功能绝不是简单的解决社会纠纷的司法功能，而且承担了在社会转型中重建公共价值观念和权利义务关系的责任。从"秋菊打官司"所引发的"讨个说法"开始，人们越来越习惯于将人民法院作为公共行为合法性的最终界定者。法院逐步变成公民权利的保护者。从行政诉讼法引发的"民告官"到王海所推动的消费者权利保护运动，从刘燕文案所引发"让司法的阳光照亮科学的殿堂"，到目前整个社会要求"司法介入"足球"黑哨事件"的呼声。法官在社会中的地位和形象发生了根本性的转变。法院从传统的作为国家暴力工具的"刀把子"形象，转变为社会纠纷的裁定者和权利义务关系的界定者，转变为公民权利的保护者，法院也逐步从一个国家机构变成一个相对中立和超越的法律执行机构，成为维持"社会正义"的"最后一道防线"。

　　正是为了适应保护公民权利的要求，法官积极对自身进行了改革。司法改革成为法院内部、法学界和公共媒体上的一个重要话题。尽管司法改革仅仅是法院内部的改革，而且还会出现一些问题，[76] 但是，围绕司法公正和司法效率的改革都致力于建立一个专业化的独立的司法系统。而司法专业化的努力更是将一大批法律精英吸收在司法系统中，使得法院有能力应付复杂的法律问题。在中国加入 WTO 的背景下，"司法审查"这个概念也名

---

[76] 对某些司法改革措施的合法性的质疑，参见"走出司法改革的迷途——蔡定剑博士访谈录"，载《改革内参》2000 年第 23 期。最近，苏力对司法改革中采取的法院院长引咎辞职制度进行了激烈的批评，参见苏力："制度改革的逻辑错位——评《地方各级人民法院及专门人民法院院长、副院长引咎辞职规定（试行）》"，载 http://law-thinker.com/detail.asp? id=788。

正言顺地进入了人民法院的工作范围。[77]

人民法院在最近 20 年中迅速改变自己形象的努力被称为"司法抢滩"[78] 或者"司法权的扩张"。[79] 但是，这种术语的潜在含义似乎假定人民法院超出了自己的宪法职权。的确，如果和计划经济时代相比，人民法院审理经济纠纷就已经是大大地"抢滩"或"扩张"了，如果和砸烂公检法的文革时代相比，建立法院本身就是在"抢滩"或者"扩张"了。因此，如果说存在"司法抢滩"或者"司法权的扩张"的话，那么这不过是人民法院从"文革"时代的党委和计划经济下的政府那里一点一点地拿回本来就应当属于法院的"司法审判权"。正是在逐步按照宪法定位自己的司法审判权的过程中，人民法院才逐步被看做公民权利的保护者。在这样的背景下，和人大及其常委会相比，无论在法律能力上，还是在实际效果上，人民都希望人民法院承担起通过司法诉讼保护公民的宪法权利的责任，从而通过司法诉讼来激活宪法，使宪法活起来。[80]

3. "人民"与"法院"。的确，正如在宪法司法化的讨论中所表明的那样，法学家、媒体和人民法院紧密配合，从而主导了公共话语空间。法学家和法官由于同属于一个法律共同体，[81] 而具有天然的共同性。但是，如果从法律共同体的角度来讲，法学家和法官之间仅仅在法律知识和法律推理方面所具备的法律素

---

[77] 孔祥俊："WTO 法律的司法审查制度"，载《法制日报》2002 年 1 月 27 日、2000 年 2 月 3 日。
[78] 童之伟，前注 11 引文。
[79] 乔新生："司法权的扩张"，载《中国青年报》2000 年 9 月 22 日。
[80] 姜明安等："宪法司法化四人谈"，前注 11 引文。
[81] 关于法律共同体的论述，参见强世功："法律共同体宣言"，载《中外法学》2001 年第 3 期。

质上具有一致性，这种一致性仅仅意味着二者分享同样的法学思考方法，并不意味着二者坚持同样的法律立场。但是，自从司法改革成为公共话题开始，法学家和人民法院的配合不再是简单的法律知识上的配合，而是法律立场上的配合，即二者都坚持司法独立、司法公正、司法精英化等主张。这种主张使得司法改革不再是一个简单的法学问题，而且变成了社会的公共问题。司法改革从法院内部和法学界内部逐渐扩展为一个公共的社会问题，而这种改变有赖于媒体的介入。

事实上，就在公民通过司法诉讼捍卫自己权利的同时，由于商业化带来的公共空间慢慢形成，媒体逐步从"党的声音"变成了"人民的喉舌"。正是为了反映民众的需要，司法诉讼成为公共媒体的重要题材，中央电视台的《今日说法》栏目以及报纸上关于司法诉讼的报道，使得司法成了重要的公共话题。而司法改革中提出的媒体监督，尽管受到了法学界的批评，[82] 但是，司法改革由此获得了媒体的积极支持，正是透过媒体，司法活动也进入了千家万户。而同时，媒体急需法学界的支持，将专业化的司法活动简化为大众可以理解的语言，由此，一部分法学家就进入了公共媒体，通过电视上评论、报纸上的专栏，将复杂的法律逻辑变成简单通俗的语言，从而进行真正的普法宣传和公民法律教育。由此，在人民大众—媒体—法学家公共知识分子—法院

---

[82] 参见贺卫方："新闻与司法二题"，载《中国改革报》1998年2月20日；贺卫方："对电视直播庭审过程的异议"，载《中国律师》1998年第8期；谭世贵："论司法独立和媒体监督"，载《中国法学》1999年第4期；卞建林："媒体监督与司法公正"，载《政法论坛》2000年第6期；冷静："从法院状告媒体谈起：一起名誉官司引发的思考"，载《北大法律评论》（总第3辑），法律出版社2000年版；蔡定剑："媒体审判应该降温了"，载《法制日报》2001年4月15日。

之间形成了一个良性循环的纽带。司法改革不仅获得了法学家的支持，获得了公共舆论的支持，也获得了人民大众的支持。

当然，我们必须注意到，人民大众、媒体、法学家和法官之间互动关系绝不是所谓的利益同盟。因为法官是一种相对中立的职业，法学家也不是某个利益集团的代言人，他们之间的关系实际上是一种知识上的传递过滤关系。媒体是人民大众的喉舌，媒体和法学家公共知识分子共同营造了公共空间，法学家与法官属于同一个法律共同体。正是在这种环环相扣复杂关系中，人民大众的声音到达了法院，人民大众最朴素的正义感和权利感，通过公共话语到法律专业知识的不同知识体系的过滤，变成了司法判决中专业化的、逻辑严密的法言法语。在这个意义上，人民法院就是"人民的法律"，只不过这里的人民不是通过投票或者大众司法的方式来决定司法判决，而是通过媒体压力和法学界的过滤来影响司法的整体发展方向，人民的意见在无法通过选举的"人民代表"的声音来表达的时候，就通过商业化的公共媒体来表达，就通过公共知识分子来表达。当然，这样的合作仅仅局限在保护公民的权利方面，对于司法腐败，公共舆论和法学家知识分子依然是人民法院的批评者。因此，正是在保护公民的权利的立场上，法学家、媒体和法院在宪法司法化的问题上再一次配合，那些批评这种配合的人们显然没有看到这种配合背后的"人民大众"与"公民权利"的重要性。

4. 法学家公共知识分子的变法心态。尽管法学家作为法律共同体的一分子，是以"阐释者"而不是"立法者"的形象出现的,[83] 但法学家知识分子依然以"公共知识分子"的面目出现,依然以"立法者"的形象进行法律启蒙。这一方面是由于"法学的幼稚"[84] 所导致的法学专业化的分工不够精细,[85] 以至于目前还没有形成一套相对自主的法学研究方法,没有形成一个严格意义上法学界;[86] 另一方面,由于剧烈的社会转型使得大众法律教育成为公共教育或者公民教育的重要内容,法律教育不仅承担培养专业化的法律人的任务,而且承担了普及法律知识的公民教育的职能。正因为如此,在媒体上,面对普通大众,这些法学家公共知识分子更愿意谈论普遍的宪法理念,而不愿意也不可能解释具体的宪法文本,毕竟公共媒体不是专业化的法学刊物,宪法司法化的讨论更多出现在媒体上,而缺少真正学术化的思考。

在20世纪90年代"以法治国"的口号下,法学家(当然最主要的是经济法学家和社会学家)以社会科学的名义取代了80年代人文知识分子而扮演了"立法者"的角色,大家不断地给政府、法官和民众提供各种专家意见,建议"应当"如何进

---

[83] 知识分子的角色从"立法者"向"解释者"的转型,参见〔英〕齐格蒙·鲍曼:《立法者与阐释者:论现代性、后现代性与知识分子》,洪涛译,上海人民出版社2000年版。

[84] "法学的幼稚"是20世纪80年代戴逸先生对法学研究状况的概括,这句评论一直被法学界反复引用。

[85] 早在20世纪80年代,陈兴良教授就已经提出了"专业槽"的问题,希望推进法学研究的专业化,以此在分工的基础上深化法学研究。从专科专业化的角度批评法学家公共知识分子,参见 Richard Posner, *Public Intellectuals: a Study of Decline*, Harvard University Press, 2001.

[86] 一个严格意义上的学界或者学术领域不是通过体制结构所划分的,而是通过一套自主的学术路径、学术规范和学术态度形成的,参见邓正来:"关于中国社会科学自主性的思考",载《中国社会科学季刊》。相比之下,今天所谓的法学界更多是从法律职业或大学法学院体制中所形成的。

行改革,"应当"如何进行审判,不断地为改革"鼓"与"呼"。从刘燕文案中隐含的"法律正当程序"到齐玉苓案中隐含的违宪审查的"宪法司法化",法学家在司法改革的洪流中高唱"妹妹你大胆地往前走","该出手时就出手"。人民大众、媒体、法学家和法官这种心照不宣的默契正是和这二十多年来的"变法"背景是联系在一起的,由此也养成了一种普遍的"变法"心态。[87] 而正是在这种"变法"背景和"变法"心态中,法学界容易流行的是公共知识分子的法律政策学,而不是强化法律共同体法律解释学,不仅法学家如此,连法官也是如此;不仅法学理论如此,连民法、刑法和行政法等部门法也往往如此。我们无论是对待重大的宪法问题还是细微的法律案件,往往喜欢从领导人的讲话、神圣化了的西方宏大理论、抽离历史的西方成功经验出发来论证"应当"如何进行改革,"法律政策学"已经构成了法学家们思考问题的方式。

这种"变法"心态使得法学家们的思考处于悖论之中,一方面惊呼大规模的移植法律造成了法律条文与法律实践之间的巨大差距,[88] 由此导致了"制度断裂";[89] 另一方面依然不断地

---

[87] 对这种"变法"心态的分析和批评,参见苏力:"变法、法治及其本土资源",载苏力:《法治及其本土资源》,中国政法大学出版社 1994 年版。

[88] 20 世纪 70 年代末开始的建设和完善法制的运动到了 80 年代中期面临着一个危机:虽然立法以相当快的速度覆盖了社会生活的许多方面,然而法律的实施情况却相当不尽如人意。……承诺与现实距离的愈发拉大,对法律和法治的期望逐渐化为失望。参见贺卫方:"比较法律文化的方法论问题",载沈宗灵、王晨光编:《比较法学的新动向——国际比较法学会议论文集》,北京大学出版社 1993 年版。

[89] 强世功:"法律移植、公共领域与合法性——国家转型中的法律(1840—1981)",载苏力、贺卫方主编:《20 世纪的中国:学术与社会》(法学卷),山东人民出版社 2001 年版。

主张"变法"。一方面惊呼人民对法律丧失了信仰,[90] 希望建立稳定的法律秩序和信仰法律的心态,可另一方面却对所要建立的法律制度持一种"等待戈多"的态度,将目光盯在未来可能建立的那个完美的法律制度,而忘却了当下已经在现实生活中存在的法律制度。

当法学家知识分子将法律大众化,尤其是将宪法大众化的时候,一个可能的危险就是将真正的宪法问题转变为一个浮夸的、诉诸情感而不是理智的"文人政治"。[91] 如果和普遍的"变法心态"联系起来的话,就更能看出宪政建设所面临的悖论。一方面,我们之所以追求宪政,不仅是因为宪政保护公民权利,而且是因为宪政保持了一个稳定的政治秩序,避免了暴力和革命。"宪法至上"的宪政原则就是希望在宪法所维持的法律框架内来解决各种政治问题和社会问题。然而,另一方面,变法心态使得人们不是在宪法框架和法律规则的内部来寻找解决问题的出路,而是在宪法和法律之外通过"变法"甚至"革命"来解决问题,

---

[90] "法律必须被信仰,否则形同虚设"是伯尔曼的一句话(参见 [美] 伯尔曼:《法律与宗教》,梁治平译,三联书店1991年版),这句话作为名言经常被法学家们用来描述改革进程中的法律秩序和社会秩序面临的问题,有关论述参见梁治平:《"法"辨:中国法的过去、现在与未来》,贵州人民出版社1992年版;龚祥瑞主编:《法治的理想与现实》,中国政法大学出版社1993年版。

[91] 托克维尔曾经用"文人政治"这个概念来描述并批评法国大革命前夕文人知识分子从抽象的理念出发来讨论政治的状况,参见 [法] 托克维尔:《旧制度与大革命》,冯棠译,商务印书馆1992年版。相比之下,托克维尔把美国的法学家(lawyers)阶层看做是抵制文人政治和"多数人暴政"的力量,参见 [法] 托克维尔:《论美国的民主》,董果良译,商务印书馆1988年版。

由此构成了宪政建设中的变法/革命与宪政之间的紧张。[92]

5. 成文宪法与不成文宪法。正是在国家转型的背景下，我们看到宪政建设不仅要面对上述话语悖论，而且要面对制度悖论。一方面，宪政意味着依照宪法的政治，这里所谓的宪法就是指"成文宪法"，就是宪法作为一切政治活动中权力运行的唯一准则。讲"宪政"首先要讲宪法，用宪法文本来约束政治权力的运作，这意味着宪法文本必须是至高无上的。但另一方面，在宪法司法化中，我看到的恰恰是不讲宪法文本，而讲宪法理念。这种讲宪法司法化却不讲宪法解释、讲宪政却不讲宪法文本的明显悖论，除了我们上面所分析的人民代表大会及其常委会与人民法院之间的在保护公民权利方面的截然对比，除了公共媒体本身的局限性和法学家公共知识分子的法律政策学及其变法形态，还有一个更重要的原因：在国家转型中，除了成文宪法之外，还有另外的我们熟视无睹的政治权力运行的法则。

尽管在法律层面上，宪法是国家的根本法，是至高无上的法律。但是，在这个转型国家权力结构中，我们感受到推动着社会变革的政治力量遵循的不仅是宪法的政治法则，而且遵循另外的政治权力运行的法则。如果这种政治力量所推动的社会变革与宪法发生了冲突怎么办？从法律实证主义的立场看，无疑是宪法至上，改革必须符合宪法的要求；但是，从社会发展的角度看，宪法似乎必须为这种巨大的社会力量让路，因为这种巨大的社会改

---

[92] 在对近代宪政史的研究中，袁伟时指出孙中山放弃了在宪法内与袁世凯进行政治斗争的可能性，发动"二次革命"，由此在政治斗争中用暴力的逻辑取代了宪政的逻辑，用武力解决取代了法律解决，从而打破了中国宪政运动的进程。参见袁伟时："从孙袁妥协到'二次革命'：政治策略与民初宪政的历史经验"，载《战略与管理》2000年第6期；袁伟时："民初'护法'与法治的历史经验"，载《世纪中国》（http://www.cc.org.cn/）。

革力量获得了"现代化"话语所提供的合法性。这种合法性力量超过了宪法的合法性力量，从某种意义上，宪法的存在本身也是这种"现代化话语"的一部分，或者说宪法本身支持了这种合法性力量，由此形成了改革与宪法之间的紧张，构成了所谓的"良性违宪"的问题。[93] 正是这种所谓的"良性违宪"导致人们无论在理论上还是在实践上，对我们的宪法文本并没有加以足够的重视。以至于对于宪法，多数法学家并没有坚持严格的法律解释学方法，而是采取了法律政策学的方法，宪法学研究中流行的是对宪法理念的研究或者应当如何建立健全宪法制度，而不是对具体宪法文本或者条款的研究。[94]

当然，如果我们将宪法不是仅仅理解为简单的宪法文本，而且理解为这种宪法文本所要追求的政治原则，也就是说不是仅仅理解为一种规定政治权力具体运行规则的"厚宪法"，而且理解为一种体现政治理想和原则的"薄宪法"的时候，[95] 上述宪法司法化的话语悖论以及宪政悖论不过是体现了这两种不同的宪法之间的内在张力。毕竟所谓改革的现代化话语本身也是宪法的政治原则的一部分，难道建立一个"富强、民主和文明的国家"，建设一个社会主义法治国家等宏大话语不是"薄宪法"？[96] 当

---

[93] 郝铁川："论良性违宪"，载《法学研究》1996年第4期；童之伟："'良性违宪'不宜肯定"，载《法学研究》1996年第6期；郝铁川："社会变革与成文法的局限性"，载《法学研究》1996年第6期。

[94] 参见杜刚健："近年宪法学研究的回顾和展望"，载 http://www.wtyzy.net/dugangjian7xianfazongshu.htm.

[95] "厚宪法"（thick constitution）和"薄宪法"（thin constitution）是法学家图示耐特提出的一对概念，所谓"厚宪法"就是指宪法文本中的具体条款，而"薄宪法"就是指体现在《独立宣言》和美国宪法序言中所表达的普遍的平等人权，参见 Mark Tushnet，前注55引书。

[96] 《宪法》序言中指出要把"我国建设成为富强、民主、文明的社会主义国家"。

然，问题依然在于这些"薄宪法"如何体现在"厚宪法"之中。如果没有"厚宪法"的支撑，这种"薄宪法"就变成了轻飘飘的纸上的宪法。

从"厚宪法"的角度入手，将宪法理解为政治权力所实质遵循的规则或者说政治权力的游戏规则，那么，在成文宪法之外，是否还有一套不成文宪法？这里所谓的"不成文宪法"并不是说这种宪法没有文字，而是说这种宪法从来不是以宪法的名义出现的，而是以其他的名义出现的，比如说路线方针政策和组织纪律原则等等。这意味着国家政治权力真正运行不仅仅包括成文宪法所规定的国家权力机关，而且包括成文宪法没有明确创立的机构，和没有明确规定其职权范围但却拥有更大政治权力的机关。国家权力的转移不仅体现在宪法规定的人民代表大会的选举制度，而且可能包括了一些最高政治权力转移的不成文惯例，就像英国的《王位继承法》构成了其宪法的一部分，中国古代的长子继承制其实也是中国古代政治权力运行的真正法则，尽管这还不能看做是现代意义上的宪法。由此可见，除了我们的成文宪法，真正涉及国家政治权力的运作、公民权利与政治权力之间的关系等重大宪法原则往往要遵循由文件、制度和惯例所构成的不成文宪法。因此，真正的宪法学不仅应当研究成文宪法，而且应当研究这些不成文宪法；不仅应当研究表面上的宪法，而且应当研究实质上的宪法；不仅应当研究公开的宪法，而且研究隐秘的宪法；不仅应当研究"厚宪法"，而且应当研究"薄宪法"。只要明白了这两种宪法的关系，宪法司法化的过程中所面临的全部悖论也就可以迎刃而解了。

五、结论

在时下流行的学术的术语中，一个最常见的术语就是"社会转型"。不过，很少有人对这个经常使用的概念加以严格的界定，尽管在本文中我也在描述的意义上用这个概念来概括这二十多年来的历史进程。如果我们从宽泛的意义上将"社会转型"理解为从计划经济向市场经济的过渡中逐步形成了一个相对稳定独立的"社会"或者"市民社会"（civil society），那么，这种社会转型不可避免地具有深刻的政治意涵，即这种转型意味着国家的政治权力从经济和社会领域中退让出去，每个人从被支配的"臣民"转变为相对自主的"公民"，由此形成一个公民个人自主支配的"公民社会"（civil society）。

从"civil society"的上述双重意涵中，我们可以理解社会转型所引发的国家政治形态的转型。正因为如此，在本文中我更多在这个政治意涵上使用"国家转型"。所谓"国家转型"就是一种政治形态的转型，就是一个政治力量的构成、组织方式和运行方式的转型。市民社会的逐步形成过程就是公民首先在经济领域中拥有财产权和自由交易的权利，这些公民权利的形成不仅意味着国家与社会之间的关系发生了根本的变化，而且意味着国家权力的运作方式发生了根本的变化，即国家与社会或者国家与公民之间的关系从传统的直接命令支配关系变成了法律关系。国家权力必须通过法律技术而不是传统的政策和命令来运作,[97] 与此同时，公民社会的兴起意味着国家政治力量构成发生了结构性的转化。总之，国家转型就意味着从"全能主义国家"[98] 转变为一个自由民主的国家。

---

[97] 参见强世功："法治观念与国家治理的转型：中国的刑事实践（1976~1982）"，载《战略与管理》2000年第4期。

[98] "全能主义国家"是邹谠提出的概念，主要指国家垄断了一切社会资源，并控制了社会资源的分配。参见邹谠：《二十世纪中国政治：从宏观历史与微观行动角度看》，香港：牛津大学出版社1994年版。

当然在本文中,我使用"国家转型"更多的是指政治权力资源的重新分配。所谓改革一方面意味着社会资源的重新分配,另一方面也意味着政治资源的重新分配。如果我们将权力不仅理解为法律上规定的支配权,而且理解为一种在使用中可流动的资本,那么这种权力资源的重新分配不仅体现在法律的变革上,而且体现在权力资本的积累方面。在国家转型的过程中,我们看到不同国家不断地通过制定法律的方式获得权力资源,不仅体现在行政部门的部门立法和地方政府的立法中,[99]而且更主要地体现在通过权力的不断运用来积累权力资源。在这方面,法院系统的发展是最典型的例子。从我们上面所分析的国家权力机关和人民法院之间的对比,就可以看出权力不是简单地写在法律上的语言,而是在实践运作中形成的实际力量。

然而,问题依然在于在国家转型的权力资源的重新分配中,不同的国家机关如何获得更多的权力?固然有许多实践操作的技巧,比如如何利用媒体,如何获得知识分子的支持,如何选择恰当的操作时机等,但是,我们必须明白在一个现代的国家中,所有的权力都是从人民那里来的,谁获得了人民的支持,谁就可以获得权力,谁表达了人民的心声,谁就可以运用权力。因此,权力的重新分配意味着争夺民众支持的一个竞争过程,丧失民众的

---

[99] 大量的行政立法和地方立法尽管是为了适应社会的需要,但是行政部门不可避免地都通过部门立法来扩大或强化自己的行政监管权和行政垄断权,地方政府也不断通过立法来扩大自己的权力。比如,在《海洋法》的制定过程中,关于海洋环境的监管就出现了国家海洋局、国家环保总局、国家水利部等行政机关的权力争夺。而在地方政府的立法中,以深圳市利用"委任立法"扩大自己的权力最为典型。

支持必将丧失手中的权力。[100] 当人民的心声无法通过直接选举人民代表来表达的时候，人民只能通过司法诉讼这种复杂的方式来表达保护权利的渴望，如果说存在所谓的"司法抢滩"，那也就是司法抢先表达人民大众的保护权利的心声。而一旦这种权力的时机运作形成一个传统的时候，成文法律对权力的分配必须考虑这种传统，毕竟法律要照顾到权力以及运作的状况。未来究竟哪一个国家机关来行使宪法解释权和违宪审查权，取决于在这个权力还没有使用的时候，哪一个机关首先获得行使这种权力的经验和资本。因此，英国的议会至上和美国的司法至上固然是人为设计的政治权力分配结构，但是，不可否认这种权力分配的格局是实践中形成的。即使是通过司法审查确立了司法至上的美国，一旦最高法院趋向保守，而没有积极主动地保护公民权利的时候，那么就自然出现了"把宪法从法院那里拿走"的呼声。[101]

然而，正是在这种国家转型的政治权力资源的重新分配或者争夺中，公共知识分子和人民大众往往很容易成为一个被利用的对象，因为"人民"是个抽象的集合概念，是一个很容易被"发明创造"出来的群体。[102] 政治权力的运作往往以"人民的名义"隐藏在道德情感的诉求中，而不是理性的分析之中，因此公共知识分子的道德诉求往往比专业知识分子的学理分析更有力量。而抵制这种"发明"和"利用"的唯一办法，就是分析

---

[100] 在这方面，电讯垄断的打破就是一个例子。从《南方周末》发起的挑战电讯垄断开始，尤其是网络上的声讨，使得打破电讯垄断成为民众的共识。这时，无论多大的权力都无法挽救打破垄断的命运。

[101] 参见 Mark Tushnet, 前注 55 引书, 详细的分析参见 Stephen M. Griffin, "Has the Hour of Democarcy Come Round at Law?" *The New Critique of Judicial Review*, 17 Constitutional Commentary, 687 (2000).

[102] Edmund S. Morgan, *Inventing the People*, Norton & Company, 1988.

这种"人民"的构成。正如在修改《婚姻法》中,我们常常听到的是"广大妇女"要求制止"包二奶"现象,这里的"广大妇女"其实说的是"一部分家庭主妇"。而这种分析的方法其实就是法律解释学的方法,一种细致的区分概念的方法,一种复杂的分析每一个判断的边界的方法。因此,法律解释学的立场和方法是对付宏大概念和抽象情感判断的最好武器,是医治头脑发热的良药,是法学家知识分子摆脱被某种政治力量操纵从而获得自主性的唯一有效的方法。正是利用这样的方法,我们要从解释宪法规则的角度来问一个问题:宪法中规定了全国人大常委会的宪法解释权是不是就排斥了人民法院在司法过程中解释宪法的权力?[103] 正是对这类问题的细致分析和解答,法学家知识分子才既不是人民法院的同谋者,也不是全国人大的代言人,而是一个真正独立的知识群体。法学家服务的不是每个政治机构的利益,而是服务于法律的真理,服务于建立好的社会的普遍政治原则。在这个意义上,法学家甚至不是人民的代言人,也不是简单的权利的捍卫者,法学家就是理想国中的城邦的护卫者。只有这样,法学家在公共领域中才不会被政治或者媒体的力量所操纵,这样的公共才有真正的政治,因为他们不断地在问一个问题:这种政治权力的分配是不是合理?这种政治权力的分配是真正有利于建立一个良好的政府,还是一个不得已的权宜之计?宪法司法化必须纳入到这样的思考之中,才能从媒体的操作中摆脱出来,变成法学思考的问题。倘若如此思考宪法问题,除了法律的维度,还必须增加政治哲学的纬度,宪法在法律化的同时,还必须政治化。

---

[103] 关于这个问题的细致分析,参见强世功:"公民基本权利的政治基础及其宪法保护:以齐玉苓案中的受教育权为例",载赵晓力编:《思想与社会》(第4辑),上海人民出版社2004年版。

试解薛福成和柯比的中国公司之迷
——解读1946年和1993年公司法的国企情结

方流芳

一、薛福成和柯比的跨世纪的中国公司迷局

1893年，晚清外交官薛福成发现了中国的"公司不举之病"：中国商人效法西方创设公司，大多"孤注一掷，应手立败"，以至"天下之有余财者，相率以公司畏涂"。[1] 在薛福成看来，中国商人"风气不开"，朝廷又没有采取得力措施去"开风气"，此为"公司不举"的病因。如果翻译成现代汉语，薛福成之说无非是中国商人"素质不高"，政府应当"清理整顿"公司，推进"规范化"之类的套话。清末引进西方事物，多有阻力，像公司这样受到朝野一致欢迎的西方事物，惟"坚船利炮"可与之比。在朝廷看来，公司是与舰船、大炮相似的西方"器物"，既可"洋为中用"，又不会威胁国体道统。尽管如此，大清官员并不放心让商人自发地组建公司，相反，他们坚信："非

---

[1] 薛福成："论公司不举之病"，载《薛福成选集》，上海人民出版社1987年版，第480页。

商办不能谋其利，非官督不能防其弊"。于是，公司在中国最初的"本地化"，就是按照"官督商办"的统一模式去构建"现代企业"。"官督商办"当属最为奇特的一种"公司治理结构"(corporate governance)：公司由商人投资，由政府委派官员管理；投资者承担风险，却不能当家做主，官员为民做主，却不承担任何风险。"官督商办"的失败，无论如何也不能归咎于中国商人"风气不开"，铸成败局的正是不合常理的制度设计——官员最缺乏代人理财所需的诚信和勤勉，商人最为惧怕、最不信任官员，"官督商办"偏偏把最不匹配的两类人牵合在一起。

1995年，美国哈佛大学历史学教授柯比（William Kirby）又有类似的发现：从20世纪初开始，清政府、国民政府、中国大陆和台湾相继制定和修改公司法，可是，股份私人拥有、公开转让的公司（privately owned, publicly traded company, PPC）在中国大陆没有一家，在台湾为数极少。柯比的论文展现了一幅不变而有变、变亦有所不变的双面历史图像——它的一面是物是人非、沧海桑田的巨变，另一面是"高山依旧枕寒流"的凝重。自19世纪末以来，中国政经变革呈现出若干路径依赖，其中之一就是法律移植：凡兴利除弊，多以临摹外国法律为起点，又以法典诞生为大功告成。然而，柯比的发现告诉我们：中国历次移植外国公司法都没有显著功效。为什么公司法能在西方推动私人企业发展，在中国却难以有此功效？为什么华人商业组织的主流仍然是家族公司？柯比的结论是：政府不信任商人，商人害怕与政府打交道，以及东方社会重视亲情关系（kinship）、家族纽带等诸多因素结合在一起，阻碍了PPC在中国社会的发展。[2]

---

[2] William Kirby, "China Unincorporated: Company Law and Business Enterprises in Twentieth Century China", 54 *The Journal of Asian Studies*, pp. 43~63 (1995).

在柯比看来，PPC 受阻、家族公司主导，说明了中国引进公司法的失败。然而，PPC 是否比家族公司优越，答案只能视企业具体情形而定，脱离个案的一般判断只是个人偏好。即使在西方国家，家族公司也是举足轻重，甚至 PPC 本身就是家族控制的公司（诸如：福特、柯达、杜邦、洛克菲勒等等）。PPC 天生的弱点是所有与控制的分离，由此产生"代理问题"——经理人员以牺牲所有者利益为代价而获得自身利益，监督或奖励经理人员都会产生最终由所有者承担的代理成本。安然（ENRON）事件表明，独立审计、独立董事、认股期权等用来解决"代理问题"的措施，并没有使经理人员变得诚实、勤勉和谨慎。相反，与 PPC 相比，家族公司的优势正是没有"代理问题"，或者能以较低的成本应对"代理问题"。鲁斯柯拉（Ruskola）教授的论文指出了这一点，他说：传统中国的家族经营、家长掌管共有财产、宗祧产业都是"clan corporations"，家庭法承担着"公司法"的职能，家族公司和孔夫子的礼教结合在一起，避免了困扰西方公司的代理问题。在一个社会，家族公司处于主导地位，未必是公司法的失败。[3] 公司法演进的历史说明，凡是试图把某种企业控管形态强加给一个社会，凡是试图用某种"最优模式"去一统天下的公司法都失败了。[4] 因此，单凭家族公司和 PPC 的此消彼长，似乎不足以对公司法的成败得失进行论断。

然而，薛福成、柯比确实提出了一个值得探讨，却又从来没有得到认真对待的问题：为什么在每一次政经变革的关键时刻，

---

[3] Teemu Ruskola, "Conceptualizing Corporations And Kinship: Comparative Law And Development Theory In A Chinese Perspective," 52 *Stan. L. Rev.* 1599, 2000.

[4] Frank H. Easterbrook and Daniel R. Fischel, *The Economic Structure of Corporate Law*, pp. 5, 7, 13, 15 (1991).

中国都会引进西方公司法？为什么引进西方公司法的效果总是和立法者的预期相去甚远？跨越两个世纪的"公司不举"之症提示我们：在令人眼花缭乱的变化的深层存在着某种经久不变的、影响商业组织在中国发育成熟的思路。本文试图以公司法和国企的关系为主线去寻找经久不变的思路。

二、民生主义、国企情结和国民政府的公司法

在国民政府期间，公司法的主旋律是"民生主义"和"抑制资本"，这一主旋律在曲终意尽时到达顶点。

（一）1929年公司法：公司法不涉及国企

在制定公司法之初，国民政府并没有打算将国企纳入公司法的规制范围。1929年公司法仿欧陆法律，设无限公司、两合公司、股份两合公司和股份有限公司四种公司形态。在前三类公司，全部或部分股东需对公司债务承担连带责任，显然不适合国企。国企也不适用股份有限公司形态，其原因有三：① 股份有限公司至少应有两名以上股东，[5] 而在国民政府时期，国企就是指中央政府单独投资组建的企业，无一有两名以上股东；②1929年公司法贯彻"节制资本"的"民生主义"，限制资本所有者对公司的控制权，股份有限公司股东持股超过一定比例，其超过部分的表决权相应递减，[6] 若将此一规则适用于国企，则完全背离初衷；③ 股份有限公司的控管结构适应所有与经营

---

[5]《公司法》（1929），第87条，载李盾主编：《现代企业制度通鉴》（中国卷），国际文化出版公司1995年版，第253页。

[6]《公司法》（1929），第87条，载李盾主编：《现代企业制度通鉴》（中国卷），国际文化出版公司1995年版。

分离的现实，设股东会、董事、监察人，[7] 国企唯一的投资者为政府，效法股份有限公司的控管模式，徒然增加机构，使决策程序更加繁琐，并无任何实益。因此，按照当时的立法思路，公司法仅仅适用于私人所有的企业，国企留待公司法之外的专门法律规制。国企的创设，非为营利，而为公共事业；国企的所有者，非众多个人，而为国家；国企的控管，要旨在于有效贯彻主管当局的指令，而不是解决分散的所有者如何集体决策，所有者和经营者如何制衡的问题。公司法无涉国企，这是1929年公司法尚没有忽略的常理。

1937年抗日战争爆发之后，战时经济导致国企迅速发展。国企的法律适用问题日渐突出。起先，国民政府拟修改公司法相关条文，增设例外规定，使公司法可容纳国企。但是，逐一修改个别条文面临技术困难，遂放弃修法而代之以特别法。[8] 1940

---

[7] 《公司法》（1929），第87条，载李盾主编：《现代企业制度通鉴》（中国卷），国际文化出版公司1995年版，第四章第三、四、五节。

[8] 1939年2月6日，行政院"咨请审议修正公司法草案由"称："前据经济部呈拟国营事业公司组织大纲查核示一案，经召集内政、财政、经济、交通四部审查。嗣据报告审查意见，'查中央各机关经营事业日渐增加，或与各省政府合办，或有私人投资，因对内对外关系，多须采用股份有限公司之组织。现行公司法对于限制发起人数及限制代表行使股权与董事监察人之选任等规定，均系专为民营公司而设，政府经营之事业，情形不同，适用至感困难，自有补充现行法令之必要。但将公司法各关系条文酌加修正，即可资依据，似不必另订单行法规，谨拟具修正公司法第87条……'本院商法委员会审查修正公司法条文案报告。……金以公司法当本草拟之初，注重节制资本之旨，施行多年，尚未有弊，现在新兴事业，或政府与商民合办，或政府与外商合办，此类公司组织，情形特殊，以别另立单行法规较为适宜……"（参见立法院秘书处编印：《立法院公报》1939年第101期）。

1939年11月27日，行政院"咨请审议特种股份有限公司条例案由"称："贵院渝字第四号咨，为本院咨请修正公司法第87条等条文一案，以公司法施行多年，尚未有弊，现在新兴事业由政府与人民合办，此类公司组织，情形特殊，以另定单行法规为宜，请令关系机会拟草案送院审议等由，准此，经饬据内政、军政、财政、经济、交通五部会同拟具特种股份有限公司条例草案到院……"（参见立法院秘书处编印：《立法院公报》1940年第107期）。

年，国民政府颁布了"特种股份有限公司条例"。"特种股份有限公司"得以政府机关为唯一发起人，政府机关持有的股份为"公股"，"公股"股东不受持股超过一定比例而表决权递减的公司法规则约束，代表"公股"股东的董事、监察人由政府机关任免，不受公司法有关董事选举程序的限制。[9] "特种股份有限公司条例"就是一部国企专门法，只是名称为"特种股份有限公司"而已。1993年公司法创设的"国有独资公司"实际上就是"特种股份有限公司"的新版。

20世纪40年代之后，国民政府强化经济统制，国防委员会、资源委员会主管之下的国企急剧膨胀，国企类型也从清一色的中央政府投资扩展到多个主体之间的合资，诸如：中央政府和地方政府、中央政府和外商、中央政府和私人之间的合资。[10] 在国企大发展的形势下，"特种股份有限公司条例"显得落伍了。

1946年公司法创设有限责任公司，迎合国企发展，其目的是"便利政府与人民合组公司，或政府与外人合组公司，或中央政府与地方政府合组公司"，其性质是"特种股份有限公司条例

---

[9] 特种股份有限公司条例，第1、3、7、9条，同前注。
[10] "抗战的发生与持久，始为国营事业造成了空前发展的机会。我们这里所说国营事业的含义，比政府经营还要广泛：中央政府的各部会、省县政府、党部军队以及官商合办而官方占取主导作用的事业，即与人民的私营事业相对立，而起着'国家资本'之积极作用的经济事业，我们都把它看作国营事业。"（李紫翔："中国与自由经济"，载《东方杂志》1948年第44卷第2号）"一方面为应合抗战期间所发生之新事实，例如政府与人民合组之公司，政府与外人合组之公司，中央与地方政府合组之公司；他方面为实施1944年11月6日国防最高委员会通过之第一期经济建设原则，所以除旧公司法所规定之四种公司，加以修正外，并添设有限公司及外国公司各一章。"（张企泰："书报评介张肇元编《新公司法解释》"，载《中华法学杂志》第5卷第6期。）

之蜕变"。[11] 1946年公司法虽未明文禁止，但并不鼓励私人投资采用有限责任公司形态，私人投资和"其他资力较薄须集合多数人方能经营者"，须组织股份有限公司。[12] 可见，先有国企的大发展，而后有限责任公司应运而生，创设有限责任公司，又是为了进一步扩展国企。

在1946年公司法颁布前后，学者对于发展国企的政策和创设有限责任公司，持截然对立的看法，争议焦点来自国有经济和自由经济的分歧。马寅初先生认为：二次大战之后的世界潮流是发展国有经济，政府是战后经济建设的主角，国家资本代替私人资本是不可抗拒的趋势，故有限责任公司之设既符合当下世界潮流，又符合孙中山的民生主义。[13] 其实，马寅初先生只是在此重复了蒋中正在3年之前就已经强调的观点。SPACING 借修订公司法而发展国企，其思想源流来自蒋中正。蒋中正有关中国经济的主张，其要旨可归纳为发展"国营事业"、推行"计划经济"和"抑制私人资本"三项。蒋中正认为，民生主义就是"一方面发达国营实业，一方面节制私人资本"。在蒋看来，私人资本既无法实现社会公正，又难以抗衡外国企业，故中国工业建设必须走国营事业和计划经济的道路。蒋强调："民生本位与

---

[11] 张肇元：《新公司法解释》，立信会计图书用品社1946年版，第11页。
[12] 张肇元：《新公司法解释》，立信会计图书用品社1946年版，第309页。
[13] "故有限责任公司之规定既有先进国家之成规可作参考，又有先贤之遗教可资依据，既符合世界潮流，又符合现时国情，在法制上不能不认为极大的贡献。"设有限责任公司而发展国企"……颇合时代之需要。今日世界的主要潮流是一个扩大国营事业的潮流。从苏联努力的膨胀，从欧洲政治的左倾，从主张扩大国营范围的政党在英法大选中的空前胜利，甚至从美国思想与事实的发展，都可以看出国营事业在所有国家都在发展着。""在中国战后经济建设中，国营事业应该占有极重要的地位。"马寅初序，载张肇元：《新公司法解释》，立信会计图书用品社1946年版，第1~3页。

计划经济的原则,是到达大同世界的唯一正确的道路"。[14] 战后中国,国有经济按照蒋的思路不断上升。在1949年,"官僚资本约占全国工业资本的66%左右,占全国工矿、交通运输业资本的80%"。[15]

然而,自由经济的拥戴者对发展国企、创设有限责任公司,持完全不同的看法。他们认为:官僚化和腐败是国营事业不可避免的蜕变之路。从清政府到国民政府,政体巨变,用西方公司去发展国有企业,则是固定不移的思路,而国企的弊端也是一脉相承。在洋务运动中,"官办与官督商办的公司、制造局、工厂等渐行抬头。但不管为道地官办或官督商办,只要有官插足其间,总不会有成绩,因为'官僚'与'舞弊'是相连贯的名词"。[16] 国民政府建立之后,官营传统加上民生主义的国家资本理论,发展国营事业成为一项基本政策,战时经济导致国营企业的大发展。"抗战以来,营私舞弊,已成一时风气,官僚资本已侵入并独占任何有利可图的经济部门,形成支配并侵害国民经济的巨大势力,而国营和统制恰是官僚藉以达到独占经济的最佳工具。民生主义国家资本之目的,原是为防止资本主义的独占经济……,但以国家资本在我国初步发展的事实说,一切国营及统制的经济政策之目的,并不在于压制独占资本的发展,反逆助成官僚资本以至官僚经济独占的完成";"依据历史和事实看来,改良的或节制的自由经济,实是我国经济的唯一可循之路,而且自由经济

---

[14] 蒋中正:"中国经济学说"(1943),载 http://chungcheng.org.tw/thought/class05,第28~29页;演讲,"工业建设计划会议开幕致辞"(1943),载 http://chungcheng.org.tw/thought/class06,第145页。

[15] 邓力群、马洪、武衡主编:《当代中国的经济体制改革》,中国社会科学出版社1984年版,第5页。

[16] 有心:"再论官营事业",载《东方杂志》第29卷第8号。

亦与政治上的民主自由是完全符合的"。[17] 在反对派看来，有限公司之设"乖忤违理"，"草率从事"，"瑕疵重重"，实在是"似是而非"，"殊无必要"。[18] 将有限公司股东最高人数的限定为10人，致使私人企业难以借有限公司而筹集资金，民间投资非但不能从中获得利益，反而受到窒碍。[19]

（二）1949年的"国营事业管理法"

尽管1946年公司法迎合国企发展而创设有限公司，但是，以私有经济为基础的公司控管模式对国企毕竟有所不合，按照国企的需要去剪裁公司法则会引起更多谬误。于是，国民政府在1949年，在中国大陆颁布了它的最后一个法律——"国营事业管理法"。该法适用于：① 政府独资经营事业；② 依特别法令成立的政府和人民的合资经营事业；③ 政府拥有50%以上股份的公司。这是一个充分表达国民政府由来已久的国企情结但却未能在大陆产生任何实际影响的法律。

三、1993年之前的法律演变：从"私营企业暂行条例"到"企业法"、"公司清理整顿"和"公司条例"的起草

（一）"私营企业暂行条例"——中华人民共和国的第一部公司法

在中华人民共和国成立前夕，中国共产党就明确表示：执政之后不会改变"抑制资本"的政策，在实行国有化之前，要经历一个容忍甚至鼓励私有企业存在的过渡时期。在中华人民共和国成立之后，私有公司的存在面临一个合法性的问题：一方面，

---

[17] 李紫翔："中国与自由经济"，载《东方杂志》1948年第44卷第2号。
[18] 王效文："论有限公司"，载《法令周刊》第10卷第13期。
[19] 张企泰："评有限公司立法之得失"，载《中华法学杂志》第7卷第1期。

中共中央宣布废除国民政府的一切法律;[20] 另一方面,所有获准继续存在的私有公司却都是按照国民政府的公司法组建并取得法人资格的。于是,制定新公司法被率先列入了新中国的立法议程。

1950年初,政务院草拟了"新公司法草案"。时任政务院总理的周恩来认为:新中国存在着"国营经济"、"合作社经济"、"农民和手工业者的个体经济"、"私人资本主义经济"和"国家资本主义经济"五种"经济成分",要把各种性质根本不同的公司都容纳在一个所谓"公司法"之内,是"重形式而不重实质",不如先起草一个规制"私人资本主义经济"的"私营企业暂行条例"。[21] 最后,"新公司法草案"被更名为"私营企业暂行条例草案"(本节以下简称"条例"),此为中华人民共和国的第一部公司法。

"条例"是一部成功之作,原因有二:

第一,就立法政策的合理性而言,"条例"领先于1946年和1993年公司法。"条例"将种类繁多的国企(当时称"公营企业"、"国营企业"、"公私合营企业"等等)排除在公司法之外,隐含了这样的认识:公司是私人资本的产物,国企是国家权力的产物,两者的创设目的、控管结构和财务规则存在着实质差别。将国企纳入公司法,一方面是强令公司法承担它难以胜任的使命;另一方面,也是把国企强行安置到一个与它格格不入的模式里。

---

[20] 中共中央:"关于废除六法全书与确定解放区的司法原则的指示"(1949年2月),《中国新民主主义革命时期法制建设资料选编》,西南政法学院函授部1982年编印,第68~71页。

[21] 薛暮桥:"私营企业暂行条例起草经过及其说明",载《中央财经政策法令汇编》(第2辑),1950年,第178页。

第二，就法律管制措施的宽松和灵活而言，"条例"比1946年和1993年（至少从法条文义中得出这一结论是没有问题的）公司法高明许多。从"条例"中，我们找不到有关最低董事人数、董事会设置和权限、法定最低资本、强制性验资、评估、股份转让限制的痕迹，相反，该条例的基本原则是：在"不抵触政策法令的范围内"，公司"对内对外关系"一概由章程规定；"退股、解散、清算以及法令未经规定的事项，在不抵触政策范围内，概依通例或当事人协商办理。"（第30条）当然，以上评述仅仅是以法律文本为依据，并没有考察法律文本和法律现实之间的距离。尽管如此，也可以得出这样的结论："条例"与发展国有企业、限制私有企业的公司法截然不同，意趣迥异。

（二）无须成文法规制企业的计划经济时代

1955年之后，中国全面推行国有化和计划经济，"条例"虽然事实上失效，却一直没有被明文废止。国有化之后，私有企业不复存在，企业分为国有（在名称上分为"国营"、"公私合营"、"联营"等）和集体所有两类。国有和集体纯粹是意识形态的划分，与所有权性质或者组织形式完全无关：两者都是私有财产的对立面；两者都是在特定政府"主管部门"最终控制之下的、执行经济计划的企业"单位"。按照"企业——政府主管机关"相互匹配的关系，国企分为中央企业和地方企业：中央企业分别纳入国务院各部委的管辖范围（如机械部、冶金部、化工部各自的直属企业）；地方企业分省属、市属、县（区）属企业，在每一级地方政府，企业又专属某一政府机关管辖（如市外贸局主管的外贸企业、市纺织局主管的纺织企业）。集体企业按城乡之别分为城镇集体企业和乡村集体企业，城镇集体企业又按照主管机关的级别分为"大集体"和"小集体"（如市商业局主管的百货公司为"大集体"，区商业局主管的商店为"小集体")。在纵横交错的国家权力网络中,任何机构都是一个名副其实的"单位","单位"一方面承担政府管理个人的职能,另一方面按照国家指定的角色,承担生产、销售、运输、教育、医疗、教育等社会职能。解释国有和集体所有的权威话语是斯大林阐述马克思主义政治经济学的"所有制"学说,而"所有制"之说恰恰是掩盖了企业单位化的变异。随着企业变成"单位",公司法即使作为一种摆设也成为多余。"单位"控管是国家权力架构的一个缩影,公司控管是所有者和经营者之间的权力、责任和风险的分配,计划经济下的企业"单位"显然是超出公司法能够控制的领域。公司法随国有化成功而消失,这是社会主义国家的普遍现象。[22] 公有制、计划经济和中央集权三者结合,统治严密到无以复加的地步,以至任何成文法都是多此一举,因此,在实行经济改革之前,中国并没有专门规制国企和集体企业的法律。

(三) 企业法和国企改革

"企业法"是中国经济改革的产物,这可以从以下几个方面得到证明:

第一,吸引外商投资需要立法取信,于是中外合资经营、中外合作经营和外商独营的法律、法规构成了一个涉外企业法体系。

---

[22] 例如,1922 年的《苏俄民法典》专设"公司"一章,分节规定合伙、无限公司、两合公司、股份两合公司、有限责任公司和股份有限公司等 7 种商事组织形式(中央人民政府法制委员会编:《苏俄民法典》,新华书店 1950 年版)。随着国有化运动的兴起,《苏俄民法典》"公司"一章的主要条款先后在 20 世纪 30 年代被废除。1964 年重新修订的《苏俄民法典》就不再包括任何有关商事组织的条款。参见:《民法参考资料——苏俄民法典》,北京大学法律系 1980 年编印。

第二，经济改革非但没有突破"所有制"的权威话语，相反，这一套话语主导着中国20世纪80年代的企业立法。在1993年公司法颁布之前，中国已经形成了一个无比复杂的"企业法"体系——国有、集体、私营、联营、合作、股份制企业分别立法，法律不断扩大所有制分类，试图把一切新生的企业类型都纳入原先的"所有制"范畴。一方面，经济改革催生了"所有制"无法容纳的企业类型，另一方面，解释计划经济正当性的"所有制"话语顽强地扩展到本来不属于计划经济的领域。在中国的经济改革中，我们常常看到相互冲突的多面图像：一面是新鲜事物冲击固有体制，另一面则是固有体制不断同化经济改革的新鲜事物。

1993年公司法并没有取代在此之前已有的任何企业法，只是在企业法之外增加了一个法律。公司法生效之后，有些企业交叉适用公司法和企业法（如外商投资企业、私营企业），有些企业专门适用公司法（如股份有限公司），有些企业仅仅适用专门的企业法（如国有企业）。

（四）围绕"公司清理整顿"的"公司条例"

在1980年代中期，中国开始制定公司法。但是，制定公司法的最初目的既不是改造国有企业，更不是发展私有企业。中国公司法的制定开始于1985年，结束于1993年的最后一天，经历了整整8年。最初制定公司法的立法目的是什么？这一立法目的是否在法律制定过程中发生了变化？现行公司法中的规则是否恰当地体现了立法目的？这些问题似乎无法脱离立法过程而得到令人满意的回答。

在1992年之前，国务院主持公司条例制定。在此期间，公司属于"经济体制改革中的问题"。此类问题的政府管制，可由国务院先行制定临时性的"行政法规"，而无须等待全国人大立法，换言之，国务院制定此类临时行政法规的依据是全国人大的一般授权，而不是依据某一特定法律的特殊授权。[23]

1985年，国务院委托原国家经济委员会分别起草"有限责任公司条例"和"股份有限公司条例"。当时认为立法需要回应的现实问题有两个：其一，政府机构和官员用预算内资金进行商业投机，在全国建立了众多的被民众称为"官倒"的公司，民众的不满导致政府进行第一次"公司清理整顿";[24] 其二，公有企业突破行政管辖和所有制分类的界限，成立了共同投资、共同经营的"联营"公司，少数国有企业还在地方政府的支持下局部发行股票，改组为股份公司。[25]

1987年10月，国家经济委员会将"有限责任公司条例"和"股份有限公司条例"两个法规草案交国务院审议。[26] 当时，国有企业改组为股份公司的试验引起一些意识形态方面的争议，对于"股份制试验"合法化的时机是否成熟也存在一定分歧，法规草案遂被搁置。自1986年下半年开始，在精简政府机构和"价格双轨制"的双重刺激之下，政府机关办公司的现象比1984年更为严重。于是，国务院从1988年10月开始了第二次"公司清理整顿"。公司条例的制定随之推迟。1989年春夏大规模的学生示威在很大程度上反映了民众对"官倒公司"的愤怒，于是，

---

[23] 全国人大《关于授权国务院在经济体制改革和对外开放方面可以制定暂行的规定或者条例的决定》(1985)。
[24] 国务院《关于进一步清理整顿公司的通知》(1985)。
[25] "1985年5月，当时的国务院负责人在'1985—1986经济立法规划（草案）'上批示，要求针对'多种形式的合资、合营、股份形式的企业'，制定法规。"引自：卞耀武、刘鸿儒主编：《中华人民共和国公司法实用全书》，经济日报出版社1994年版，第6页。
[26] 参见：《中华人民共和国全国人民代表大会常务委员会公报》（在以下注解中简称：常委会公报），1990年第5号，第21页。

当局在风波平息之后做出七项许诺,"清理整顿公司"居于首位,[27]开始了为时两年的第三次"清理整顿公司"。

政府机关经商是中国经济转型过程中出现的特殊的政治问题。价格开放与管制并存的"双轨制"引发了贸易、房地产、原材料供应和金融领域的投机狂潮:一纸进口彩色电视机显像管的批文,一张按"计划内价格"调配钢材的指令,一份受让国有土地使用权的合约,能让有的人在瞬间成为百万富翁,政府机关自然不愿意"肥水流进他人田",纷纷成立公司。"亦官亦商"是计划经济走向尽头之前的一次变异,计划经济的权力变成了政府机关自身无本取利的法宝,公司成为政府机关将权力变现的中介——这显然是公司法无能为力的事。

(五) 1992~1993年:围绕国企公司化改造的公司法制定过程

1990年3月全国人大正式提出制定"公司法",[28]于是,国务院恢复了自1987年10月以来一直处于停顿状态的法律起草工作。鉴于全国人大已经将公司法纳入它自己的立法计划,因此,1990年3月之后,国务院起草的是一份需要得到全国人大最后批准的法律文本,而不是像以前那样制定它自己的行政法规。负责起草公司法的机构认为:公司法草案暂时只应包含有限责任公司一种形式,名为"有限责任公司法";股份公司继续作为一种局部试验,根据试验结果决定是否作为法定企业组织形式。[29]当时,股份制试验的意识形态合法性存在严重争议,这无疑是暂时停止股份公司立法的一个重要原因。

---

[27] 中共中央、国务院:"近年要做的7件事",载《人民日报》1989年7月29日,第1版。
[28] 彭冲:"全国人民代表大会常务委员会与工作报告",载《常委会公报》1990年第2号,第143页。
[29] 《常委会公报》,1990年第5号,第21页。

1992年初，中国的形势发生了很大变化。邓小平在视察南部经济特区的时候发表讲话。邓小平认为，如果要等到"姓社、姓资"的意识争论结束之后才能有所作为，那就失去了改革的机会。因此，他主张停止争论，大胆进行改革。邓小平鼓励国有企业公司化的试验，他认为，与其因为可能出现的负面影响而放弃试验，不如进一步扩大试验范围；即使出现最坏后果，无非就是停止试验。[30] 在邓小平讲话影响之下，中央和地方政府各部门纷纷调整政策。国家体改委在1992年5月颁布了"股份有限公司规范意见"和"有限责任公司规范意见"（以下简称"规范意见"），它们远远不止是有关国有企业改革的政策性指导，而是范围广泛的法律，一部事实上的公司法。国家体改委的基本思路是"规范化"——按照事先设计的模式去建立"市场经济"，凡是不能在这一模式中取得合法性的行为都属于"不规范"和必须矫正的行为。在"规范意见"中，国家体改委将自己定义为公司化试验的主导者，国有企业公司化改组的一切重要事项必须经过中央或者地方的体改委批准。

在"规范意见"生效之后，国务院关于公司法的基本思路是：尽量缩小公司法的适用范围，公司法只规定有限责任公司一种公司形式，股份公司、企业集团分别由国务院行政法规规定；在有关公司的法律、行政法规颁布之前，继续适用国家体改委的

---

[30] 针对国有企业公司化试验的意识形态争论，邓小平说："证券、股市这些东西究竟好不好，有没有危险，是不是资本主义的东西，社会主义能不能用？允许看，但要坚决地试。看对了，搞一两年对了，放开；错了，纠正，关了就是了。关，可以快关，也可以慢关，也可以留一点尾巴。"（邓小平："在武汉、深圳、珠海、上海等地谈话要点"，载《人民日报》1993年11月6日，第1版）

"规范意见"。[31] 国务院主张制定适用范围较窄的公司法的理由是:现有法律、法规的连续性、稳定性应受重视,凡是已经适用现有法律、法规的企业,均应排除在公司法的适用范围之外;在《民法通则》规定的几种具有法人资格的企业之中,只有"联营"尚缺专门法规调整,因此,制定公司法只是给"联营"提供一种组织形式。[32] 国务院的基本立场是:国有企业改组为股份公司,历来是作为国家体改委管辖的企业改革的试验,在1992年之后,这一试验已经纳入了国家体改委的"规范意见",这一现状应当得到尊重,因此,公司法不应当包括股份公司。总之,公司法只应当是适用于"两个以上公有制企业(即全民所有制单位和集体所有制单位)作为股东出资举办的有限公司。"[33]

1992年8月15日,国务院总理向全国人大常委会提出"关于提请审议《中华人民共和国有限责任公司法(草案)》的议案"。在同年8月下旬召开的全国人大常委会会议上,多数委员对这一草案表示异议,认为:公司法不能只包括一种形式的公司,公司法的适用不能只限于公有制企业。草案被否决之后,全国人大常委会下属的法制工作委员会接管了公司法的起草工作。

---

[31] 1992年11月,全国人大财经委员会对于人大代表有关制定公司法提案的答复,清楚地显示了上述事实。参见:《常委会公报》1992年第6号,第14页。
[32] "杨景宇受国务院委托就有限责任公司法草案作说明",载《人民日报》1992年8月29日,第3版。
[33] 卞耀武、刘鸿儒主编:《中华人民共和国公司法实用全书》,经济日报出版社1994年版,第6页。

从统一法制、限制行政权力考虑，否决国务院草案固有其正当性。[34] 但是，国务院关于公司法适用范围的意见确实隐含着一些值得思考的问题：在一个庞大的企业法系统继续生效并保持已有适用范围的情况下，制定公司法究竟具有多少现实意义？企业的所有制分类与组织形态分类是否不可兼容，从而必须在法律上分而治之？将法人企业分裂为若干类别而分别立法的理由是否能够成立？这些问题并没有随着公司法生效而得到解决，反而更加复杂。

1993年2月，法工委将草案交全国人大常委会审议，然后，将根据审议意见修改之后的草案发到全国210个单位进行讨论。在此基础之上修改的草案，由法工委在当年6月以"意见汇报"的形式再次提交全国人大常委会审议。1993年8月之后，法工委将草案移交全国人大法律委员会。在公司法草案的最后定稿阶段，1993年11月中旬发表的中共中央全会公报（以下简称："公报"）[35] 对公司法草案的最终文本产生了举足轻重的影响，公司法某些条款与"公报"逐字逐句的相似性反映了立法者是

---

[34] 全国人大的一位官员对国务院的公司法草案进行了以下批评："当经济改革向市场经济推进的时候，市场的生长迫切需要公司法。在全国人大常委会多次督促之下，国务院有关部门向全国人大常委会提交了一个公司法草案，但这个草案竟是一个调整国营企业之间、国营企业与集体企业之间、集体企业相互之间关系的法律。这是违背公司法常识的。提案者解释说，因为我国已经有各种企业法，只剩下这部分经济主体关系还没有法律调整，所以公司法只能调整这部分法律关系。……这件事反映出计划经济体制之下的法律对市场经济法制建设形成的障碍"（蔡定剑："危机与变革"，载《东方》1996年第4期）。

[35] "中共中央关于建立社会主义市场经济的决定"（1993年11月14日）。

如何努力使公司法与"公报"保持一致。[36] 1993年12月，全国人大法律委员将草案提交全国人大常委会审议。[37] 全国人大常委会在1993年12月29日通过了公司法。虽然公司法的制定时间被说成是持续8年，但是，并没有前后一致的立法政策通贯其中，起草机构数次更替，若干草案之间并无先后衔接的经验积累。尽管一直有人主张用公司法改造国企，从这一主张被明确接受，到公司法颁布，仅仅一年左右。与中国其他"响应号召"的行为一样，1992～1993年的公司法制定也是仓促回应既定方针。

四、1993年公司法与"现代企业制度"

（一）"现代企业制度"的推行过程

公司法颁布之后，开始了又一轮国企改革——按照预先设定的模式和时间表，自上而下地推行"现代企业制度"，用公司法去重新打造国企。"现代企业制度试点"的过程大致如下：

1. 成立全国性的项目协调机构。1994年初，国务院13个部委和中共中央组织部的首长共同组成"现代企业制度试点工作协调会议"，"协调会议"制定了"现代企业制度试点方案"，围

---

[36]《公司法》的某些条款与"公报"的字句完全一致，例如：股东为公司所有者，公司就其资产拥有法人财产权（第4条）；职工参与的公司"民主管理"（第16条）；关于设立股份公司的严格许可制度（第77、84条）；关于共产党组织在公司中的存在（第17条）等。

[37] 卞耀武："关于中华人民共和国公司法（草案）的说明"（1993年2月15日）、"关于中华人民共和国公司法草案的意见的汇报"（1993年6月22日）；薛驹："关于中华人民共和国公司法草案的审议结果的报告"（1993年12月20日）；项淳一："关于公司法草案几点修改意见的报告"（1993年12月29日），载《常委会公报》1993年第7号。

绕该方案，各部委在各自权限范围内分别制定"配套措施"。[38]

2. 遴选"试点企业"。"试点企业"是按照以下程序遴选的：

第一，将参加"现代企业制度试点"项目的国企定为100家，[39] 将100个名额分配到国务院各部委和省、自治区、直辖市和计划单列城市，国家经贸委和国家体改委分别承担项目主协调人的角色。

第二，在配额范围内，地方政府和国务院部委分别选择各自管辖的国企，申报到国家体改委、国家经贸委。1994年11月，国务院公布了100户"试点企业"的名单。其中，地方政府70家，中央政府30家，另有3个国务院机关改为"国家控股公司试点"，分别成立中国石油化学工业总公司、中国航空工业总公司、中国有色金属总公司。[40]

3. 审批改组方案。"试点企业"在国家经贸委或者国家体改委指导下，按照全国统一的模式制定改组方案（称"实施方案"），改组方案经过论证之后，上报国家经贸委"会签"，经

---

[38] "千呼万唤百户试点终上路；稳操慎行，十二文件将出台"，载《中华工商时报》1994年11月16日，第2版。

[39] 1994年，国家经贸委推出一个名为"万千百十，转机建制"的国企改革计划。在1万户国有大中型企业中落实"经营自主权"，向1000户重点骨干企业委派监事会，选择100户国有企业为"现代企业制度的试点"，在10个城市进行配套改革。在1997年，国家经贸委又确定了512家重点企业。因此，所谓"重点企业"有两个标准：一是列入"1000家重点骨干企业"的国企，二是列入"512家"的国企。

[40] "国务院确定百户现代企业制度试点企业名单"，载《中华工商时报》1994年11月4日，第2版。

过"会签"的方案是获得正式批准的实施方案。[41]

4. 实施改组方案。按照预先设计的统一模式，按公司法重新打造国企，包含以下内容：

第一，在国有资产管理机关的监管下，每个"试点企业"开展国有资产核查（"核实国有资产占用量，核定国家资本金"），进行国有资产产权登记，以登记数额作为国家对新设公司的出资。[42]

第二，确定国有资产"投资主体"（股东）。典型的"投资主体"是政府机关和资产管理公司分享国有股东的代表权：主管机关作为"国有资产产权代表"，授权"国有独资公司"（或为"国有控股公司"、"集团公司"、"总公司"）等资产管理公司行使国有股东的权力，并与后者签订"资产经营责任书"。[43]

第三，构建"多元投资主体"，吸纳机构投资者，以满足公司法关于股东最低人数的要求。

第四，设置公司内部的机构。其中：股东会被定为"权力机构"，董事会为"决策机构"，经理班子为"执行机构"，监事会为"监督机构"。[44]

第五，国企登记为股份有限公司或者有限责任公司。

---

[41] 国家经贸委："关于国务院确定的百户现代企业制度试点企业《实施方案》论证、审批工作的指导意见"（1995）。
[42] 国家国有资产管理局："关于国务院确定的百户建立现代企业制度试点中核实国有资产占用量及核定国家资本金工作的通知"（1996）。
[43] 国家经贸委："国务院确定的百户企业建立现代企业制度工作试点阶段目标要求"（1995）。
[44] 国家经贸委："关于国务院确定的百户现代企业制度试点工作操作实施阶段的指导意见"（1995）。与此同时，负责审批公开发行股票的证监会亦重申这些企业应当获得优先，参见中国证监会："关于股票发行工作若干规定的通知"（1996）。

（二）围绕"现代企业制度"的利益和风险分配

如果没有现金流入国企，如果国企负债依旧，"试点"仅仅是一次化妆演练，很难激发参与者的兴趣。然而，"试点"最大的吸引力恰恰在于它给国企带来特许利益。

1. 优先获得股票发行配额。在中国，股票发行受发行配额控制，发行配额自上而下地分配到省级地方政府和国务院各部，由后者再次分配给所属国企。如何分配发行配额，属政府自由裁量范围，没有申请程序，没有审核标准，一切都是在非公开状态下进行。然而，确定无疑的事实是：只有在获得配额之后，公司才有资格启动初次公开发行的申请程序，故发行配额是初次发行的申请许可——只有取得配额的公司，才有资格成为发行申请人。认购公开发行的股票，必须给付现金，故发行配额又是现金融资许可——取得配额的公司，在配额规定的上限内，获取来自公众的现金投资。在初次公开发行的所有事务中，没有比获得发行配额更为重要的事，没有比围绕配额的秘密竞争更为激烈的争斗。一旦国企成为"试点企业"，它就可能获得法定的发行配额分配优先权。[45] 到 1998 年，100 户"试点企业"中的 47 家成为上市公司；512 家"重点国有企业"中的 251 家成为上市公司；在 851 家上市公司中，国家及国有企业控股的有 634 家，占 74.5%。[46] 从 1991 年到 2002 年 5 月，国企通过向海内外公众发行股票，共筹集资金 8149 亿元人民币，其中：4240 亿元来自向国内公众首次发行以人民币认购的 A 股，2064 亿元来自向 A 股持有人发行认股权不可转让的新股（配股），两项共计 6304

---

[45] 国家经贸委："关于国务院有关部门选报的 30 户进行建立现代企业制度试点企业有关政策问题的意见"（1995）。

[46] 中国证监会政策研究室：《中国证券市场发展报告》（1999），第 36~37 页。

亿元；向海外投资者发行以人民币标明面值、以外币认购，在大陆上市交易的 B 股——"人民币特种股票"，筹集资金 46 亿美元，向海外投资者发行以外币标明面值，以外币认购和交易，在香港上市的 H 股——"境外上市的外资股"，筹集资金 182 亿美元，两项共计折合人民币 1845 亿元。国企向国内公众发行股票的高峰期是 1996~2001 年，在此期间国企通过发行 A 股而筹集的资金总额是 5500 亿元，相当于 A 股 11 年集资总额的 87%。[47] 由于几乎所有的发行配额都是分给国有或者国家参股的企业，国家股和国有法人股在上市公司已发行股份中占绝对多数，发行股票筹集的 8149 亿资金几乎都是国有资本控制之下的社会财富。

2. "破产兼并"和豁免银行债务。从 1994 开始，国务院在上海等 18 个城市试行国企破产，官方文件常常把国企破产与兼并相提并论，统称"破产兼并"，又把破产、兼并、裁员三者结合的国企改革项目称为"优化资本结构"[48]——一个由国家经贸委主管的、作为"现代企业制度"项目组成部分的子项目。1996 年，"优化资本结构"项目从 18 个城市扩大到 50 个城市；[49] 1997 年，又从 50 个城市扩大到 111 个城市。[50] 除了大规模裁员之外，国企从"优化资本结构"项目中获得的最大利益是豁免银行债务。只要纳入"破产兼并"试点，国企的银行债务就可以被全部或者部分豁免。国企"破产兼并"而核销的

---

[47] http://www.csrc.gov.cn/CSRCSite/tongjiku/199911/default.html、国家经贸委的统计数字与此大致吻合，"1998 年以来，国有企业在境内外上市共筹资近 5000 亿元。"

[48] 国务院："关于在若干城市试行国有企业破产有关问题的通知"（1994）。

[49] 国务院："批转国家经贸委关于 1996 年国有企业改革工作实施意见的通知"（1996）。

[50] 国务院："批转国家经贸委关于 1997 年国有企业改革与发展工作意见的通知"（1997）。

银行债权总额被限定在中央银行要求全国商业银行当年计提的"坏账准备金"总额之内，[51]国企"破产兼并"实际上是用银行的"坏账准备金"填补国企亏空，再用储蓄者的钱去填补银行亏空。在1994~2000年间，"破产兼并"至少消耗了大约1876亿元银行坏账准备金。[52]

3. "拨改贷"和"债转股"。在1980年代，中央政府一度推行名为"拨改贷"的投资改革——凡是列入国家预算的基本建设投资，由政府拨款改为银行贷款。[53] "拨改贷"实施之后，国企背上沉重的债务包袱，银行徒增坏账，有些新建的大型国企甚至没有分文国家资本。于是，在20世纪90年代中期，开始了一个反方向运动，将国企80年代的固定资产贷款转变为国家对企业的股权投资，称为"贷改拨"。[54] "试点企业"因"拨改

---

[51] 朱镕基："在全国现代企业制度试点工作会议上的讲话"（1994），载《全国建立现代企业制度试点工作会议文件汇编》，改革出版社1995年版。

[52] 作者根据不同来源的资料而估算出这一数字：①1994~1995两年，当为140亿。1994年，朱镕基讲话称："（国企破产）在国家批准的银行呆账准备金70亿内破，不能超过，明年至少也有70亿，加上今年没有用完的，共有100多亿"（资料来源：同前注，第15页）。②1996年，国务院明文要求"试点企业"在核定的200亿银行呆账准备金之内安排破产，（资料来源：同前注）。③1997年，在111个试点城市共有2800家国有企业纳入试点，共计核销银行债务320亿元（资料来源：国家经贸委统计数据）。④1998~2000年，"全国共计批准下达企业兼并破产项目1718个，其中，大中型项目1504个，共需核销银行呆坏账准备金1261亿元"（资料来源：国家经贸委统计数字）。四项相加，得出总额1876亿元。

[53] 国家计委、财政部、中国人民建设银行："关于国家预算内基本建设投资全部由拨款改为贷款的暂行规定"（1984）。

[54] 国家经贸委："关于做好部分企业'拨改贷'资金本息余额转为国家资本金工作的通知"（1995）。

贷"形成的债务，一律作为国家资本。[55] 在"试点"过程中，政府倡导国企的"非银行债权人"将他们对国企的债权转变为股权。[56] 如果"试点企业"同时又是"主要依靠商业贷款建成投产"、"缺乏资本金"或者属于国家确定的"521 户重点企业"，那么，债权人银行将把债权转让给专为接收银行不良资产而设的"资产管理公司"，后者将债权转变为它们对国企的投资。[57] 到 2000 年为止，银行对国企的债权，共有 4050 亿元转变为资产管理公司对国企的股权，[58] 而银行向四家资产管理公司转移的、1995 年之前形成的不良贷款高达 14 000 亿。[59] "现代企业制度"的代价之一就是：14 000 亿元银行坏账从国企转移给社会储蓄者。然而，这一数字还在不断上升：在剔除 20 世纪 90 年代末转移给四大资产管理公司的坏账之后，国有商业银行在 2001 年底的不良贷款总额又达到了 17 600 亿元，占国有商业银行全部贷款的 1/4 强[60]——这只是一个相当保守的估计。

在推行"现代企业制度"期间，"国有资产"的年平均增长率为 11.4%，大大超过了中国的国民经济增长率。[61] 在 1993 年

---

[55] 国家经贸委："关于做好部分企业'拨改贷'资金本息余额转为国家资本金工作的通知"（1995）。

[56] 国家经贸委："国务院确定的百户现代企业制度工作试点阶段目标要求"（1996）。

[57] 国家经贸委、中国人民银行："关于实施债权转股权若干问题的意见"（1999）。

[58] 国家经贸："国有企业改革与脱困 3 年目标基本实现"（2001 年 1 月 9 日），载 http：//www.china.org.cn/ch—xinwen/content/news51.htm。

[59] 戴相龙："在 2001 年不良资产处置国际论坛上的讲话"，载《金融时报》2001 年 11 月 2 日。

[60] "四大银行，加速清场"，载《南方周末》2002 年 5 月 30 日，第 16 版。

[61] 财政部统计数据，参见："国有企业营运质量明显改善"，载《经济日报》2002 年 6 月 19 日，第 4 版。

底,"经营性国有资产"总值为 26 026 亿元,[62] 到 2001 年底,这一数字上升到 73 149 亿元,相当于 1993 年年底的 2.8 倍!西方学者将中国国企公司化理解为私有化,而中国官方的统计数字似乎讲述了完全不同的故事。

4. IPO 和"国有资产保值增值"。中国股市的一个真实面相是:国有股股东先成立股份公司,股份公司成立之后向公众发行流通股股票。作为股份公司唯一的发起人,国企与股份公司之间的交易是资产和股份的互换:国企向股份公司转让营业资产,股份公司向国企发行股份,而代表国企和股份公司交易双方的都是同一个人——作为股份公司发起人的国企(或者国企的母公司、行政主管部门)和设立中的股份公司——国企公司化是一个自我交易过程。国企对股份公司的出资包含了债权让与(相当一部分债权完全没有实现的可能)、不动产让与(相当一部分不动产已经作为抵押物,用以担保国企自身的债务)、库存产品的让与(相当一部分产品可能永远无法变现而白白消耗仓储费)等等,与此同时,国企又把全部或部分债务转让给股份公司。国企出资的定价必须严格遵循"国有资产保值、增值"和"防止国有资产流失"的戒律:出资须经过国有资产管理部门"认可"的机构评估,出资评估价通常高出资产账面价 1~2 倍,出资按照评估价定转让价,股票按面值定发行价——账面 1 元的国有资产,经过评估变成了 2 元,最后变成了 2 股面值 1 元的股票——这是国有资产在国企公司化过程中的第一次增值。但是,如果没有外部投资进入,以上自我交易只是一个人自娱自乐的账面游

---

[62] 财政部统计数据,参见:"张佑才同志在全国清产核资工作会议上的讲话",载《全国国有资产暨全国清产核资工作会议文件汇编》,经济科学出版社 1995 年版。

戏：对谁也没有损害，也不能给谁带来利益。因此，国企公司化的关键是首次公开发行（IPO）——吸引外部投资进入股份公司。外部投资者认购股票的价格相当于股票面值的 10～25 倍——用10～25 元购买 1 股面值 1 元的股票。公开发行使国有股能够稀释流通股而实现第二次增值：假定国有股和流通股的比例是 1∶1，那么，每股国有股的账面所有者权益就从公开发行前的 1 元增加到 5.5～13 元左右，每股流通股的账面所有者权益则下降到认购价的一半左右！[63] 不仅如此，国企发行股票的费用全部由个人股东按股分摊，国有股东不负担任何发起费用！[64]

（三）"现代企业制度"的绩效：以上市公司为例

1. 上市公司的亏损"与时俱进"。按照《公司法》第 152 条（三），只有连续 3 年赢利的股份公司才能上市。在理论上，所有股份公司在上市的时候都是盈利企业。可是，在 1995～2001 年间，亏损上市公司的数量、比例、亏损总额和平均亏损金额呈直线上升趋势。2001 年，亏损上市公司总数为 150 家，占上市公司总数的 13%；亏损总金额为 303 亿元，平均每家亏损 2612 万元；与 2000 年相比，亏损公司比例上升了 6%，亏损总金额上升了 217%。[65] 为了获得"配股"、"增发新股"的资格，上市公司隐瞒亏损，虚报利润绝不是例外情况。在 2000 年，仅银广厦、蓝田两家上市公司就虚报利润 10 亿元以上，而这两家公司的实际亏损又大大超过它们虚报的利润，因此，上市公司的实际亏损额远不止是公开披露的数字。在 2001 年，我们面临两个互相矛盾的信息：一方面，政府宣布：国企和"国有控股企业"

---

[63] 方流芳："一个误导公众的表述"，载《21世纪经济报道》2001 年 5 月 7 日。
[64] 方流芳："股票发行配额、法律和交易成本"，载《东方杂志》1995 年 1 月号。
[65] 上海证券报、国家信息中心："上市公司存在七大问题"，载《上海证券报》2002 年 5 月 20 日，第 19 版。

在2001年全面"脱困",扭亏为盈;另一方面,2001年是上市公司10年来亏损面最大、亏损额最高、亏损问题最严重的一年。[66]

2. 上市公司加入股票投机。一般来说,上市公司发行股票并不是真的有了前景看好的项目,而是为了"解困"——用投资者的钱去解决国企在几十年形成的一大堆问题。因此,不可避免地出现三种情况:其一,资金的实际用途与招股书声称的用途完全不一致——改变资金用途的上市公司大约占40%;其二,大量闲置资金从上市公司流向股票交易市场——上市公司参与股票投机、与证券商联手操纵股价、委托"理财"成为一时风尚。据"保守估计",在2001年,全国证券公司、投资顾问公司以"代客理财"名义私下吸纳的证券投资资金高达7000亿元,[67]这些"私募基金"的受益人有相当一部分是上市公司。上市公司向公众发行股票,再用筹集的资金去做股票投机,甚至买卖自身的股票,这成为中国资本市场的一个怪圈。上市公司在2001年出现大面积亏损的原因之一,就是股票投机失败。

3. 上市公司成为新生类"公家"企业。计划经济和公有制在中国造就了包括国企在内的无数"公家"。"公家"是一种缺乏有效纠错机制的组织:公家的掌权人并不对最终风险和损失负责,而承担最终风险和损失的人却无法任免、无力影响,甚至无从问责掌权人;公家的错误能否得到纠正,取决于监管者—掌权人的上级能否发现并愿意纠正错误,而监管者和"公家"的掌权人同样是不对最终风险和损失负责的。因此,"公家"的错误常常是无法纠正的。声称是"市场经济"产物的上市公司正在

---

[66] 吴锋:"为何会发生有史以来最大的亏损",载《新财富杂志》2002年6月号。
[67] 夏斌:"中国'私募基金'报告",载《财经杂志》2001年7月号。

以惊人的速度成为另一个"公家"。

如果国企作为股份公司唯一或主要的发起人,用它的资产交换股份公司发行的股份,并且随着股份公司的成立而解散,那么,该国企以发起人身份认购的股份将由一个政府机构或政府授权的国有资产管理机构(或为国有资产经营公司、国有投资公司,或为国有资产管理局,或为地方财政)持有,这一部分股份叫做"国家股"。国家股真正的作用不只是显示资本来源,更是重新分配国企的管理权。国企与股份公司的微妙差别是:国企必有一政府机构为"主管部门",国企是"主管部门"的"下属单位","主管部门"对国企负责人的任免有决定权;国企改组为股份公司之后,不再纳入"主管部门—下属单位"的管理系统,股份公司的董事在理论上是由股东提名和选举的,因此,谁能替代"主管部门"充当股份公司的股东,就成为原"主管部门"、"国有资产经营公司"和国企管理层三方之间的权力博弈。

权力博弈的结果是形成三类格局:

第一,主管部门作为国家股东,继续控制股份公司。此类公司的管理层与主管部门或者有良好的合作关系,或者有一致利益,或者是强势主管部门和弱势公司管理层的搭配,或者在股份公司所在地不存在替代主管部门的国有资产管理机构。

第二,国有资产经营公司作为国家股东,原主管部门淘汰出局。如果仅看表面,此类公司意味着国企控制权的实质改变——国有资产管理机构拥有众多公司的股份,而又缺乏管理这些公司的能力、经验和权威,随之而来的是公司管理层权力的膨胀。但是,事实并不总是和逻辑演绎一致。国企公司化并没有改变中国最为基本的制度:党委对国有机构管理层的最终控制权——这一强大的力量无所不在,然而,专家在谈论中国公司"治理结构"的时候,常常对此视而不见。尽管国有资产管理机构缺乏控制公司的能力，它在投票选举董事的时候，仍然会服从上级党委（如市委）的指令。

第三，国企的母公司（名目大多是"集团公司"）作为国家股东，国企自身随着股份公司的设立而解散。如果国企本身是一个"集团公司"的全资子公司，集团公司通常是用国企的全部资产出资，交换股份公司发行的"国有法人股"，集团公司随之成为"国有法人股"的股东。在此，股份公司的控管与"主管部门—下属单位"的结构并没有什么差别：在股份公司之上是"集团公司"——"集团公司"提名和任免股份公司的多数董事，在"集团公司"之上是"主管部门"——"主管部门"任免"集团公司"的管理者。如果"集团公司"的前身就是"主管部门"，它就成为股份公司在法律上的最终控制者。在有关国有股权管理的规章中，国家股和国有法人股统称为"国有股"，两者的转让受同一程度的限制。

国有股和法人股通常占上市公司已发行股份的70%。[68] 国有股的多数地位和不可流通造成了一个上市公司的悖论：国有股东在法律上可以永久控制上市公司，在事实上永远不可能控制上市公司。多数股权包含着任免多数董事、进而控制公司的力量。但是，代表国有股东的人仍然是政府官员，他们并不是最终风险的承担者，他们与股份公司的管理层一样都是"代理人"，国有股东是虚拟的、无从辨识的，一旦"代理人"出卖国有股东，

---

[68] *Corporate Governance and Enterprise Reform in China*, edited by Stoyan Tenev and Chunlin Zhang, World Bank (2002), p. 77. 需要强调的是：国家资本在上市公司所占的比例不止国家股和国有法人股；如果股份公司的投资者是一个有限责任公司，即使它的资本全部或者大部来自国家或者国有机构，它对股份公司的投资就被界定为"社会法人股"；如果国家或者国有机构在海外注册一个控股公司，它对股份公司的投资就被界定为"境外法人股"或者"外资股"。

没有人能够代表国有股东表示抗议。从国企演变而来的上市公司，仍然是按照国企原有的政治途径在分配权力，虚拟的股东无非是一种市场化的化妆演练而已。

上市公司董事、监事、经理人员多为第一大股东（国企或者政府机关）提名和任命，通常就是国企的原班人马。[69] 绝大多数流通股股东不可能亲自到公司所在地去参加股东会，也没有一种有效的委托表决机制能够使流通股股东集中行使表决权，因此，占公司已发行股份35%左右的流通股在股东会上是无足轻重的，实际行使表决权的只有国有股东。如果国有股东拥有多数股权，它固然可以单独通过任何股东会决议；即使国有股东持股比例为50%以下，只要它持有的股份能代表到会股东的多数表决权，它就有能力单独通过任何股东会决议。公司法没有关于到会股东持股总额最低数要求，表决票是以每次到会股东的持股总额为100%，超过到会股东持股总额一半就构成了多数。因此，一个机构只要持有非流通股的多数，它就控制了上市公司，为控制上市公司而拥有多数股权，在一定程度上是浪费资源。非流通股不可能通过市场转让，因此，也就不可能发生敌意收购，上市公司的管理层无论多么无能，都能够稳坐江山，决不会因为市场力量而丧失权力。

国有股、法人股不能流通，这是十多年来备受口诛笔伐的失误，如今恐怕没有人认为国有股、法人股的不流通具有合理性，但是，纠正这一错误的代价大大超过将错就错。2001年6月，国务院推出"国有股减持方案"：国有股东需按照上市公司发行股票的融资总额的一定比例转让国有股，转让所得全部上交全国

---

[69] 同前注，pp. 80~99.

社会保障基金。[70] 从"国有股减持方案"的公布、暂停执行到停止执行，历时整整一年，该方案唯一的作用是引发了股票市场的全面恐慌——上证指数从方案公布之前的 2100 点狂泻到 1400 点。减持国有股本来是朝国有股流通的方向迈出了一步，而增加社会保障基金又能使广大民众受益。可是，为什么一个纠错措施会引起股票市场全体参与者的恐慌？在国有股不流通的情况下，流通股权益的稀释是一种可以容忍的不公平，因为，国有股权益的增加仅仅影响股利分配，而流通股股东并不指望分配股利。在 1995～2000 年期间，流通股股东的平均持股期间只有两个月！[71] 如此之高的股票换手率，再清楚不过的说明：几乎所有的人都是为了短期套利而持有流通股，指望获得股利分配是罕见的例外个案。一旦国有股开始流通，国有股增值和流通股贬值也就在同一程度上成为现实，股市泡沫最终破灭，股市泡沫乃千万人发财梦幻之所系，捅破泡沫无异于把众人从梦乡拽进痛苦的现实——人们希望拥泡沫而长眠不醒。

4. 市场操纵。中国上市公司的股份分为流通股和非流通股，前者进入交易市场，后者不仅被排除在交易市场之外，即使协议转让也受到严格限制。从 1995～2002 年，流通股占上市公司已发行股份的平均比例一直保持在 33% 到 35% 之间。非流通股的分类相当复杂，按照证券交易所分类标准，非流通股分为国家股、法人股；如果以股份和发行配额的关系为标准，凡是不占发行配额的股份都是非流通股。

---

[70] 国务院："减持国有股筹集社会保障资金管理暂行办法"（2001）。

[71] 从 1995～2000 年，在上海证券交易所上市的流通股的年平均换手率高达 515%！这意味着：流通股股东的平均持股期间为 2 个月左右，人们只是为了尽快转让股票而买进股票，并不指望分配股利。参见中国证监会：《中国证券期货统计年鉴》（2001），百家出版社 2001 年版，第 91 页。

最初，流通股是名副其实的"个人股"——个人出资、个人拥有。随着政府开放机构入市、证券投资基金和各种"私募基金"的建立、机构通过"配股"（上市公司以向股东配送股票的方式分配红利）而获得的新股进入流通，以及银行、非银行金融机构的"违规资金"进入股市，如今至少有一半流通股的资金是来自国有资本控制的机构。[72] 仅在 2000 年，从银行流向股票市场的"违规资金"就高达 3500 亿元。[73]

国有股、法人股不进入流通，多一半流通股又为机构拥有，因此，操纵一个公司流通股股价所需的资金较少、难度较低，市场操纵者（"庄家"）从股票市场开放之初就一直是市场"主力"。市场操纵通常分为三个阶段：其一为"建仓"，即：庄家买进足以影响市场价格的大宗股票。在此期间，庄家常常会制造"利空"消息，引发抛售，低价买进。其二为"融资"——庄家、投机资金提供者和证券公司三方约定：投机资金的提供者作为委托人，把现金交给庄家经营，名曰"委托理财"；庄家许诺固定比例的投资回报（如 8% 到 15% 的年终分红），并以自己所持证券为担保；证券公司监督执行双方的协议，因为所有的股票买卖都要以证券公司为中介。其三，"拉高出货"。当庄家持有足以操纵股价的流通股之后，一面制造公司并购等"利好"消息，一面做自我买卖，从而抬高股票价格。一旦股价达到庄家期

---

[72] 据报道：国有机构实际上掌控着 70% 左右的流通股。以前，流通股被称为"个人股"，如今这一称呼已经是名不符实。参见梁翔："挤出泡沫，成本有限"，载《财经杂志》2001 年 9 月号。

[73] 1999 年之后，中国证监会允许"法人"作为"战略投资者"，在发行市场优先认购股票，从而引发大量"公家"资金涌向股市。参见：中国证监会："关于进一步完善股票发行方式的通知"（1999）；"关于法人配售股票有关问题的通知"（1999）；子凡："银行资金入市困局"，载《财经杂志》2001 年 9 月号。

待的位置,他们就开始抛售股票。

如今,中国股票市场已经对庄家产生依赖性,一旦股价下跌,监管部门希望"庄家"出面托市;一般投资者最关心"谁是庄家",并且以能够"跟庄"(跟随操纵者买进卖出)为最大的福气。2000年春天,吴敬琏先生指出:中国股市充满泡沫,应该"平稳地放掉泡沫里的空气","加大泡沫里的物质浓度";股市不应当是"庄家"的天堂和混乱无序的赌场。吴先生的评论道破了众人看在眼里而又讳莫如深的一件"皇帝的新衣",结果学者群起攻之,说吴先生的"股市赌场论"是危言耸听,一言毁市。他们认为:庄家是市场主力,"没有庄家,证券市场就是一潭死水";吴先生的议论是"一种比较平民化的、感情的宣泄,能博得一般被套的中小投资者的认同"。[74] 连市场操纵的受害人也反对吴先生,他们抱怨说:"我比谁都明白自己上当了,甚至我在没有买股票之前就知道自己会上当。但是,我相信自己不会是最后一个上当的人,只要有人继续上当,我就有机会解套。现在,吴先生点破了真相,上当的人少了,我就可能成为最后一个上当的人。吴先生道破真相是对的,但是,他为什么偏偏在我手里还有股票的时候说这番话呢?"[75] 令人担忧的不是错误,而是所有的人都认识到错误却又不得不继续维持错误以推迟危机的爆发。

五、分析和结论

清末的"官办"、"官督商办"、民国的"国营事业"、"公

---

[74] 吴敬琏:《十年纷纭话股市》,上海远东出版社2001年版,第16、31页。
[75] 参见柳红:《当代中国经济学家评传:吴敬琏》,陕西师范大学出版社2002年版,第358页。

营事业"和中华人民共和国的"国有企业"有一线贯通的思路——在中国社会占支配地位的企业应当是那些由国家控制的企业。1946年和1993年公司法的共识正是：来自西方的公司法可以用来发展国企。

在1946年公司法的立法者看来，无须区别对待国企和私企，两者都可由公司法规制——公司法规定的组织形式、控管结构和财务规则对两者是同等匹配。有限责任公司是1946年公司法制定者自以为得意的发现——他们从1892年的德国有限责任公司法找到了一个可以用来发展国企的现成的公司形式。可是，20世纪40年代后期中国的巨变表明，发展国企给国民政府造成了致命的危害：国企垄断和浪费资源，滋生腐败，引发金融危机，最终成为国企倡导者无法承受的重负。与那些显而易见的军事、政治原因相比，当年的国企大发展并没有被认为是导致国民政府在大陆全盘崩溃的主要原因，但是，国企对国民政府在中国大陆的后期统治究竟发生何种影响，确实值得三思。

1993年公司法是国企公司化的产物。政府认为：国企公司化比先前推行的各种国企改革措施更为有效，国企可以通过"公司化"转变为"现代企业"——既保持国家对公司的多数股权控制（"公有制主导地位"），又适应市场化进程。在"市场经济就是法制经济"的逻辑支配下，立法者承担着用法律名义重述政策判断的使命，公司法就是在这样的逻辑支配下匆促产生的。国企变成公司就能脱胎换骨，这一认识是以一系列理论假设为基础的判断：

理论假设之一："国企的弊端是所有权和经营权合一，'规范的公司'可以实现所有权和经营权分离。"这一观点既没有看清国企的弊端，也没有认识公司的性质。首先，国企的所有者和经营者是天然分开的，任何国家都不可能直接经营企业，国家通过"代理人"经营企业是一个无法改变的事实。如果国企真是所有权和经营权合一，它就达到了公司控管的最佳状态：国企完全摆脱了困扰公司的"代理"问题，既不会发生"代理人"损害所有者利益的弊端，又节省了监督和奖励"代理人"的开支。其次，所有和控制分离是利益冲突的渊薮——公司控制者为了自身的最大利益而牺牲全体或者部分所有者的利益，公司法绝不是用来人为地制造所有权和经营权分离，恰恰相反，所有和控制分离造成经理人员控制企业、控制者损害所有者的利益，公司法的职能之一是回应所有和控制分离产生的问题。再次，所有和经营合一是国企从来没有实现的理想状态，它却被看成是国企已有的弊端；所有和经营分离一直困扰国企，它却被看成改造国企的一帖良药。可见，国企改革进行了 20 年，而国企的症结之所在仍然是被有意无意地掩盖着。

理论假设之二："国企改组为公司，可以解除国家对企业的无限责任。"然而，国家对国企承担无限责任之说纯属虚构。一个再清楚不过的事实是，在 1993 年公司法颁布之前，中国的一系列法律就规定了国企投资者的有限责任。从 20 世纪 80 年代以来，中国法律再清楚不过地表明：国企是一个法人，国企以自身资产承担债务，所谓"国家对企业的无限责任"在法律上根本不存在。[76]

理论假设之三："公司治理结构可以明晰国企内部的权力和责任。"公司控管模式和企业所有权类型、股东集中或分散程度、行业性质、财务状况紧密相关，只有对某一企业恰当的公司控

---

[76] 1986 年之后，涉及国企的法律、法规一再重申：国企是一个企业法人，国企以政府授权经营的财产对债权人承担民事责任。参见《民法通则》（1986），第 48 条；《全民所有制工业企业法》（1988），第 2 条；《全民所有制工业企业转换经营机制条例》（1992），第 23 条。

管，而不存在放之四海而皆准的、可以随便套用的一般化的公司控管模式。当时、当地情况和千差万别的法律规则，无不对公司控管模式产生影响。有关公司控管，只有一点是肯定的：凡是强制推行某一控管模式的公司法，无不失败；凡是不能按照具体情形调整控管模式的公司，无不淘汰出局。[77] 中国的公司化试验表明：在国家拥有多数股权的情况下，公司化既没有给国企带来新生，也没有减轻国企原有的症状。

中国公司法的实践反复证明了一个事实：公司法与国企无缘。是否需要发展国企，这是本文所不涉的政治问题，本文试图解释的是：为什么公司法不能被用来发展中国的国企？

第一，公司制度来自民间社会自生自发的演进过程，而非来自成文法的设计，公司的历史比公司法的历史要久远得多，公司法只是公司历史的一个总结———一个需要根据当下情形不断修正的总结。因此，任何行之有效的公司法都不能无视民间社会的自治传统。只有在一定程度上认可商人自治的社会，才会有产生继受和移植公司法的必要性，在计划经济和国企一统天下的时代，公司法在前苏联和中国消失的历史从反面证明了这一点。

第二，商业公司的宗旨是追求利润，并将利润分配给股东。但是，国家拥有和控制企业并不是为了赚钱，而是基于"生产资料公有"的意识形态理由，即使撇开或者修正意识形态，国家以追求利润为目的而拥有和控制企业，也是和国家的职能无法兼容的。至于国家为什么要拥有和支配企业？这是无须本文涉及的政治学说。但是，无论国家基于什么理由而拥有和支配企业，都不应该导致国企和营利公司的混同。

---

[77] Frank H. Easterbrook and Daniel R. Fischel, *The Economic Structure of Corporate Law*, Harvard University Press, 1996, pp. 12~13.

第三，国企和私企都存在代理问题，但是，解决私企代理问题的公司控管措施无法适用于国企，反之亦然。中国的改革经验证明：放松国企管制和扩大国企负责人的商业决断权限不会给国企带来利益，只会给国企负责人提供更多的腐败机会。在1998年之前，国企改革的主导思想是"政企分开"和"扩大自主权"，结果是国企负责人"代理问题"几乎失控——贪污受贿成为死刑都难以遏止的浪潮；在1998年之后，500家国有大型企业负责人的任免权回收到中共中央和国务院的"国有大型企业工作委员会"，[78] 权力集中程度超过了中华人民共和国成立之后任何一个时期的国企管理体制。当然，在市场化的背景下，即使把国企负责人的任免权全部集中于中共中央和国务院，也未必能有效遏制"代理人"的贪污受贿，但是，强化大型国企的政府监管无疑比"所有权和经营权分离"的思路更贴近现实。国企管理权的"放"和"收"，反复说明：国企控管是无法纳入公司法的政治权力问题。

西方的公司控管不是什么"现代企业制度"，而是私企上千年自发演进的经验积累，这是国企没有可能、也没有必要去借鉴的经验，除非国企转变为无须国家控制的私人企业。公司法不涉及国企，这恐怕是妥当使用公司法必须明白的第一个道理。中国引进公司法没有显著成效，原因之一是决策者始终相信公司法有发展或救治国企的效用。按照国企需要制订的公司法既无助于国企管理，又遏制了私企的发展——这是中国公司法揭示的事实。

---

[78] 同前注68，第24页。

再版后记

  着手本书再版事宜,是在2013年春节之后,如今,两年将届,书,也终于要付梓了。这个过程,可谓漫长,却并不乏味。其中有些情节,有卡夫卡式的荒诞,可以用来调剂平淡无奇的书斋生活。

  新版删去江平先生和范思深女士文章各一篇,而以两位作者的新作替换之。另删去方流芳教授文章附录一篇。书前"代序"则根据上述修订有所删改。其余各篇,一仍其旧。谨此说明。

编　者

2015年1月29日

作者简介

江 平 中国政法大学终身教授,博士生导师,享受国务院"特殊贡献津贴"。曾担任中国政法大学校长,中国法学会副会长,第七届全国人民代表大会代表,七届全国人大常委会委员、法律委员会副主任。曾赴比利时根特大学、香港大学、意大利第二罗马大学、日本青山学院、美国哥伦比亚大学讲授中国民法、罗马法、公司法等课程,并获比利时根特大学名誉法学博士,秘鲁天主教大学名誉法学教授等殊荣。代表作有《中国大百科全书·法学卷》、《罗马法教程》、《西方国家民商法概要》、《公司法教程》、《法人制度研究》等。

张晋藩 中国政法大学终身教授,博士生导师。曾任国务院第二届(1985~1991年)学科评议组成员,中国政法大学副校长、研究生院院长,1987年被评为国家重点学科法制史学的带头人。现为教育部人文社会科学重点研究基地——中国政法大学法律史学研究院名誉院长,兼任中国法律史学会的专业顾问、中国法文化研究会会长等社会职务。主要成果:《中华法制文明的演进》、《中国近代社会与法制文明》、《中国法律的传统与近代转型》等专著,并在国内外学术刊物上发表论文二百余篇。

於兴中 目前任教于康奈尔法学院,教授中国法和比较法律哲学课程。於兴中的研究兴趣包括社会和政治理论、法律文化研究、法理学、宪法和行政法、比较法、中国法律史和中华人民共和国法律。在加入康奈尔大学法学院之前，他曾在香港中文大学法学院任教，教授中国法、宪法和法理学等课程。於兴中在哈佛法学院获得了他的法学硕士及博士学位，并在那以法律讲师、东亚法律研究高级研究员以及访问教授等身份任职。他曾在北京大学法学院、吉林大学、山东大学、哥伦比亚大学法学院和澳大利亚国立大学进行学术访问。自 2012 年 1 月起，於兴中接受康奈尔法学院聘用，开始担任 Anthony W. and Lulu C. Wang 中国法讲席教授。他也是西北政法大学和杭州师范大学的特聘教授。他是《法治与文明秩序》和《法理学前沿》的作者，曾在多种期刊上发表文章。他多年来致力于研究一种以人为本的建立在多元文化基础上的社会理论，并已有成果问世。

裴文睿（Randall Peerenboom） La Trobe 大学法学教授，牛津大学社会法律研究中心副研究员。曾任加州大学洛杉矶分校法学院教授（1998~2007），并一直担任亚洲开发银行、福特基金会、联合国开发计划署和其他国际组织有关中国和亚洲法律改革和法治问题的顾问。他也是 CIETAC 仲裁员，并经常担任中国法律问题的专家证人。他最近单独撰写和编辑的书籍包括：《中等收入国家的法律与发展：避免中等收入陷阱》（*Law and Development in Middle-Income Countries: Avoiding the Middle Income Trap*, 2014）、《国际和跨国治理时代的法治》（*Rule of Law in an Era of International and Transnational Governance*, 2012）、《中国的司法独立》（*Judicial Independence in China*, 2010）、《亚洲的规制》（*Regulation in Asia*, 2009）、《中国现代化：西方的威胁还是其他国家的楷模?》（*China Modernizes: Threat to the West or Model for the Rest?* 2007）、《亚洲人权》（*Human Rights in Asia*, 2006）、《法治的亚洲

论述》(Asian Discourses of Rule of Law, 2004)和《中国的法治长征》(China's Long March toward Rule of Law, 2002)。

梁治平 中国艺术研究院研究员,洪范法律与经济研究所所长,浙江大学光华法学院兼职教授。曾任美国哥伦比亚大学法学院访问学者(1988/1998)、哈佛大学法学院访问学者(1989/2001)、高等研究院(IAS)社会科学部研究员(1999-2000)。主要研究领域为法律史、法律与社会。曾主编《宪政译丛》和《法律文化研究文丛》。主要著作有《寻求自然秩序中的和谐:中国传统法律文化研究》、《法辨》、《法律的文化解释》(编)、《清代习惯法:社会与国家》、《法治十年观察》、《礼教与法律:法律移植时代的文化冲突》、《法律后面的故事》,以及自选集《法律史的视界》、《法律何为》,并有编著及译著数种。

范思深(Susan Finder) 是一个独立法律顾问和学者,中国国际经济贸易仲裁委员会和深圳国际仲裁院的仲裁员,香港大学法学院中国法研究中心访问学者。曾任香港城市大学教师,福尔德国际律师事务所律师,香港证券交易所顾问。她长期研究中国最高人民法院,她的博客"最高人民法院观察"在海外有一定的知名度。

强世功 法学博士,教授,博士生导师。北京大学教务部副部长,北京大学法治研究中心主任,北京大学港澳研究中心常务副主任,北京市立法专家委员会委员。主要研究方向为法理学、宪法学和香港问题研究。著有《法制与治理:国家转型的法律》、《法律人的城邦》、《法律的现代性剧场:哈特富勒论战研究》、《超越法学的视界》、《立法者的法理学》和《中国香港》等,译著有《美国宪法的高级法背景》等。

方流芳 中国政法大学校聘一级教授，哈佛大学访问教授。讲授公司法、合同法、侵权法、民法总则、法律职业伦理、昌平地方史和中国法律导论等课程。

声　明　1. 版权所有，侵权必究。
　　　　2. 如有缺页、倒装问题，由出版社负责退换。

图书在版编目（CIP）数据

法治在中国：制度、话语与实践/梁治平编.—北京：中国政法大学出版社，2002.11
ISBN 978-7-5620-2284-8

Ⅰ.①法… Ⅱ.①梁… Ⅲ.①法制史－中国 Ⅳ.①D909.2

中国版本图书馆CIP数据核字(2002)第088965号

出 版 者	中国政法大学出版社
地　　址	北京市海淀区西土城路25号
邮寄地址	北京 100088 信箱 8034 分箱　邮编 100088
网　　址	http://www.cuplpress.com（网络实名：中国政法大学出版社）
电　　话	010-58908285（总编室）58908334（邮购部）
承　　印	固安华明印业有限公司
开　　本	880mm×1230mm　1/32
印　　张	9.375
字　　数	218千字
版　　次	2002年12月第1版
印　　次	2015年4月第2次印刷
定　　价	32.00元